西北民族大学民族学省级一流学科建设项目资助

西北民族大学中华民族共同体研究中心著作出版项目资助

西北民族大学引进人才科研项目（xbmuyjrc2020002）资助

Elderly People have Access to Medical Care

老有所医

国企退休职工的
健康保障研究

刘 凡　　著

中国社会科学出版社

图书在版编目（CIP）数据

老有所医 ： 国企退休职工的健康保障研究 / 刘凡著.
北京 ： 中国社会科学出版社，2025. 5. -- ISBN 978-7
-5227-4697-5

Ⅰ. F842.613

中国国家版本馆 CIP 数据核字第 2025GH3359 号

出 版 人　赵剑英
责任编辑　耿晓明
责任校对　李　锦
责任印制　李寡寡

出　　　版　中国社会科学出版社
社　　　址　北京鼓楼西大街甲 158 号
邮　　　编　100720
网　　　址　http://www.csspw.cn
发 行 部　010-84083685
门 市 部　010-84029450
经　　　销　新华书店及其他书店

印　　　刷　北京明恒达印务有限公司
装　　　订　廊坊市广阳区广增装订厂
版　　　次　2025 年 5 月第 1 版
印　　　次　2025 年 5 月第 1 次印刷

开　　　本　710×1000　1/16
印　　　张　15.75
字　　　数　227 千字
定　　　价　79.00 元

序

　　作为一名50年代中期出生的老书生，本人从不习惯休闲躺平，还在努力工作；但身体和精神状态似乎在隐隐告诫，要放慢生活节奏，注意保养身体了。走向老年，人们会有很多不情愿。不愿离开自己为之忙碌了一生的工作岗位，不愿被人称为老人，也不愿被人照顾，更不愿放弃自己的社会和家庭责任。但是，他们面临的生活局面却日趋艰巨，有时甚至是残酷的，以至于难以应对。就国家企事业单位职工而言，退休以后，待遇骤减，一旦患病治疗就可能身处入不敷出的窘迫境地。城乡养老医疗保险所关照的底层群体情况就更不容乐观，一年的微薄保险注入金额，可能只够1—2次较大的医疗检查，长期就医吃药使一些老年群体及其家庭苦不堪言。

　　近年来，随着中国老龄化现象逐渐加剧，一方面劳动力大军人数减少，另一方面青壮年劳力需要抚养的老年人群体数量增加。退休及失去劳动能力的老年人群体中，除国家企事业单位的高层领导人群体能够享受较为良好的养老医保待遇（在职时的贡献使他们得以享受某些优惠），一般底层老年人群体已成为整体社会的沉重负担。国家和政府已经关注到老龄化以及底层老年人群体的养老照护和医疗保障等问题，一系列旨在改善民生的相关政策不断颁布；其中"养老照护""积极老龄化"等政策措施即是重要一环。国家似一个家庭，家庭的组织者和领导者需要呵护好子女，也需要赡养好老人，必须兼顾而不能偏废。

目前，我们面临的问题是，虽然国家养老照护和医疗保障相关制度建设在加紧改善提升，但相关制度还不尽完善，短期内还不足以妥善应对全国各地的养老照护及医疗保障需求，特别是底层老年群体的吃药难、看病难情况比较普遍。在这种情况下，呼吁全社会对老年群体及养老医疗照护的关注，调动一切可能的社会力量以及民间传统养生医疗智慧，多方面综合应对就显得非常必要。学术界对养老照护和老年人医疗保障等问题的研究才刚刚开始，近日出版的专著《照护人类学：理论与方法》（程瑜、张美芬、龚霓，北京大学医学出版社，2024）是从医学人文角度推进相关研究的一个很好开端。学界需要得到社会各界的支持和帮助，对相关问题进行深入研究，找到能够应对现实问题的有效路径。

刘凡博士的这本专著，即是这种目前还不多见的前卫性学术尝试之一。她所聚焦的兰州市传统国有企业退休职工，大多数是 20 世纪 90 年代国企改制后退休或下岗的老年人群体。这个群体在全国各地普遍存在，他们的养老照护和医疗保障相关问题具有一定的代表性。作者在肯定了近年来政府相关制度建设突飞猛进、成果喜人的同时，也指出相关制度还存在一些薄弱环节，有待于进一步提升，需要社会各界的配合以尽快改善现存问题。这本专著的意义在于作者立足长期的田野调查，收集了大量事例，用事实说明问题且根据实际情况拟定了可供参考的解决方案。作者所提出的由政府、社区、家庭、个人等多方主体综合应对的实践路径，不失为弥补制度建设跟不上形势发展需要情况下的有效应对形式。

作为读者，我认为，作者的综合应对思考包括两个方面的重要启示。第一，在制度建设还在改善提升途中，诸多养老照护和医疗保障问题难以很快解决的情况下，国家政府管理部门要能够解放思想，逐渐放宽政策。也就是说，要相对放权给地方政府及基层社区管理部门，使一些底层群众喜闻乐见的民间疗法、民间偏方、各类科学合法养生训练班、传统仪式治疗等反映地方性知识的养老健身及医疗保健活动获得较多的活动空间,激发底层群众积极养老的热情和行动。第二,地方政府、基层社区以及老年人群体等积极老龄化政策的参与主体,在落实和享受中央政府一系列相关政策的同时,还要充分发挥主观能动性。基层管理部门要鼓励和支持底层群众的各类自救性养老照护及医养习惯,而老年群体自身也要积极利用传统医养智慧,既搞好自身的养老照护,也为积极老龄化事业做出贡献。

这本专著所提供的很多有趣事例,都具有典型性、故事性和实践启发性。虽说是一本较为严谨的学术作品,但这本书的可读性和趣味性也很强,对老年人群体以及面对类似问题的家庭都有一定的参考价值。作为曾经的导师,也是这本专著出版前的第一位读者,我有信心向广大读者推荐这本书,相信作者不会让大家失望。

王建新

2024 年 12 月 27 日于兰州大学一分部自宅

前　　言

　　老龄化是我国人口发展的必然趋势，也是我国较长时间的基本国情，提高老年人健康水平是应对人口老龄化成本最低、效益最好的方式。老年人是社会中的弱势群体，也是贫困高发人群，国企退休职工作为老年群体的重要组成部分，长期以来为国家发展做出了重要贡献。在退休人员社会化管理、人口老龄化双重背景下，关注国企退休职工的晚年生活质量，已成为促进社会和谐稳定的题中之义。本书从积极老龄化视角出发，以兰州"河北三厂"退休职工的健康保障实践为研究对象，通过对他们健康保障实践相关内容的田野调查，探讨政府、社区、家庭、个人如何参与老年健康管理。

　　"河北三厂"退休职工大多经历了物质不充裕、医疗卫生体系不健全的时代，经受了自然灾害等事件的影响，这些不可逆健康风险因素的积累增加了他们的患病概率。加之年龄增长，各种细胞器官组织的结构与功能逐年老化，更易造成退休职工的适应力减退、抵抗力下降，退休职工对医疗保健需求不断增加。与退休职工需求不匹配的供给导致了健康保障的矛盾。矛盾原因有两方面：一方面是低水平的退休金，退出工作领域的老年人收入来源较少且收入结构简单，加之昔日以"买断""内退"为手段进行"减员增效"的企业改革不仅直接影响生活质量，而且使退休职工应对风险的能力较弱；另一方面是高额的医疗费用，随着医疗技术的进步和医疗服务的扩大，医疗服务质量和规模不断提高，医疗费用的总体上升，导致退休职工在维系健康方面存在困难。

参加城镇职工基本医疗保险，极大地改善了上述情况。退休职工生病时可以及时得到医疗救助，减轻其医疗费用负担，其生活质量和幸福感得到了明显提升。尤其近年来医疗保险制度不断健全，政府投入逐年增加，保障水平稳步提升，退休职工的基本医疗权益更是得到了有力保障。退休人员的非缴费政策与个人账户的倾斜划入政策既可以增加退休职工当期可支配收入，又可以增强该群体的医疗服务购买能力；同时在住院时对他们年度内超过封顶线的医疗费用还给予一定比例的报销，有助于降低个人和家庭的医疗费用负担。

公共服务也是退休职工健康保障的重要组成部分，其中基层医疗卫生服务又为重中之重。基层医疗卫生服务是以老年人健康服务为重点的基层医疗服务体系，其提倡"小病在社区，大病进医院，康复回社区"的分级诊疗模式，可以有效降低医疗费用，满足退休职工的就医需求，缓解"低水平的退休金与高昂医疗费用之间矛盾"的现实困境。作为分级诊疗系统中的基础环节，社区卫生服务站通过对常见病、多发病的初步诊断与治疗，对慢性病的健康管理，为退休职工维护健康提供了低廉有效的医疗路径。这不仅有助于退休职工降低患病风险、提高健康水平，还可以减少医疗资源的浪费、缓解医疗压力。

积极的自我健康维护更是退休职工健康保障的重要因素，其中包含了身心两方面的良性运作状态，与生活方式、情绪心态、社会交往等有极大关联。它们皆是促进健康的重要途径。可以帮助老年人保持良好的身体和心理状态，延缓衰老过程。为了应对健康风险，退休职工运用丰富的个体经验来使生活的逻辑合理化，采取一系列应对策略提高自身抵御疾病的能力，以一种可以称之为地方性知识的自我保健措施化解问题。例如，体育锻炼作为保持健康、减少医疗开支的最简单易行的方式，是退休职工找到生存平衡点的重要手段；而健康来自持之以恒的体育锻炼和良好健康的生活习惯，这也是保持良好的情绪体验、积极参与社会活动、提高自身健康水平的重要途径。另外，退休职工的健康状况还与家庭成员之间的代际关系以及代际资源互动有着密切关系。

　　透过"河北三厂"退休职工健康保障的个案,我们可以看到国民健康维护的制度治理层面,政府政策主导作用非常关键;而在自我治理层面,需要民众在健康治理政策落实过程中充分发挥能动性。老年人的健康问题不仅涵盖国家在老年健康维护、医疗保障和健康管理等方面的制度性安排,而且包括社会环境的营造及个体自我健康维护实践等非制度性安排。积极应对人口老龄化的核心在于调动全社会的积极性,共同应对人口老龄化。因此,积极老龄化是多元主体共同管理健康的过程,其突出特征是多主体参与的合作管理及共同治理。通过多元主体的通力合作,并抓住优化医疗保障制度、重视疾病预防和健康管理、引导健康生活方式、营造老龄友好社会环境等关键点来达成,以此推动老龄事业发展,实现积极老龄化。

目　　录

导　　论

一　研究缘起

2020 年 5 月，联合国大会正式宣布 2021—2030 年是健康老龄化的十年，强调了世界各地的决策者应将政策重点放在改善老年人的生活上，包括今天和未来。回顾我国，2020 年中国发展研究基金会发布《中国发展报告 2020：中国人口老龄化的发展趋势和政策》。报告指出，中国人口老龄化程度正在加深，并且趋势将不可逆转，预计到 2025 年，中国 65 岁及以上的老年人将达到 2 亿人。根据 2020 年第七次全国人口普查数据，2021 年我国 60 岁以上老龄人口有 2.6 亿人，占总人口数量的 18%。老龄化是我国人口变化的重要趋势，也是我国的长期社会现实。"我国正面临着人口快速老龄化的巨大挑战，规模大、速度快且未富先老。能否成功应对老龄化，在很大程度上取决于能否显著改善和维护老年群体的健康。"[①] 健康是影响老年群体生活质量的关键因素，也是保障老年群体独立自主生活和参与社会活动的基础。老年人的健康问题不仅事关他们自身的福祉，也是我国全面建成小康社会的本质要求。

2022 年，北京大学国家发展研究院赵耀辉教授领衔的学术团队在著名医学杂志《柳叶刀》（*The Lancet*）上发表了名为《中国健康老龄

[①]　葛延风、王列军、冯文猛、张冰子、刘胜兰、柯洋华：《我国健康老龄化的挑战与策略选择》，《管理世界》2020 年第 4 期。

化之路》的重大报告①。报告指出：基于全球视角，中国与其他人口迅速老龄化的国家所面临的经济和社会挑战具有相似性，与此同时，中国也具有自身独特性，它已经拥有世界上最多的老年人口（≥60 岁）。随着第二批婴儿潮一代（即 1962 年至 1975 年出生的人）在 2022 年进入 60 岁中国的老龄化负担将进一步增加，随之而来的是老龄医疗卫生服务的压力增加。因此，需要根据现状进行研究分析，为相关政策制定、实施提供实践和理论两个层面的经验来源。

老龄化社会下的医疗卫生服务，主要涵盖两方面的问题：其一为医药卫生事业的问题，简言之即谁提供医疗服务的主体；其二为医疗保障的问题，即医疗费用应由谁为主体进行支付②。在我国医疗服务事业由政府主导，市场与社会共同参与③。相对而言，医疗保障存在复杂的机制，受国家、社会、个人三元主体影响。展开来说，作为社会保障的一种，医疗保障不仅与国家现代化程度正相关，也与社会平等正相关④。医疗保障制度，既是社会保障体系的重要组成部分，也是医药卫生体系的重要组成部分，因而是医改的重要领域之一。根据中共中央、国务院 2020 年 2 月 25 日发布的《关于深化医疗保障制度改革的意见》，到 2030 年我国要全面建成中国特色的医疗保障制度。医疗保障的目的是维护国民健康，维护国民健康也是国家与个人共同追求的民生目标。因此，探讨与国民健康相关的问题十分重要，其中既包括研究医疗保障制度推行所带来的社会效应，又包括了研究个体在此基础上的具体医疗选择与策略。

1994 年，我国职工医疗保障制度开始试点施行，经过多年的政策推进，该制度在保障职工医疗权益方面产生了良性效益，从根本上改变

① Chen, Xinxin et al. , "The Path to Healthy Ageing in China: a Peking University-Lancet Commission", *Lancet* (London, England), Vol. 400, No. 10367, 2022, pp. 1967 - 2006.
② 胡晓义：《我国基本医疗保障制度的现状与发展趋势》，《行政管理改革》2010 年第 6 期。
③ 张茅：《深化医药卫生体制改革，促进卫生事业科学发展》，《求是》2012 年第 15 期。
④ 郑功成：《中国式现代化与社会保障新制度文明》，《社会保障评论》2023 年第 1 期。

了过去完全由国家、单位包揽职工医疗费用的格局，极大增强了职工抵御疾病风险的能力。但是，由于受到医疗保险制度不完善、医药卫生体制转变等因素的影响，低收入群体仍然面临着个人账户的有限金额难以承受高额医疗费用的困顿。解决"看病难、看病贵"的问题，在制度缺失的前提下达到生存质量的平衡，关注民间的、基于文化传承的非制度安排显得十分必要。因为这些文化因素往往在制度之外发挥着非常重要的作用，成为国家和政府制度性安排的补救渠道。

2005 年 11 月至 12 月，2014 年 12 月，2023 年 10 月至 11 月，笔者在甘肃省兰州市的"河北三厂"进行了长期的田野工作，重点关注退休职工的健康保障与医疗实践问题。"河北三厂"是指国营万里机电厂、国营长风机器厂及国营新兰仪表厂，简称为万里厂、长风厂、兰飞厂。三厂都是兰州著名的军工企业，成立于 20 世纪 50 年代，是我国"一五"期间始建的苏联援华项目。中华人民共和国成立至改革开放期间，沿袭战争年代的物资配给制度并参照苏联经验，我国初步建立了一套职工医疗保障制度，在国有企业和部分大集体企业实行劳保医疗政策。"河北三厂"也属于此类。因此，改革开放之前，职工的工资和福利在兰州市处于较高水平，工厂实行具有计划经济时代典型特征的劳保医疗制度，职工在企业职工医院医治时所需诊疗费、药费、住院费、住院膳食费及普通药费均由企业负担，家属半费医疗。

伴随改革开放的不断推进及社会主义市场经济的纵深发展，我国原本的劳保医疗制度弊病逐渐显露。20 世纪 80 年代中期，由于军品生产任务的减少，导致三厂经济效益开始下滑，不仅影响了职工的收入、福利，同时还影响了职工的医疗保障。为适应社会变迁，企业开始实施医保改革，采取基本医疗保障费用由用人单位和职工双方共同负担的措施，加强对职工医疗消费的有效制约。2000 年后，随着甘肃省职工医疗保障制度改革工作的持续推进，三厂在陆续改制重组后加入兰州市基本医疗保障体系之中。虽然参加职工医疗保险一定程度上加强了职工抵御风险的能力，但是由于职工医疗保险的个人账户金额以职工缴费工资额计算，加上三厂20世纪90年代的"一刀切"内退制度的影响，很多职工在内退时工资基数低，正式退休后拿到的养老金少，养老金少又影响到每月医保卡4%的注资金额少。

有限的医保卡额度难以从根本上解决低收入群体"看病难、看病贵"的问题，他们的医疗经济负担仍然十分沉重。医疗服务逐步商业化后，与退休职工的工资、医保水平相比，医院的医疗费用居高不下，医疗支出费用远远高于收入的增长幅度。针对退休职工自患病多以慢性病和退行性疾病为主的情况，他们采取了一些降低医疗费用的方法，出现了基于自身实践的医疗选择和医疗策略，以此来抵御疾病的风险。这些选择与策略多以"地方性知识"的医疗保健措施化解健康问题，维护个体健康。其中包括求医及医药购买的个体化策略、广泛运用整体理疗（Complementary and Alternative Medicine）① 来代替主流医学治疗两大层面。

综上，对非制度医疗选择和医疗决策的研究，本质是讨论基层社会治理中如何提供合理机制，以此促使个体发挥能动性以对制度的局限进行补充，推动社会资源合理分配与社会和谐发展。基于上述背景和前期田野调查，引发了笔者对个体如何在非制度安排下进行医疗抉择、制定医疗策略的研究兴趣。具言之，本书基于医学人类学的研究方法，以甘肃省兰州市"河北三厂"为例，从医保变迁、社区治理、自我管理三个层面来探讨企业退休职工医疗选择与社区互助的问题。

首先，了解退休职工健康保障的社会环境、三厂医疗保障制度的变迁。社会环境与个体实践存在着高强度的联系，社会变迁影响着个体生活中的具体生活决策，个体"生、老、病、死"均与医疗存在关联。因此，在探讨个体的医疗选择与医疗决策之前需厘清三厂的社会环境与

①　整体理疗，指包括来自各种历史和文化背景的疗法，又被称为补充疗法（Complementary Therapy）。这些疗法被认为起作用的方式也是多种多样的，基本上都是源自促进身体自愈的观念。包括辅助医学、替代医学和传统医学，通常被认为是对主流医学（生物医学）的补充。

历史变迁两部分内容。

其次，在国民健康维护的社区治理层面把握医疗卫生服务建设，特别是基层医疗服务供给情况，关注均等化的基本医疗卫生服务对退休职工健康福祉的保障，总结当地推动优质医疗资源下沉取得的成效。

再次，从退休职工的疾病认知与治疗出发，了解他们所采取的疾病行为模式以及在抵御疾病风险方面的防治措施，把医疗放在其所处的文化情境中去理解，探究退休职工如何发挥主观能动性进行健康保障的自我管理。

最后，基于上述三个层面，探讨健康保障的制度安排与民间策略的关系，并回应本书的核心问题，即如何提供合理机制，促使个体发挥能动性以对制度的局限进行补充，推动社会资源合理分配与社会和谐发展，提高以退休职工为代表的老年群体的健康水平。

二　研究意义

实践层面，我国从1994年建立社会统筹与个人账户相结合的职工医疗保险制度开始，职工医疗保险制度改革取得了一定成效，增强了职工抵御疾病风险的能力。但是由于现行医疗保障制度的不完善，许多患者因为就医看病而负债累累。对于政府而言，需要进一步完善现有的医疗保险制度，最大限度地保障企业低收入退休职工的看病就医问题。而在田野调查过程中，笔者注意到除了制度内的运作外，民间的、基于文化传承的非制度安排作为社区补救方式，往往在国家制度之外同样发挥着非常重要的作用。

因此，研究非制度层面的医疗保健方式有助于我们深刻理解人们的就医行为以及影响人们健康的社会、文化、心理因素，从而有针对性地提出措施并加以实施，更加有效地提高群体的健康水平。健康不仅是指没有躯体疾病，而且是身体上、心理上和社会适应方面的良好状态，它会受社会环境、社会心理及文化的影响与制约。因此，以"河北三厂"

为例，研究企业退休职工非制度性的医疗选择、就医策略能够凝聚个案经验，为"积极老龄化"与国家医疗保障制度的完善提供具有参考价值的案例。

理论层面，基于文化社会学与医学人类学的观点，病痛是一种文化建构，作为一种心理—社会经验，这种建构包含复杂的心理与社会过程，这一过程反过来又会影响疾病，并在治疗疾病与病患的过程中发挥作用。从医学人类学的视角出发，我们不仅要研究疾病的临床诊治，还要研究不同文化和不同社会群体如何解释患病的原因、他们所采取的疾病行为模式，以及在抵御疾病风险方面的防治措施。分析不同社会群体的医疗信仰和医疗选择，探讨多元医疗选择的原因，用医学人类学的理论方法去理解多元医疗选择的合理性。

由此，如果要控制和治疗疾病，提高老年群体的健康水平，必须从地方性知识的层面关注他们的医疗实践，分析补充医疗在保障居民健康方面的运作模式及其机制。通过对草根阶层生活实践的调研，我们可以了解与地方性知识相关的补充医学如何影响个体的就医策略和医疗选择。对高度复合性的疾患观念与医疗实践的分析，能够获得对健康与文化关系更客观合理的认识。从个案中不断提炼经验，总结出符合中国社会特色的医疗体系建构。

三 研究综述

第二次世界大战后，由于国际社会对推进国际公共卫生的重视，很多人类学家参与到公共卫生工作中。在现实和理论层面均产生了许多经典研究。这些研究集中于展现不同区域社会的医疗卫生现状以及社会文化习俗，协助受过西医学专业训练的医护人员将现代医学传入偏远地区，形成了许多经典的研究范式。在此基础上，医学人类学应运而生。无论研究具体内容为何，医学人类学均聚焦于疾病、健康与文化。退休职工的医疗选择、医疗策略虽然与医学相关，但本质上仍然是文化、社会问题。根据本书的核心问题意识及其展开讨论的三个层面，需要从健康、老龄化与社会，整体医疗实践，医疗保障制度三个层面对前人研究进行梳理，以厘清本书与前贤研究的异同，基于实践经验形成理论对话的空间。

全球化与现代化的双重浪潮下，西方现代科学对各种传统知识体系形成了强烈的冲击。以生物医学为基础的现代医学，与全球各地的传统医学知识体系产生了多重反应，甚至使传统医学消散。尽管如此，人们对疾病的理解与西方现代医学概念并非一致①。顶层设计方面，医疗保障制度与医疗卫生话语相结合，共同形塑了人们对医疗选择、医疗策略的认知。但是，仍然存在吉尔茨（Clifford Geertz）所言的"地方性知识"，"即把对所发生的事件的本地认识与对可能发生的事件的本地想象联系在一起"②。这也意味着人们通常会利用地方性知识对疾病做出解释，形塑疾病认知，以本土文化为依据应对健康问题③。因此，探讨企业退休职工的医疗选择、医疗策略时，需首先从健康、老龄化与社会谈起。

（一）健康、老龄化与社会

健康、老龄化与社会在早期人类学研究之中已受到关注。西蒙斯（L. W. Simmons）1945 年所出版的《原始社会中老年的角色》为人类学界首个关注老龄化与社会的研究，该书被称为"孤独的纪念碑"④。而关于健康与社会的人类学研究，源起于 19 世纪末至 20 世纪初。该阶段，美国的人类学机构曾经组织以印第安原住民的"疾病知识和医疗实践"为主题的专门研究。这一类型研究被视为"民族医学"（Ethno-

---

① 许烺光：《驱逐捣蛋者：魔法，科学与文化》，王芃、徐隆德译，南天书局 1997 年版，第 158 页。

② ［美］克利福德·吉尔兹：《地方性知识：事实与法律的比较透视》，王海龙译，中央编译出版社 1994 年版，第 126 页。

③ Arthur Kleinman, *Patients and Healers in the Context of Culture: An Exploration of the Border Land between Anthropology, Medicine and Psychiatry*, Berkeley: University of California Press, 1980, p. 448.

④ Amoss Pamela T. & Harrell, Stevan, "Introduction: An Anthropologist Perspective on Aging", in Pamelat Amoss and Stevan Harrell, et al., *Other Ways of Growing Old-Anthropological Perspectives*, Stanford: Stanford University Press, 1982, p. 27.

medicine）的前身①。20 世纪 50 年代，因参与国际公共卫生运动项目的"应用研究"，美国人类学中有关疾病、健康和医疗的研究获得发展契机，逐渐呈现专业化发展趋势②。

民族医学研究的先驱为里弗斯（William Halse Rivers），他倡导应该针对非西方社会的医疗方式开展进行系统的研究：透过可观察的治疗手段，揭示深层的病因学（asetiology）理念。该方法不是以西方"现代医学"为标杆去比较、定位当地居民的"原始医疗"，而是强调将当地居民的病因学理念与治疗手段结合起来，考察二者之间的逻辑关系，并以此作为判断"原始医疗"是否存有理性的基础③。"'医学人类学'一词见于 1953 年美国学者考迪尔（W. Caudill）发表的评论性论文《医学应用人类学》，标志着人类学界开始关注医疗卫生问题。"④

第二次世界大战之后的冷战背景下，以美国为代表的西方发达国家借助联合国、世界卫生组织等机构发起针对发展中国家的援助和发展项目，促使了医学人类学的诞生。20 世纪 60 年代，医学人类学逐渐发展起来。1963 年，以人类学为重点的文献目录《医学行为科学》在美国问世，美国和西方的人类学家开始充分认识到研究保健和疾病问题的人类学意义。早期的研究者们主要是通过简单的描述记录和数据整理工作，以求改善经济落后地区和国家的卫生状况⑤。随后研究者们开始转向研究疾病、医疗与社会文化之间的联系。该转向推动了人类学对人类社会医疗方面的研究进程。

研究者们发现，早期人类学家搜集到的人口学数据资料具有相当大

---

① 郭金华：《医学人类学的理论化》，《广西民族大学学报》（哲学社会科学版）2023 年第 3 期。

② Francine Saillant and Serge Genest, *Medical Anthropology: Regional Perspectives and Shared Concerns*, Malden, Mass: Blackwell Pub., 2007, pp. 42–57.

③ 郭金华：《医学人类学的理论化》，《广西民族大学学报》（哲学社会科学版）2023 年第 3 期。

④ 席焕久主编：《医学人类学》，人民卫生出版社 2004 年版，第 14 页。

⑤ Scotch, Norman A., "Medical Anthropology", *Biennial Review of Anthropology*, Vol. 3, 1963, p. 30.

的研究价值。该价值的挖掘并非人类学内部的自我审视，而是借助于公共卫生项目的开展所得。随着研究的不断深入，医学人类学的研究者们对医疗、疾病与文化的研究形成了一定的理论体系。福斯特（George Foster）和保罗（Benjamin Paul）是该时期最具代表性的学者。福斯特的贡献主要在于推动医学人类学训练的专门化和制度化[①]。保罗的主要贡献则是将文化概念引入公共卫生、医疗领域方面。他认为所有健康、医疗项目均需要从受众出发。因此，相关项目的实施需要把握特定社区及其相关人群的信仰和价值，而其最终目的是改变人的行为[②]。此外，二位学者培养了大批受过训练的人类学学生，毕业后选择了从事应用型工作，工作单位包括公共卫生学院里的流行病学机构、政府机构以及非政府组织。

随着 20 世纪 60 年代西方人类学家逐渐发现，非西方社会有本土的"传统医疗"系统。随后西方学者将目光转向自身社会，他们发现多元医疗在西方社会中也同样普遍存在[③]。这一阶段，西方学者开始转向世界性的研究，展开对非西方社会的研究并与西方社会进行比较、反思，其中就包括了老龄化研究的部分。自 20 世纪 70 年代，出现了许多以不同社会中的老年人为对象的研究成果，较为著名的研究如玛格丽特·米德（Margaret Mead）在《文化与承诺》[④] 中对"前喻文化、并喻文化和后喻文化"之中代际关系的讨论；又如克拉克·玛格丽特（Margaret Clark）和芭芭拉·加拉廷·安德森（Barbara Gallatin Anderson）于 1976 年出版的《文化与老龄化：一项关于美国老年人的人类学研究》[⑤]。通过

[①]　Robert Kemper, Stanley Brandes, "George McClelland Foster Jr. （1913 – 2006）", *American Anthropolpgist*, Vol. 109, No. 2, 2007, pp. 425 – 430.

[②]　Ivan Orangsky, "Benjamin Paul", *The Lancet*, Vol. 366, No. 9481, 2005, p. 198.

[③]　Frankenberg, Ronald, "Gramsci, Culture, and Medical Anthropology: Kundry and Parsifal? or Rat's Tail to Sea Serpent?" *Medical Anthropology Quarterly*, Vol. 2, No. 4, 1988, pp. 324 – 337.

[④]　[美] 玛格丽特·米德：《代沟》，曾胡译，光明日报出版社 1988 年版，第 20 页。

[⑤]　Clark, Margaret, Barbara Gallatin Anderson, Gerard G. Brissette, Majda Theresia Thurnher and Terry C. Camacho, "Culture and Aging: An Anthropological Study of Older Americans", *American Sociological Review*, Vol. 33, No. 151, 1968, p. 481.

该研究，克拉克和安德森发现美国社会中，如个体主义、自治、竞争和活力等适合青年、中年人的价值观，与老年人所期待的晚年生活状态并不相符。老年人要实现幸福美满的晚年生活，需要完成系列重塑自身观念、生活方式的任务。

随后，出现大批相关主题的研究。此类研究主要是基于西方社会老龄化（Aging）的背景，以求从其他社会之中寻找解决的经验。因此，这些研究大多数为专题研究，通常将年龄因素视为相对独立的变量，以此来探索该变量与社会结构、亲属制度、经济制度、性别等因素的复杂关系①。其中，较为代表性的研究有三项。其一，劳伦斯·科恩（Lawrence Cohen）的作品《无衰老的印度社会——阿尔茨海默病、坏家庭和其他现代性事物》，该书对印度的老龄化进行了研究。研究中，作者将"依赖"理解为影响大众的负面情绪，以此解构了现代化对于家庭结构变化的联系②。其二，萨拉·兰姆（Sarah lamb）的《老龄化与印度侨民——印度和外国的国际化家庭》③。该研究以民族志的方式，对印度老年人、老年人社区如何探索养老的新形式以实现老年人的自我价值进行了探讨，重新定义了印度现代化及其对老年人的影响。其三，玛格丽特·洛克（Margaret lock）的《遇见衰老——日本和北美的更年期神话》④。该研究通过对日本与北美女性更年期叙事进行对比后发现，衰老和养老经历受到包括性别、人口流动和全球化等因素的影响。

以上研究为本书提供了可参照的具体范式，揭示了包括医疗选择、医疗策略及养老认知的个体实践均与具体社会、文化高度关联。因此，在具体研究中，需要注意社会文化语境与个体实践的关系。此外，这些

---

① Maybury-Lewis David, "Age and Kinship: A Structural View", in Davidi Kertzer & Jennie Keith et al., *Age & Anthropological Theory*, NY: Cornell University Press, 1984, pp. 124 – 140.

② Lawrence Cohen, *No Aging in India: Alzheimer's, The Bad Family, and Other Modern Things*, Berkeley University of California Press, 1998, p. 13.

③ Sarah Lamb, *Aging and the Indian Diaspora, Cosmopolitan Families in India and Abroad*, Bloominaton: Indiana University Press, 2009, pp. 235 – 268.

④ Margaret Lock, *Encounters with Aging: Mythologies of Menopause in Japan and North America*, Berkeley University of California Press, 1994, pp. 370 – 389.

研究之中所运用的生命历程研究法（Life-course Perspective）、话语分析法（Narrative Analysis）等研究方法给予了本书技术路线层面的重要启示。国外研究为本书提供了一定的范式以供参照，但针对本土语境，还需了解本土研究所提供的相关经验。

人类学、社会学等社会科学领域，许多国内外的学者实施过健康、老龄化与社会的研究。早期，这些研究多数集中于中国乡村地区的老龄化与家庭，多数主题与乡土道德相关。例如，马丁和威廉姆（Martin king whyte & William L. Parish）的《当代中国的乡村与家庭》。该研究探讨了中国乡村家庭生活的本质及其变化①。类似涉及乡村养老、地方社会养老逻辑的国内研究较多，如费孝通的《乡土中国》《江村经济》以及许烺光的《祖荫下》等。这些经典研究虽然有所涉及养老问题，但并未详细讨论健康、老龄化与社会的问题。正式讨论健康、老龄化与社会的本土研究，首先要提到美国学者葛玫（Rose K. Keimig）的研究②，该书系作者在云南省昆明市几家养老院田野调查后所撰写的博士论文。其中采用人类学的方法，基于材料讨论了家庭伦理、护理工作、生命政治、老龄化和生活质量等问题。由此说明了中国城市从居家养老到机构养老日益增长的现实，探讨了新旧思想和社会结构之间的紧张关系如何重塑关怀和被照护的体验。

此外，许多中国学者进行了相关的讨论。如景军团队对寺院养老、互助养老的研究，从不同角度探讨了社会作为养老补充手段的可能性③。再如程瑜等对积极性养老中前瞻性风险管理重要性的研究，给予了我们养老机构中的养老风险管理如何从系统上进行改善的启示④。又

---

① William L. Parish and Martin King Whyte, *Village and Family in Contemporary China*, Chicago: The University of Chicago Press, 1978, pp. 380 - 401.

② Keimig, Rose K., *Growing Old in a New China*: *Transitions in Elder Care*, Ithaca, NY: Rutgers University Press, 2021, pp. 180 - 204.

③ 景军、赵芮：《互助养老：来自"爱心时间银行"的启示》，《思想战线》2015 年第 4 期；景军、高良敏：《寺院养老：人间佛教从慈善走向公益之路》，《思想战线》2018 年第 3 期。

④ 程瑜、吴昊坦：《论积极性养老中前瞻性风险管理的重要性——兼评〈养老机构护理风险防控及管理模式研究〉》，《湘南学院学报》（医学版）2023 年第 4 期。

如潘天舒对医学人文语境中的老龄化与护理实践的研究认为，老年护理实践研究必须着力阐释和解析"社会事实"背后所揭示的道德和伦理的多重含义，以期获得植根于日常生活的洞见和灵感，从方法论上为本书提供了指导①。

与本书主题关联性较大的研究如沈燕对都市养老路径的探讨和养老院老人身体感的研究②。该研究关注了医学技术对衰老身体的管理与控制，并留下了一个可以继续深入讨论的问题，即现代社会究竟该如何对待老年人，在强调技术的同时又该如何保证老年人的尊严。再如，吴心越对养老机构认知症照护的民族志研究③，该研究呈现了认知症照护中的伦理两难和权宜性实践，并指出良善的照护应当基于具体境遇下的审慎决策和实践探索。这种特殊的照护关系也为我们提供了思考人格身份和主体间性的新路径。

综上可见，前贤已有许多健康、老龄化与社会方面的成熟洞见，提供了可供参考的范式。然而无论是国内还是国外，专题集中于制度与个体实践的研究成果依然较为少见。上述研究主要能够为本书提供一些间接性的经验，这些间接经验主要分为三个方面：其一，研究需要注重特定的社会背景，考虑相关社会环境下的表达。不同社会文化背景的人对于衰老、养老和健康等方面的具体观念并不相同。以中国社会背景下的企业退休职工为研究对象，就必须清楚了解该人群的特性所在，并进行符合本土语境的阐释。其二，由于研究内容是社会变迁所带来的后果，由此需要注意到社会变迁与个体的家庭、生活等基层社会实践的关系。其三，研究中需要注重"个体—社会—制度"微观、中观和宏观三个层面的关系，以形成阐释力。

总体来说，健康、老龄化与社会为本书的宏观背景。而本书所重点

---

① 潘天舒：《医学人文语境中的老龄化与护理实践》，《上海城市管理》2015 年第 6 期。
② 沈燕：《"脏"与"不值钱"：养老院老年人的身体感研究》，《民间文化论坛》2020 年第 4 期。
③ 吴心越：《关怀的限度：养老机构认知症照护的民族志研究》，《社会》2023 年第 3 期。

关注的企业退休职工的医疗选择、医疗策略与医学人类学研究中的另外一个主题整体医疗实践有极大的关联。因此，以下将结合本书，对整体医疗实践部分研究进行回顾与综述。

（二）整体医疗实践

整体医疗（Complementary and Alternative Medicine）①，又称补充疗法（Complementary Therapy）。医学界认为整体医疗包括辅助、替代医疗以及传统疗法。整体医疗基于医学整体论，以生物—心理—社会医学模式为指导，坚持以人为本，以病人为中心，把人视为一个有机的整体。其目的在于提高生命质量，延长寿命，减少病痛折磨。医学人类学界在过去长期使用相似概念，即多元医疗（Medical Pluralism）。多元医疗的提出源自医学人类学家莱斯利（Charles Leslie）的亚洲研究经验②，指一种常见于世界各地的社会事实，为某个区域内多种医疗体系并存、竞争的格局。某个地区的人在寻求医疗途径和健康知识时，选择具有多样性、整合性和辅助特征③。

多元医疗与医学研究中的整体医疗不谋而合，虽大部分一致，但仍有细微区分。二者区别主要在于，医学研究之中所强调的整体医疗偏向于实践，而医学人类学研究中的多元医疗偏向于对社会事实的呈现和分析。就概念运用的广度而言，整体医疗实践更具有广泛性和学术性，而多元医疗更偏向于一种对社会现象的提炼。为发挥医学人类学作为医学与人类学等多学科交叉中的桥梁作用，使本书更具跨学科性，笔者将采用整体医疗实践这一概念。

医学人类学界对整体医疗实践的关注缘起于 20 世纪 70 年代，人类

---

① Saks, M., "Complementary and Alternative Medicine", *Encyclopedia Britannica*, March 20, 2023, https://www.britannica.com/science/complementary-and-alternative-medicine.

② C. Leslie, "The Professionalizing Ideology of Medical Revivalism", in M. B. Singer ed., *Entrepreneurship and Modernization of Occupational Structures in South Asia*, Durham: Duke University Press, 1973, pp. 214–242.

③ 卢鑫欣、景军：《许烺光的医学人类学研究及其影响》，《中央民族大学学报》（哲学社会科学版）2023 年第 4 期。

学家查尔斯·莱斯利（Charles Leslie）编写《多元医疗体系的世界视野》时，首次提出了"多元医疗"的概念，并将其定义为由现代医学与传统医学共同构成的多元医疗体系①。多元医疗主要基于三个假设而形成：首先，现代医学与传统医学在认知层面存在着很大的差异，传统医学认识论的基础是"神药两解"，传统医学不断发展的过程中，巫和医才开始逐渐分化②。其次，当今社会中，传统医学逐渐被西方生物医学为主导的医学系统所代替，但依然有其强大的生命力。再次，社会变迁对传统医学产生了正负两方面影响，可能会削弱传统医学的声望，但也可能升华传统医学的魅力。虽然传统医学在现当代的地位取决于它们辅助和替代现代西方医学的功能，但多元医疗体系仍然常见于世界各地③。造成多元医疗的原因是文化的多样性。

同一时期，凯博文（Arthur Kleinman）试图从理论层面进行整合过去"民族医学"等对多元医疗的研究。将一切文化中的医疗系统定义为象征系统，通过揭示诸如疾病、诊断以及治疗的象征性，将生物医学的知识也视为文化的表达。把西医与非西医都视为同样的研究对象，拆解西医的特殊性④。此外，凯博文运用疾痛体验（illness experience）的概念来叙述患者的意义与合法性，对抗生物医学的疾病认知（disease），以此来确认医疗系统实际面对科学与人文的双重事实⑤。此后，医学人类学界对整体医疗实践进行了大量的研究，包括我国学者在内的诸多学者为医学人类学的发展做出巨大的贡献，尤其是在案例经验方面。

---

① Leslie C., "Medical Pluralism in World Perspective, Social Science & Medicine", *Part B*: *Medical Anthropology*, Vol. 4, No. 4, 1980, pp. 191–195.

② 宋欣阳主编：《世界传统医学研究》，上海科技出版社 2020 年版，第 2—3 页。

③ Marian F., Medical Pluralism: "Global Perspectives on Equity Issues", *Forsch Komplementärmed*, Vol. 14, 2007 (Suppl 2), pp. 10–18.

④ 郭金华：《医学人类学的理论化》，《广西民族大学学报》（哲学社会科学版）2023 年第 3 期。

⑤ Kleinman, "Medicines Symbolic Reality: On a Central Problem in the Philosophy of Medicine", Byron Good, et al. eds., *A Reader in Medical Anthropology-Theoretical Trajectories*, *Emergent Realities*, Oxford: Wiley-Blackwell, 2010, pp. 85–90.

如余成普所言，整体医疗实践的研究可以分为三个类型①。第一类研究是在承认多元医疗的前提下，重点研究某一种医疗体系。例如李永祥对云南的个案研究认为②，虽然社区医疗事业不断发展，农村医疗保险制度逐渐完善，但尼苏人的疾病观念、传统治疗法仍在日常医疗实践中发挥着较大的作用，彝族社区中的常见病、多发病依然是靠传统方法进行治疗。因此，当地人对于传统医疗方式的认同并不能被简单地归因于经济困难，它与彝族的传统信仰、知识体系具有密切关联。再如徐义强对哈尼族仪式治疗的医学人类学解读，认为仪式治疗的疗效与选择与地方文化认知系统和当地外部社会因素息息相关③。因此，只有将治疗仪式置于哈尼族丰富的社会文化脉络中并进行动态的分析，才能最终揭示其中的逻辑。

第二类主要是对整体医疗实践形成的原因的研究，具言之即回答为什么不同文化背景、理论基础的医疗系统能够在一个社会之中共存。例如，张实和郑艳姬对小凉山地区一个彝族村落的多元医疗分析认为，传统、现代及民间三个不同层次的治疗方式在患者的实际生活中发挥着不同层面的效用，主导着病患从身体到心理再到社会的多方面的重新整合过程，由此所构成的多元医疗体系的整体性才是其存在的真正意义所在④。再如，段忠玉和李东红对于西双版纳傣族村寨多元医疗模式存在原因的分析，其中提到傣族村寨多元医疗模式的共存是文化适应和文化自觉的表现。原因在于为了达到治愈疾病的目的，傣族民众既没有全盘地肯定西医，也没有只坚持传统医学。传统医疗、现代医疗、民间医疗三者在功能上互补的认知伴随着人类的产生而产生，通过人类对自然的

---

①　余成普：《多元医疗：一个侗族村寨的个案研究》，《民族研究》2019 年第 4 期。

②　李永祥：《彝族的疾病观念与传统疗法——对云南赫查莫村及其周边的个案研究》，《民族研究》2009 年第 4 期。

③　徐义强：《哈尼族治疗仪式的医学人类学解读》，《中央民族大学学报》（哲学社会科学版）2013 年第 2 期。

④　张实、郑艳姬：《治疗的整体性：多元医疗的再思考：基于一个彝族村落的考察》，《中央民族大学学报》（哲学社会科学版）2015 年第 4 期。

认识、长期的实践而得来的自我保护的知识。

第三类研究为对整体医疗实践中不同医疗系统相互关系的探究。这一部分研究产生的原因与20世纪80年代医学人类学的政治经济学派兴起有较大的关联，其主要探讨内容为：整体医疗实践的格局下，有学者发现各种医疗体系并非均衡地发展，而是表现出等级性。代表全球化的、西方的、科学的生物医学在国家权力和现代性的推动下，在多元医疗中占据主导地位；生物医学并没有完全替代地方的传统医学①。传统医学弥补了现代医学未能全面解释的部分。

总体而言，国内外医学人类学界对整体医疗实践已有丰富的成果，从上述代表性成果来看，对于本书至少有以下三点启示：第一，整体医疗实践既是医学所承认的具体医疗手段，同时也是社会事实。因此，当讨论企业退休职工的医疗选择时，应注意到其中各种医疗手段所发挥的作用。第二，探讨企业退休职工的具体医疗选择，需要厘清选择形成的原因，为分析整体医疗实践中多元医疗之间的相互关系做好分析基础。第三，分析整体医疗实践中不同医疗系统关系时，需要注意到两个层面。首先是制度性的成因，制度与社会变迁所带来的包括人群分层、国家、社会力量推动的因素会对整体医疗实践造成影响。其次是个体作为行动者的能动性。个体在医疗选择、医疗策略方面虽然受制度文化、社会文化等多重因素影响，但不可否认的是个体在该异质网络的建构中也发挥着重要的力量。

综上，整体医疗实践背后，包含着社会文化变迁、现代性嵌入、个体行动实践等复杂的力量。在这些力量的共同作用下，形成了整体医疗实践的总体格局。作为社会事实，整体医疗实践共同维护人类的健康福祉。其中，补充医疗与替代医疗在制度医疗外对企业退休职工的健康维

---

① 余成普：《多元医疗：一个侗族村寨的个案研究》，《民族研究》2019年第4期；M. Lock & Vinh-Kim Nguyen, *An Anthropology of Biomedicine*, Oxford：Wiley-Blackwell, 2010；C. R. Ember & M. , Ember, *Encyclopedia of Medical Anthropology*, New York：Kluwer Academic/Plenum Publishers, 2004, pp. 109 – 115.

护提供了大量的补充。然而，要从制度设计层面使得整体医疗实践更具有合理性，推进基层社会治理，还需对了解医疗保障制度的相关研究进行梳理，做到宏观、中观、微观三个层面的相互联动，形成较好的经验总结，提炼理论。因此，该部分的最后将对医疗保障制度的研究进行梳理。

（三）医疗保障制度

探讨医疗保障制度的具体研究前，需回顾我国医疗保障制度的历史。1994 年，国务院决定在江苏镇江、江西九江进行医疗保障改革的试点。自此，我国开始从计划经济下劳保与公费医疗体系，转向市场经济下社会医疗保险体系，拉开了改革的序幕。随后，各地逐步建立起包括城镇职工基本医疗保险制度、新型农村合作医疗制度和城镇居民基本医疗保险制度在内的三大医保制度，初步构成了覆盖全体国民的医保体系。然而，由于制度设计不足和部门利益博弈等原因，新农合、职工医保、居民医保三大险种的覆盖对象开始出现了不同程度的交叉，尤其是对农民工、失业人员等特殊人群应纳入哪种制度缺乏明确规定，各地做法不一。我国医保制度正面临着日益棘手的多元分割问题①。

如上文所提，我国老龄化已成为亟须解决的社会问题。第七次全国人口普查数据显示，与 2010 年相比，我国 60 周岁及以上老年人口增加了 8637 万人，增长 48.62%，占总人口的比重已由 13.26% 增至18.70%，上升了 5.44%。我国人口老龄化呈加速态势，达到峰值后将长期处于老龄人口"高原"②。医疗保险是应对老龄化的核心制度之一。随着老龄化程度不断加深，我国医疗保险制度面临着较大的挑战。一方面是老年人口规模的逐步扩大与医保基金可持续发展之间的矛盾，另一方面是老年人口的保障需求与保障水平不匹配的矛盾③。正如企业退休

① 孙翎：《中国社会医疗保险制度整合的研究综述》，《华东经济管理》2013 年第 2 期。
② 何文炯：《论社会保障制度的代际均衡》，《社会保障评论》2021 年第 1 期。
③ 阳义南、梁上聪：《中国医疗保险制度"适老化"改革：国际经验与政策因应》，《西安财经大学学报》2022 年第 1 期。

职工所面临的情况，保障水平达不到保障需求，因此需要整体医疗实践来对制度进行日常医疗实践的完善与补充。

实际上，医疗保障所面临的问题具有世界性特征。自 20 世纪 70 年代起，国外学者就已对此有诸多讨论。经济学家维克托·福克斯（Victor Fuchs）曾在《谁将生存：健康、经济学和社会选择》中指出，美国65 岁以上老年人的医疗卫生支出是其他年龄人口支出总和的 3 倍，其中 80 岁以上老年人的医疗支出又占老年人医疗卫生支出的四分之三以上[1]。费舍尔（Fisher CR）在其研究《各年龄组的医疗保健支出差异》中提到，美国老年人口的医疗费用支出分别是青年人的 7 倍，中年人的3 倍[2]。霍利（Alberto Holly）在瑞士医疗保险情况的研究中发现，年龄对住院服务以及医疗保费支出有显著的倾向[3]。

除西方学者外，日本学者的研究中也发现了类似的问题，例如日本学者基于后期老年医疗保险的视角，提出了日本医疗保险制度应对超高龄化社会改革的方向[4]。这些研究无疑都注意到了医疗保障与老龄化的关系，进一步言之，世界各地的学者都已对老龄化背景下社会医疗保障制度的改革达成了共识。随着我国老龄化程度不断加深以及国家对医疗保险改革和健康老龄化的重视，老年医疗保险领域的研究也与日俱增[5]，我国学者也对此进行了相应的讨论。

我国学者对此的讨论，基本可以分为三个层面。首先是制度层面，例如朱波与周卓儒借鉴美国、日本医疗保险制度改革的经验，提出了应建立政府主导、针对不同层次老年人建立的护理医疗保险制度、以社区

---

[1]　Victor R. Fuchs, *Who Shall Live? Health, Economics and Social Choice*, World Scientific Pub, 1976, pp. 41 – 62.

[2]　Fisher Cr, "Differences by Age Groups in Health Care Spending", *Health Care Financing Review*, Vol. 1, No. 4, 1980, pp. 65 – 90.

[3]　Holly A. Gardiol L. Domenighetti G. et al., "An Econometric Model of Health Care Utilization and Health Insurance in Switzerland", *European Economic Review*, Vol. 42, 1998, pp. 513 – 522.

[4]　島添剛広、「医療保険制度の新医療制度改革」、時事通信社、2010 年版。

[5]　阳义南、梁上聪：《中国医疗保险制度"适老化"改革：国际经验与政策因应》，《西安财经大学学报》2022 年第 1 期。

为中心的老人医疗保障制度①。再如申曙光与马颖颖从老年人需求出发，提出了医疗保障制度改革的总体设计②。其次是改革层面，例如景日泽等认为我国职工医疗保险中，要求退休人员缴费为可行的选择，可以为老年医疗保险制度提供多元的筹资渠道③。最后是护理制度层面，如吕国营等发文呼吁加快建立以老人为中心的护理保险制度④。

总而言之，从现有研究成果出发，无论是西方学者还是我国学者的研究结论总体上均可总结为要从制度上进行调控，实现医疗保障制度的"适老化"发展。从各自学科背景和问题意识出发，这样的关切无可厚非。根据我国现状，制度的优化势在必行，然而在强调制度力量的同时，还需关注到社会自身所具有的调控性。国务院印发的"十四五"国家老龄事业发展和养老服务体系规划的通知中曾提到要建立老年友好型社会。老年友好型社会的建立，在制度保障的同时，还需要民间文化与其适应。因此，注意到社会自身所具有的调适性极为重要。正如三厂的退休职工，虽然存在医疗需求与供给不平衡的矛盾，但根据自身的能动性所构建的网络，形成了一套行动者系统。通过整体医疗实践的方式，应对老龄化所带来的健康问题，弥补供需不平衡所造成的缺失。

综上，基于人类学微观个案研究的优势，在宏观研究的框架下，可以寻求一种可能性，即基层社会的自我调适如何补充制度缺场，缓解社会矛盾。民间案例为制度补充提供了社会与制度相互调适的可能性，因此，挖掘这种可能性能够对宏观研究进行补充、佐证或是修补。同时，提供微观经验视角所带来的具体经验，凝聚理论。正如笔者在"河北

---

① 朱波、周卓儒：《人口老龄化与医疗保险制度：中国的经验与教训》，《保险研究》2010 年第 1 期。

② 申曙光、马颖颖：《我国老年医疗保障的制度创新：保险抑或福利?》，《社会科学战线》2014 年第 3 期。

③ 景日泽、徐婷婷、李晨阳、章湖洋、何亚盛、方海：《国际经验对我国退休人员医保缴费问题的启示》，《中国卫生经济》2016 年第 10 期；郑秉文：《"十四五"时期医疗保障可持续性改革的三项任务》，《社会保障研究》2021 年第 2 期。

④ 吕国营、韩丽：《中国长期护理保险的制度选择》，《财政研究》2014 年第 8 期；宋全成、孙敬华：《我国建立老年人长期照护制度可行吗?》，《经济与管理评论》2020 年第 5 期。

三厂"田野当中所见，虽然制度也许存在局限，但根据个体情况，人们能够通过整体医疗实践的方式来完善自我资源管理。因此，本书试图提供一种政策—社会相互调适的思路，探寻合理机制推动基层社会治理，促使个体发挥能动性以对制度存在的局限性进行补充，最终推动社会资源合理分配与社会和谐发展。这也是本书最终要回应的核心问题。

第一章　健康保障的社会环境

　　兰州是西北重工业基地，坐落于此的"河北三厂"是我国"一五"期间156项重点工程之一。三厂不仅为国家的国防建设做出了重要贡献，也为兰州的经济发展提供了强大的支撑。在计划经济体制下的社会主义工业化道路时期，三厂提供着比较完善的劳动保障待遇以及相对较高的福利待遇，职工普遍享有较高的身份认同与单位认同。20世纪80年代初，在国际局势日渐平稳的大背景下，三厂军品任务量逐年调整下降，经济效益开始下滑，随之职工的工资和福利水平难以得到提高，其在资源再分配中的优越地位也逐渐下降。90年代以后随着国企改革力度的加大，三厂以"买断""内退"为手段进行"减员增效"的企业改革，直接影响了当时职工的生活质量。随着社会经济的发展与国企改革的完成，退休职工的生活水平在逐渐提高，但是其相对水平却呈现逐渐降低的趋势。

第一节　三厂自然人文条件

一　兰州市自然人文环境

　　兰州市，简称"兰"或"皋"，古称金城，是甘肃省省会，中国西北地区重要的工业基地和综合交通枢纽，西部地区重要的中心城市之一。位于中国大陆陆域版图的几何中心，地处黄土高原、内蒙古高原的交会之地，总面积 13103.04 平方千米，辖城关、七里河、安宁、西固、红古 5 区及榆中、皋兰、永登 3 县。2008 年，全市户籍人口 322.28 万人，包括汉族、回族、藏族、满族、东乡族、蒙古族等 54 个民族，其中少数民族人口占总人口的 4.04%。少数民族人口中回族人口最多，占少数民族总人口的 90% 以上。①2022 年末，兰州市常住人口为 441.53 万人。②

"兰州市位于陇西黄土高原西部、甘肃省的中部，是中国地形由第一阶梯——青藏高原向第二阶梯——黄土高原过渡的地区。境内大部分地区为黄土覆盖的高山、丘陵和盆地，海拔在 1450—2500 米。兰州深处内陆，远离海洋，大部分地区属温带半干旱气候区，全市年平均降水量仅在 200—600 毫米，绝大多数年份冬无严寒，夏无酷暑，四季气候变化明显。兰州市境地势高差变化较大，地形复杂多样，各地气候、日照、植被、土壤、水源等都有很大差别，形成了复杂多样的生态环境。"兰州市的自然资源、能源种类繁多，包括土地资源、水资源、动植物资源、矿产资源、煤炭资源和光能资源等。"在漫长的地质发展史中，形成多种矿产资源，已发现矿产 48 种。主要有煤、石油、铁、锰、铜、铅、金、银、石英岩、水泥灰岩、玻璃硅质原料等。"③

兰州历史悠久。"距今 1.5 万年前的旧石器时代晚期，今兰州就有先民居住。距今 5000 年至 4000 年前，今兰州处于马家窑文化、齐家文化时期。夏商周三代，兰州为羌戎驻牧地。春秋时期，羌族发展起来，今兰州西部的河湟一带是他们的聚居地之一。秦统一六国后 6 年，派大将蒙恬北伐匈奴，攻占'河南地'（今内蒙古黄河以南至战国秦长城以北地区）。秦始皇三十六年，'迁北河、榆中三万家'，实行'移民实边'。"移民而来的汉族开始与羌人、匈奴人融合。"汉昭帝始元六年

---

① 兰州市地方志编纂委员会编：《兰州市志》，方志出版社 2019 年版，第 1 页。
② 兰州市人民政府统计数据，http://cl.lanzhou.gov.cn/art/2023/2/14/art_24540_1287567.html。
③ 兰州市地方志编纂委员会编：《兰州市志》，方志出版社 2019 年版，第 146—150 页。

（前81），正式设置金城郡，它使今兰州及其西部河湟地区由少数民族游牧区变成了中央政府的郡县区和农耕区。"魏晋南北朝时期，兰州成为各民族割据政权争夺的重要地区。"乞伏鲜卑在今兰州一带的争夺中独占鳌头，建立西秦政权，存国47年。"

隋唐时期，兰州不仅是联络内地与西北地区及西域的孔道，而且是内地与青藏高原之间的纽带。丝绸之路与唐蕃古道在这里交会，使其战略地位显得更加突出，兰州如此重要的战略地位在宋代仍未改变。在北宋、西夏、金的相互较量中，兰州一直是诸方力量争夺的边防要塞。"元太宗六年（1234），蒙古占领兰州、金州。元代大一统局面的形成，使兰州固有的交通中心地位得以恢复。明朝时兰州属陕西布政使司管辖，同时在兰州设军事机构兰州卫，属陕西都指挥使司管辖。清初沿袭明朝制度，陕甘为一省，兰州属临洮府。康熙五年（1666），清廷'陕甘分治'，兰州从此成为甘肃省省会，清乾隆二十九年（1764），清廷将陕甘总督由西安移驻兰州。"首府地位的确立及陕甘总督移驻兰州，确立了兰州在西北地区重要的政治军事地位。"民国三十年（1941），设立兰州市，成为继西安市后西北地区第二个设市的省会城市。"①

1950年1月8日，兰州市人民政府正式成立，从此兰州进入了新的历史时期。从1953年至1956年，兰州顺利完成农业、手工业、资本主义工商业的社会主义改造，由新民主主义社会进入社会主义初级阶段。"一五""二五""三线建设"时期，兰炼、兰化、兰石等大型工业企业的建成，使兰州拥有了完整的工业体系，尤其是在石油化工、机械制造、有色金属、航空航天和核工业等领域独具特色，奠定了兰州作为新型工业城市的基础。因陇海线、兰新线、包兰线、兰青线等铁路干线在兰州交会，使得兰州成为西北交通、铁路枢纽中心。70年多来，兰州农业经济稳定发展，工业主导地位迅速提升，服务业对经济社会的支撑效应日益突出，三次产业发展趋于均衡，经济发展的全面性、协调

---

① 兰州市地方志编纂委员会编：《兰州市志》，方志出版社2019年版，第3—5页。

性和可持续性不断增强；兰州市城乡居民生活水平显著提高，生活质量进一步改善，逐步由贫困、温饱走向全面小康。

二　兰州市的重工业发展

"古代兰州重工业的起源主要集中在两个行业，即金属冶炼和矿山采掘。距今 5000 年前，兰州就有了青铜冶炼；公元前 12 世纪出现了铁器的冶铸；隋唐时期麸金的采筛兴起；明代阿干一带开始有规模地开采煤炭。晚清洋务运动中，兰州出现了近代重工业的曙光；清末'新政'时期，兰州有了为数不多的，以冶炼、金属加工、矿物开采为主的重工业企业；民国 38 年间，兰州重工业纵向比有了一定发展，横向比发展速度缓慢且水平低下。真正意义上的现代重工业是在新中国成立后大规模、快速成长、壮大的。"[1]

1949 年，新中国刚成立，党中央施行了一系列措施使百废待兴的新中国重新走向正轨。1953 年起，国民经济第一个五年计划开始实施，国家"一五"计划确立了新中国成立后我国"优先发展、重点发展重工业"的产业发展方向，并于 1957 年超额完成，使民经济得到了有序的恢复和发展。在这样的背景下，兰州被确定为西北地区乃至全国重点建设的城市，成为国家布局苏联援华项目和国家限额以上项目的主选地之一。兰州作为"一五"时期重点建设的八大城市之一，具有得天独厚的能源优势。"甘肃已探明的矿产资源大约有 66 种，其中，储量居全国前五位的金属有镍、铜、铅、锌、锑、铂族金属等 23 种"[2]，而兰州已探明的矿产资源就有 48 种，丰富的资源环境，为兰州开展"一五"计划提供了坚实基础。

1953 年，中国与苏联签订了《关于苏维埃社会主义共和国联盟政

---

① 甘肃省地方史志编纂委员会编纂：《甘肃省志·机械工业志》，甘肃人民出版社 1989 年版，第 1 页。

② 甘肃省地方史志编纂委员会编纂：《甘肃省志概述》第 1 卷，甘肃人民出版社 1989 年版，第 11 页。

府援助中华人民共和国政府发展中国国民经济的协定》。在苏联援助中国的背景下，全国工业化建设如火如荼。"苏联援建的'156项'工程，主要为中国急需的国防、能源、原材料和机械加工等大型项目。其中，国家安排在甘肃的有16项，布局在兰州地区的有8项，即国务院重工业部所属的兰州氮肥厂，重工业部所属的兰州合成橡胶厂，燃料工业部所属的兰州炼油厂，重工业部所属白银厂有色金属公司，第一机械工业部所属的805厂（国营银光化学材料厂），燃料工业部所属的兰州热电厂，第一机械工业部所属的兰州石油机械厂，第一机械工业部所属的兰州炼油化工设备厂。此外，国家限额以上大型项目安排在兰州的还有永登水泥厂，配套项目兰州供排水工程（兰州自来水厂），属于国防军工企业的一三五厂（国营万里机电厂）、二十二厂（国营新兰仪表厂）、七八一厂（国营长风机器厂），属于核工业的504厂。"①

1955年到1956年，随着三大改造的推进和完成，党和政府实施紧缩沿海战略，将国家工业发展的重点转向内陆城市，大量的建设人员涌入兰州，但是当时兰州的经济社会发展较为落后，给众多建设者的工作、生活带来重重困难。党中央鉴于兰州的具体情况，决定采取企业内迁和劳动力调配的方法，动员上海等地的商业和服务业及资金、人员来兰州，支援甘肃建设。在搬迁商业、饮食、服务业的同时，为解决兰州轻工业基础薄弱、绝大多数日用工业品都需要从沿海城市调进的问题，还从上海搬迁了一批工业企业来到兰州。"主要有安置在酒泉路南段的兰州佛慈制药厂、利华墨水厂，安置在龚家湾的兰州胶鞋厂、搪瓷厂、热水瓶厂，还有部分搬迁企业、设备和人员并入兰州玻璃厂、德剩锁厂、霓虹灯分厂，填补了兰州工业制造方面的许多空白，促进了地方轻工业的发展。"②

---

① 田澍总主编，何玉红副主编，吴晓军本卷主编：《兰州通史·中华人民共和国卷》，人民出版社2021年版，第132—133页。
② 裴元璋主编：《兰州文史资料选辑》第15辑，甘肃人民出版社1995年版，第10—11、12—15页。

由于"一五"和"二五"时期，国家在兰州投入了大量人力、物力、财力进行大规模的工业建设，促使其整体经济在重工业的带动下迅速发展起来。在全面建设社会主义的十年中，兰州的交通运输得到充分发展和改善，一跃成为西北地区的交通枢纽。一大批的现代化企业建成投产，奠定了兰州成为中国石油化工、装备制造、国防工业基地的基础条件，一座新兴工业城市初具规模。

进入 20 世纪 60 年代，国际形势的严重恶化使新中国陷入了举步维艰的困境。面对当时严峻的国内局势和复杂的国际形势，1964 年，以毛泽东同志为首的第一代党中央领导集体做出了实施三线建设战略的决策。三线建设以我国西南和西北地区为重点区域，以此开展的一场以战备为中心，以基础工业、国防科技工业和交通设施为重点的大规模经济建设活动。三线建设主要包括西南地区的四川（含重庆）、贵州、云南，西北地区的陕西、甘肃、宁夏、青海及山西，华北地区的河北、河南，中南地区的湖北、湖南以及东南地区的广西、广东靠近内地的部分。随着毛泽东三线建设战略的提出，兰州因在西北地区生产力布局中有承东启西，连南带北的重要地位，成为全国三线建设的重要城市之一。兰州三线建设于 1965 年在甘肃省三线建设领导小组的有序指挥和合理安排下正式开展。

自 1965 年始，为驰援兰州地区三线建设，"国家有计划地向兰州地区迁入了 11 个企业，组合了 8 个企业，搬迁的设备有 3198 台，搬迁职工 2968 人，总投资 4334.24 万元"[①]，"仅 1965 年搬迁到兰州的工业企业就有兰州碳素厂、兰州电力修造厂、兰州长新电表厂、兰州长通电缆厂等 10 所"[②]，"这些单位先后从上海、哈尔滨、北京、湘潭、沈阳、天津、南京、西安、长春、洛阳、丹东、大连、烟台 13 个大中城

① 兰州市地方志编纂委员会、兰州市重工业志编纂委员会编纂：《兰州市志·第十三卷·重工业志》，兰州大学出版社 2012 年版，第 332 页。

② 甘肃省地方史志编纂委员会编纂：《甘肃省志·机械工业志》，甘肃人民出版社 1989 年版，第 156 页。

市搬来"①。在三线建设开始前，兰州拥有"一五"计划 156 个重点建设项目中的兰州炼油厂、兰州石油机械厂、兰州炼油化工设备厂、国营二四二厂、国营一三五厂、国营七八一厂等单位，已为三线建设打下了坚实的工业基础，加之三线建设中大批企业和科研单位从外地陆续迁入兰州，使兰州工业水平进一步得到提高，兰州的工业生产呈现出稳定、持续发展的态势，初步形成了以石油、化工、机械、冶金为主体的重工业，以毛纺、制药、制革等具有地方特色的轻工业以及电力、煤炭、建材等工业组成的产业结构相对合理、齐全的工业体系。

20 世纪 80 年代以后，兰州坚持对外开放、对内搞活的政策，改革企业内部经营机制，增强企业活力，加强横向经济联合，实现了由"封闭式"经营向"开放式"经营的过渡，工业生产在这个时期呈现出稳定、持续发展的态势。"1980 年以前，石化工业总产值占全市工业总产值的 70% 以上，此后比重虽有下降，但一直保持第一大产业的势头。从'六五'到'七五'时期的调整、整顿，到'八五'至'九五'时期的回升提高，机械制造工业持续、稳定、健康发展，是仅次于石化工业的兰州第二大支柱工业。20 世纪 80 年代至 90 年代中期，冶金工业利用丰富的能源，加大各行业间的调整和扩产扩能，形成大规模现代化生产。"② 同时，乡镇企业异军突起，石油、化工、冶金、机械等领域内乡镇企业发展迅速。

但与东西部城市相比，兰州的发展速度远远落后，大量"一五"计划、三线建设时期建立的老牌企业既没有很好地借助改革的东风，积极加强与外界的合作发展模式，也没有很好地引进先进理论及设备进行工业改革，继续沿着传统粗放模式发展。进入 21 世纪，随着西部大开发的全面展开，作为重工业城市的兰州审时度势，加快市区老工业基地

---

① 甘肃省地方史志编纂委员会编纂：《甘肃省志·机械工业志》，甘肃人民出版社 1989 年版，第 13 页。

② 兰州市地方志编纂委员会、兰州市重工业志编纂委员会编纂：《兰州市志·第十三卷·重工业志》，兰州大学出版社 2012 年版，第 276—291 页。

改造的步伐。2015年，国家发改委、外交部、商务部联合发布《推动共建丝绸之路经济带和21世纪海上丝绸之路的愿景和行动》。借助"一带一路"倡议的东风，兰州紧抓时代机遇，从多层面深入融入"一带一路"建设，外向型经济蓬勃发展。

经过70多年的持续调整发展，兰州工业经济规模持续扩张，企业竞争力显著增强，制造业实现了从石油化工、冶金化工等为主的重工业格局向高质量、高标准、高精尖的产业集聚集群发展的历史性跨越；现代石化制造、航空航天装备、生物医药、新材料等优势产业持续突破，成为兰州工业发展新的增长极。目前，当地形成了以石油化工、有色冶金、装备制造、能源电力、生物医药等为支柱且较为完备的工业体系，传统产业比较优势明显，新兴产业发展的势头强劲，而且拥有兰州新区、循环经济示范区、兰白科技创新改革试验区、华夏文明传承创新区等多个国家级战略平台，"一带一路"黄金节点城市的优势日益凸显。

三 "河北三厂"的由来

兰州作为西北重工业基地，承接"一五"计划与三线建设两个重要时期，著名的"河北三厂"就在此时代背景下建设并投产。"河北"并非行政省的"河北"，而是指在兰州的黄河北岸上，由西向东坐落着三个始建于1956年的国家重点军工企业——长风、新兰、万里。该"三厂"被当时的兰州市民敬称为"河北三厂"。这三个厂均为1956年8月17日中苏两国政府签订的《关于苏维埃社会主义共和国联盟为中华人民共和国在建立原子能工业方面提供技术援助的协定》中的主要援建项目，为共和国的航天科技、核工业建设等方面提供了有力的技术保障和军品支撑，时至今日，三厂仍承担着军品及国防高新技术的开发和生产任务。

甘肃长风电子科技有限责任公司，前身为国营长风机器厂，简称长风厂，军工代号"国营七八一厂"，始建于1956年，是我国"一五"期间156项重点工程之一。"1955年9月，国营长风厂（七八一厂）作为苏联援建的重点工程之一，开始筹建。第二机械工业部编制了工厂设计任务书草案，规模为 4200 人，定位第一类密级单位。同年 11 月，二机部十局组成考察组前往兰州市勘察选择厂址。1956 年 1 月 22 日至 2 月 20 日，二机部第四设计院在甘肃、青海地区新厂筹备处的协助下，来到兰州市安宁区费家营进行了现场考察。经过详细勘察论证，初步确定国营长风厂（七八一厂）厂址选定在兰州市安宁区费家营。1956 年 2 月 2 日，二机部批复了十局关于新建国营长风厂（七八一厂）的报告。1956 年 2 月，在厂筹备组主任马云的带领下，第一批建厂的 10 多人进驻兰州展开建厂工作。同年下半年工厂的相关建筑破土动工，国营长风厂（七八一厂）开始正式进入建设时期。"[1]

长风厂是中国机械电子产品和海防导弹末制导产品的主要研制生产基地，目前研发生产范围涵盖了电子产品、微电子、信息产品、民用家电、生物工程等产品领域。近 70 年来，企业不断改革发展，建设了以网信产业为主的高新电子研发生产体系、智能制造及数字化升级改造和无人系统开发基地，目前已形成总资产超 20 亿元、职工 1300 多人、专业技术及技能骨干 300 余人的现代化产业发展规模。2020 年，长风电子正式成为中国电子直接投资控股的所属企业，成为中国电子高新电子业务布局的重要组成部分。

兰州飞行控制有限责任公司，前身为国营新兰仪表厂，简称兰飞厂，军工代号"国营二四二厂"。"二四二厂是专门研究生产飞行器自动控制系统及其他航空仪表的单位，该厂是国家'一五'计划期间建设的重点项目之一。1955 年 11 月，中苏两国经过谈判，达成了苏联援助中国第二批航空工业企业 19 个项目，其中就包括国营新兰仪表厂（二四二厂）。1956 年初，第二机械工业部第四局设计院会同甘肃地区新厂筹备处在兰州西郊安宁区选定了厂址，1956 年 9 月 11 日，二机部发文正式批准工厂初步设计计划任务书。"[2]

---

[1] 中共甘肃省委党史研究室编，史尚唐主编：《甘肃工业的基石："一五"时期甘肃重点工程建设》，甘肃文化出版社 2007 年版，第 110—111 页。
[2] 中共甘肃省委党史研究室编，史尚唐主编：《甘肃工业的基石："一五"时期甘肃重点工程建设》，甘肃文化出版社 2007 年版，第 118 页。

兰飞厂按照国家"一五"期间156个重点建设项目的战略部署，经第二机械部审查批准开工建设，是共和国第一座自动驾驶仪研制和生产企业。三线建设期间主要为国家生产各机种的自动驾驶仪、陀螺仪，舰艇装载的导弹有关的定位和巡航装置等。历经几代兰飞人的拼搏创新，作为中国航空工业集团公司直属研制、生产飞行自动控制系统及其他航空仪表和民用产品的全国重点保军企业，兰飞厂现占地面积43万平方米，资产总额6亿多元，员工3048人，其中高级职称151人。

兰州万里航空机电有限责任公司，前身为国营万里机电厂，简称万里厂，军工代号"国营一三五厂"，始建于1956年，1958年9月正式投产，是国家"一五"期间与苏联签订的第二批19个航空工业援建项目之一。"1955年11月，中国政府派出以国家经委副主任孔祥祯为团长的代表团赴苏联谈判，签订了关于苏联援助中国22个航空工业建设项目的协议，国营万里机电厂（一三五厂）正是其中的一个项目。1956年1月，主管航空工业的中央第二机械工业部在兰州成立了甘肃、青海地区新厂筹建处。2月，二机部第四设计院会同甘肃、青海地区新厂筹建处实地考察勘选厂址，最后选中兰州市安宁堡计划工业区。1956年9月11日，二机部正式发文批准了工厂建厂计划任务书。10月1日，二机部在兰州成立了安宁堡总甲方委员会，负责新厂筹建工作，批准国营万里机电厂（一三五厂）'1956年基本建设投资计划'。10月2日兰州市人民委员会批准给工厂拨地199.864亩，工厂付款10896.47元，办理了土地过户手续，1956年12月14日，国家建设委员会批准工厂选址，该厂的筹备工作取得成效，并为未来建厂奠定了基础。"①

万里厂是我国在航空电作动和驱动装置、航空电机、机外照明、航空电子与控制、空降空投系统和发电机领域的高新技术军工企业。历经半个多世纪的发展，公司形成了航空电作动和驱动装置、航空电机、飞

---

① 中共甘肃省委党史研究室编，史尚唐主编：《甘肃工业的基石："一五"时期甘肃重点工程建设》，甘肃文化出版社2007年版，第103—104页。

机照明、航空电子与控制、空降空投系统和发电机领域六大专业的研发制造平台。研制的产品广泛应用于国产飞机的航电、飞控、燃油、液压、环控、辅助动力、防护救生与空投空运、发动机、照明等系统，实现了主机全覆盖、军机全覆盖。公司现占地面积 20 余万平方米，建筑面积 7.5 万平方米，内设航空机电研究院（下设五个专业研究所）和加工模具、计量检测、机械加工、热表处理、锻造、塑胶加工等工艺门类齐全的研发制造单元。现资产总额 22 亿元，从业人员 1500 余名，全日制硕士以上学历人数近 200 名，享受国务院政府特殊津贴 4 人，副高以上职称近 100 名，科技人员占职工总数 25% 以上。

兰州是中国的重要军工基地，拥有中国兵器工业集团、中国航天科工集团等多家知名军工企业。这些企业在武器装备研发、生产制造等方面都有着世界级的实力，为推动高质量发展、建设制造强国、全面建设社会主义现代化国家做出了应有贡献。随着国家"一带一路"建设、新一轮西部大开发、黄河流域生态保护和高质量发展、兰西城市群建设等重大战略的深入实施，兰州在服务国家战略全局中被赋予越来越重要的使命。以三厂为代表的军工产业不仅为国家的国防建设做出了重要贡献，而且为兰州的经济发展提供了强大的支撑。军工产业的发展，带动了兰州的高新技术产业的发展，为兰州的经济转型升级提供了重要的动力。

第二节　三厂历史变迁

一　建设发展期

新中国成立前，中国的工业化进程十分缓慢，1949 年工业在国民经济中仅占 10%，而且大多集中于轻工业。1953 年，中国大规模的工业化得以开始。"一五"期间按照 1953 年党确定的过渡时期的总路线和总任务，即"在一个相当长的时期内，逐步实现国家的社会主义工业化，对农业、手工业和资本主义工商业进行社会主义改造，在发展生产和提高劳动生产率的基础上改善人民的物质文化生活"，开展大规模经济建设，主要包括以苏联援助的 156 个大型工程为中心的 694 个项目。"河北三厂"就是在这样的时代背景下建立起来的。

1961 年，我国开始对国民经济实施"调整、巩固、充实、提高"，1963 年拟定的 1966—1970 年的国民经济第三个五年计划（以下简称"三五"计划）。经过三年治理和 1964 年与 1965 年两年的恢复，国民经济明显好转，工业与农业的比例关系得到改善，工业内部结构有所协调，现代工业体系基本形成。1964 年 5 月，中共中央工作会议召开，着重讨论了三线建设问题，1964 年中央工作会议后，中共甘肃省委召开了常委扩大会、省党代表大会，讨论了以毛泽东主席为首的党中央领导集体的指示。在方针路线规划完毕的情况下，兰州三线建设于 1965 年在甘肃省三线建设领导小组的有序指挥和合理安排下正式开展。1966 至 1976 年，由于日益复杂的国际环境和更为沉重的备战压力，兰州三线建设的主要重心放在了军工企业和国防工业相关企业的建设上。这一阶段的主要工作是建设和改造包括在"一五"计划内的"河北三厂"、504 厂、航天 510 所等企业和科研单位，全力支援国防安全事业。

1966 年到 1976 年这十年中，兰州的三线建设以军工企业为中心，继续调整工业布局，增强工业实力，促进着兰州地区的经济发展。计划经济模式强大的动员力与执行力，是该时期三厂取得突出成绩的根本原因，这一时段军工企业的建设为国家提供了坚实的国防力量和雄厚的物质基础。以万里厂为例，自 1958 年到 1964 年，万里厂内产品处于完全仿制苏制产品阶段，自 1964 年起，三线建设开始进行，厂内产品由仿制改造进入自行设计阶段。1967 年到 1976 年，万里厂还积极承担外贸出口任务。"工厂外贸出口电动机等产品 1795 台，还出口一部分零组件和试验设备。上述产品先后进入了亚洲、非洲、欧洲的罗马尼亚、朝鲜、巴基斯坦、几内亚、南也门、坦桑尼亚、刚果（布）、塞拉利昂、阿尔巴尼亚等十余个国家。"① 同时，在 1969 年，万里厂在上级指示下修建了安宁区人防工程，于 1970 年正式动工。除了军品研制、外贸援助、战备建设等工作，万里厂还参与兴办了一条山农场，借此改善职工生活条件。

1949 年至 1978 年是新中国计划经济体制下的社会主义工业化道路时期，国家投入大量人力物力发展工业化建设，全国人民也以奋进的勇气和不怕苦不怕累的精神，从祖国四面八方驰援兰州。在 20 世纪 50 年代刚建厂的时候，三厂的许多技术、生产骨干都是从南方及其他发达城市支援而来的。据老忻②回忆：

> 我是 1955 年从上海出来的，原籍浙江。我们国家第一个五年计划，就是三年经济恢复期以后实行第一个五年计划，那时候苏联援助中国，中苏关系很好，援助中国的 156 项工程（重点）之一就是航空工业（方面）。我过去是在资本家开的私营机械厂当学徒。学徒三年出师，就可以工作了，那时候我正好出师。航空工业那时候成立了，叫市场部门到上海去招人，我就报名参加了，那是参加第一个五年计划——航空工业建设，我就这么出来的。开始到天津，老厂支援新厂，陕西又要建厂，我就自愿从天津调到陕西，从天津支援到陕西兴平。到兴平后，那时候中苏关系紧张了，兰州属于反修前线嘛，那就支援三线建设。说到兰州来，就到这个厂来了，58 年来的。到兰州以后定居，就不走了。

老王③是 20 世纪 60 年代的中专生，在人才稀缺的时代可谓佼佼者，

---

① 国营第 135 厂厂史编辑办公室：《国营第 135 厂厂史（1956—1986）》（内部资料），1988 年，第 242 页；参见朱睿超《兰州"三线"建设研究（1964—1990）》，硕士学位论文，西北民族大学，2020 年。

② 访谈对象：老忻；性别：男；年龄：87 岁；身份：退休前为万里厂厂长助理。访谈时间：2023 年 10 月 30 日；地点：万里厂家属院。（个案编号 46）为保护田野点被访者隐私，本书以姓来表示称呼，并对访谈内容进行缩略编辑，特此说明。

③ 访谈对象：老王；性别：男；年龄：75 岁；身份：退休前为兰飞厂金相热处理试验工。访谈时间：2023 年 10 月 8 日；地点：被访者家中。（个案编号 31）

他从西安航空工业学校毕业后被分配到兰飞厂。

> 我是六九年参加工作，之前在西安上的是中专，我到现在也挺
> 自豪的，那时候我们啊，尤其是农村里边能上个中专跳出龙门，就
> 是有一点儿骄傲的。拿工资、有饭吃，那已经是很不错的事情了。
> 以前的话，你想从农村出来，一个是当兵，但当兵像我们老家，机
> 会少得很。再就是上学，那时候是65年，我们还是沾着延安的光。
> 我们县只有一所初中，有一百多个学生，我们是延安考区的。延安
> 考区当时有三四百个学生呢，西安航校在我们那里只招20个人。
> 所以我们要是能考上西安航校，那回到家里边，大家都挺羡慕的。
> 那时候毕业以后就是服从分配。69年的时候，你看国家让你到哪
> 去呢，你就去哪儿，所以我们一毕业以后就分到这儿来了。

我国经济体制改革之前，按照政治标准和劳动社会分工相结合的原
则进行阶级划分，各阶级之间的区分，主要是以官方意识形态赋予的政
治身份为标准，阶级的含义便带有政治性成分。三厂职工对于当年进厂
的选拔标准，说得最多的就是"根红苗正"。良好的工作条件和福利待
遇吸引了大批优秀人才走进三厂，特别是大学毕业生到军工厂更是
"一级分配"。老王[1]说道：

> 我是68年参加工作，铁一中毕业后分配到长风厂当工人，73
> 年到77年在北大上学，学的是无线电电子学专业。我是当时的工
> 农兵大学生，毕业后又回到厂里，当军品保密员，96年又回车间，
> 继续从事技术工作一直到内退，当时我们班就来了我一个，学校也
> 就来了十来个，表现不好的都到农村上山下乡，回到小厂子，像农
> 业水泵厂什么的，能进长风厂很自豪，要家庭背景好，学校表现

---

① 访谈对象：老王；性别：男；年龄：55岁；身份：退休前为长风厂高级工程师。访谈
时间：2005年12月5日；地点：被访者家中。（个案编号08）

好，审查特别严格才能进厂，厂子到现在要求还是很严格。

"在计划经济体制下，社会分层结构以'社会身份指标'来区分社会地位，按照身份的指标建立起来的是由严格的户籍制度、单位制度、干部工人区分的档案制度、干部级别制度等构成的身份制度。"① 从 20 世纪 50 年代到 70 年代，国有企业的工人阶层在社会中的地位、声望以及政治待遇、经济收入均高于其他阶层，作为军工企业的三厂职工更是如此。老马②谈道：

> 我是 68 年参加工作，兰州西站中学毕业的，就是现在的铁五中。当时厂子来招人，我们班就来了两个人，我们家是老革命、贫下中农，要是地富反坏右绝对进不来。在学校也要差不多，表现好一些。我先在二车间，就是机械加工车间，也是军品车间，当钣金工，它属于钣金钳工。大概 74 年吧，我们车间的文书上大学去了，我就顶上当了文书。文书就是车间打杂的，统计报表什么的。当时我父亲去世，我妈身体不好，又没工作，只得在跟前照顾我妈，也没人供我上学，上了大学也不知道就走哪了，就一直当工人。后来 79 年转干了。

对于个人与家庭而言，工资收入与生活水平密切相关。在计划经济体制下，虽然工人阶级普遍享受着"低工资、高福利"的待遇，但是三厂职工的工资收入在兰州市当时处于较高水平，而且职工还享受着比较完善的劳动保障待遇以及相对较高的福利待遇。据老蔡③回忆：

---

① 吴清军：《国企改制与传统产业工人的转型》，社会科学文献出版社 2010 年版，第 140 页。
② 访谈对象：老马；性别：女；年龄：55 岁；身份：退休前为长风厂车间文书。访谈时间：2005 年 12 月 6 日；地点：被访者家中。（个案编号 09）
③ 访谈对象：老蔡；性别：男；年龄：65 岁；身份：退休前为万里厂后勤公司经理。访谈时间：2014 年 12 月 4 日；地点：兰州交通大学第八教学楼管理室。（个案编号 16）

我们厂因为是央企，工资、福利待遇都比地方企业要好。比如说我们厂的一级工是每月 41 元，周围兰州市机床厂、制配厂的一级工是 38 元。那会儿我家老婆子在兰州棉纺织厂工作，她那时候是二级工，每月拿着 44 元的工资，而我们厂的二级工是 48.42 元。我们厂 76 年以后还有点儿奖金，根据完成的任务不同，一个月有 5 元到 15 元的奖金。

老景①退休前是万里厂钳工，他的说法与老蔡一致，当时万里厂二级工的工资是 48.42 元，明显高于本地的其他省属或市属企业。

二级工才算国家正式职工，二级工工资我拿了十三年半，是 48.42 元，到了 79 年升的三级工，涨到 57.72 元。那时候省属企业的二级工是 44 块钱，兰州市属企业的二级工是 41 元。因为我们是直属航天部的央企，所以高一些。

作为兰飞厂的老职工，老王②在回忆单位当年的工资福利时，言语中饱含着强烈的自豪感。

厂子原来叫新兰仪表厂，我们部里边的代号呢，叫 242 厂。那时候来厂里还算可以，那时候省里干部的子女、省军区首长的子女都在河北三厂，原来省军区副司令的儿子，好多高干子女都在我们厂，河北三厂那时候确实还是不错的。我们工资比其他单位要高，他们二级工才 43 块钱，我们 48 块钱呢。当时我们是国防企业，工资就是国家定的啊。像兰炼、兰化、兰石他们的二级工才是四十六

---

① 访谈对象：老景；性别：男；年龄：66 岁；身份：退休前为万里厂钳工。访谈时间：2014 年 12 月 31 日；地点：万里厂家属院。（个案编号 30）

② 访谈对象：老王；性别：男；年龄：75 岁；身份：退休前为兰飞厂金相热处理试验工。访谈时间：2023 年 10 月 8 日；地点：被访者家中。（个案编号 31）

七块钱，我们是 48.42。市上的工资，你像安宁区办的、兰州市办的这些企业的工人工资，二级工是 43、44 块钱。要不然你想为什么高干子女都往我们厂里跑。

计划经济时代，国家物资相对匮乏，国民的生活条件较低，吃、穿、用都靠国家计划分配，日常生活仰仗粮票、肉票、布票、鞋票、火柴票、理发票、红糖票等票证才得以维持。但是，三厂职工享有的福利保障却很全面，与由地方管辖的工厂相比，三厂等由国家直接管辖的国营单位可以提供更多的福利。就此，老蒋①讲道：

> 我们厂那是军工企业，效益好的时候每年过年都发米发油发带鱼，都是从南方运过来的好带鱼，我们同学在别的单位工作的都只有羡慕的份儿。而且那会儿进厂要求很严格，要么是学历高，要么是有关系，和我一个车间的有个同事就是省上领导家的孩子。所以那会儿能进万里厂，父母都可高兴了。

说起三厂的福利，老蔡记得最清楚的就是鱼，这是一种外人享受不到的福利。毕竟兰州地处西北内陆，水产资源不丰富，鱼在计划经济时代绝对是稀罕物，这从一个侧面反映出三厂的福利待遇在当时确实处于较高水平。老蔡②说道：

> 那时候福利好，我知道那会儿安宁就只有河北三厂过年过节发鱼，一年发两次，一次是国庆，一次是过年，每次一个人两三斤黄花鱼，都是南方运过来的，那时候一斤黄花鱼的价格是 3 毛钱。我家老婆子，

---

① 访谈对象：老蒋；性别：男；年龄：75 岁；身份：退休前为万里厂钳工。访谈时间：2014 年 12 月 7 日；地点：万里厂家属院。（个案编号 20）
② 访谈对象：老蔡；性别：男；年龄：65 岁；身份：退休前为万里厂后勤公司经理。访谈时间：2014 年 12 月 4 日；地点：兰州交通大学第八教学楼管理室。（个案编号 16）

她们单位就没发过这些福利，后来我就把她调到我们厂了。

对于工人阶级而言，国家政策与意识形态赋予了他们独特的"身份"，他们在政治上成为国家的领导阶级，在经济上成为国家和集体所有的生产资料的共同主人。按照这套独特的身份等级制度，工人阶级在整个再分配经济体系中获得了比其他阶级或阶层更多的社会资源以及声望地位，故在计划经济体制下的三厂职工，其阶级意识与认同主要体现为身份认同与单位认同。从老李①的言语中可以感受到曾经作为工人阶级一分子的自豪感。

　　我是 1971 年参加工作的，是厂里的子弟，招工来的。初中毕业，来了以后就分配当电工。我还担心，女的当电工，不知道能不能干好，电工应该是男的。后来干上了还挺好，就一直干电工，后来干着还挺感兴趣。我认为我干得还是比较出色，我们厂出的设备，原来的洗衣机、冰箱啥啊都属于我们机械分厂的电工生产的，那时候领着一帮人装线，那干得可好了。之后还评了技师，入了党，真的，感觉挺好的。我是厂里唯独一个电工女技师，评了以后感到很自豪。

对三厂职工而言，工人阶级的身份有着很高的政治认同。他们常将作为工人阶级一员的自己视为社会主义国家的建设者，并表现出崇高的使命感和自豪感。他们不仅强调他们对政治上身份角色的认同，同时也强调由特殊身份所带来的社会地位认同。如老崔②所言：

　　我们厂招人都是从学校直接招的，都不从社会上随便招，从技

---

① 访谈对象：老李；性别：女；年龄：52 岁；身份：退休前为长风厂电工。访谈时间：2005 年 12 月 9 日；地点：被访者家中。（个案编号 12）
② 访谈对象：老崔；性别：女；年龄：54 岁；身份：退休前为长风厂包装工。访谈时间：2005 年 12 月 1 日；地点：被访者家中。（个案编号 02）

术上讲从个人素质上讲都特别高，我们进厂时不是红五类不是根红苗正都不让进。我觉得能进军工厂挺光荣挺自豪的，这都是高科技的。我们是搞雷达军工的。这些工种都是高科技含量的，培养我们不是一下子就能成的，学徒工都要四年呢，你一时的疏忽就会造成人员伤亡国家损失。我记得以前有个工人上班时没戴帽子，头皮屑掉到机器里，因为机器的齿轮是很精密的，结果机毁人亡。我们是搞雷达军工的，我们不管干什么责任心都特别强，你像我们上班都是戴的白帽子，穿的白大褂、拖鞋，进厂房特别干净，厂房都是密封玻璃窗，里面用的都是空调机。我们军工厂的这些人从道德、责任心各方面都特别强。

三厂职工对单位的认同，主要是我国计划经济时代的特点。单位在计划经济体制时期是我国各种社会组织所普遍采取的一种特殊的组织形式，是国家政治、经济和社会体制的基础。计划经济年代下单位与所有人的生活紧密联系在一起。大家在各自的单位工作、学习与生活，在单位制的社会中，单位的职能包揽着职工的日常生活、社会福利甚至生老病死，并给予个人职业、身份、价值观等一系列具备社会属性的标签。老忻①说道：

> 那时候航空是保密厂，一般人都不让知道的。一般人要进这个厂很困难，要查三代，政治上要可靠，那时候是相当严格的。福利待遇也好，那时候就有特供的海鲜啊，大肉啊，那些东西都有。困难的时候都是有专门供应的。解放初期谁都困难，但我们是免费医疗、免费上学，免费住房，都是工厂分的房子，那时候相当好呀。

单位为个体提供的资源与服务的覆盖面极其宽广，单位内每一个工

---

① 访谈对象：老忻；性别：男；年龄：87 岁；身份：退休前为万里厂厂长助理。访谈时间：2023 年 10 月 30 日；地点：万里厂家属院。(个案编号 46)

作人员日常生活的各方面都与单位息息相关，并且单位内成员基本上是终身制。单位成员在不同单位之间的流动也很少，由此形成了一种单位内部的"小社会"的形态。单位体制中，三厂职工生活的主要方面依赖于由单位提供的国家福利，这导致绝大部分社会成员的生存依赖于单位，也使其对自身所处的单位存在高度认同。

二 调整转型期

20世纪70年代末，国际局势趋于缓和，我国实施以经济建设为中心的全面战略转变，国家的工作重点逐渐转移到经济建设上，由过去立足于早打、大打、打核战争的临战状态，转入和平建设轨道，不仅实行"百万大裁军"，军工企业也要走"保军转民"的发展道路。由此拉开了军转民的序幕，国有军工企业把用于军事的科研生产开始转向军民结合性科研生产。很多企业都经历了从军工限产到全面停产，再到全面军转民的艰难再创业历程，三厂也不例外。80年代初，由于兰州市内的三线军工企业数目众多，在国际局势日渐平稳的大背景下，三厂军品任务量逐年调整下降，企业转向开发民品为主，但仍然承担着军品及高新技术的生产和开发任务。据老王①回忆：

> 84年以后开始困难了。八几年的时候，裁军以后，军费开支也压了嘛。我们生产主要是军品，军方不订货，产品没人要。比如说这套产品，我这一年可以生产200套，人家军方订货了10套，你生产出来190套就没人要。那时候开始厂子就困难了。厂里搞军品搞习惯了，搞民品又搞不上去，民品也不赚钱。我们厂里搞过电表，搞半天才卖几块钱，最后弄了一大堆都库存，卖不出去。后来一个浙江搞民品的要了，我们一个库房才算清理完了。

---

① 访谈对象：老王；性别：男；年龄：75岁；身份：退休前为兰飞厂金相热处理试验工。访谈时间：2023年10月8日；地点：被访者家中。（个案编号31）

中国与国际社会的关系趋于正常化，使得军品订单数量下降迅速，很多军工企业接不到订单，无法维持工厂的正常运转，三厂也不例外。由于军品任务减少，加上技术落后、设备老化、缺乏资金、产品不具竞争力等问题，三厂经济效益迅速下滑。老崔[①]对此问题这么描述：

> 长风厂那是一五期间建的，和苏联签订的 156 个援华计划中，长风、万里、新兰就在其中。给部队做军事电子产品，那时候比较单一，那是国家计划经济年代，布置多少任务就完成多少，不愁发不下工资，那时候工资都是固定的，七级工就发七级工的，八级工就发八级工的，那是计划经济。现在是市场经济，我这个厂能做，你那个厂也能做，部队当然是谁的好用谁的，国有企业都面临着沉重的包袱。

1978 年之后的经济体制改革促使了计划经济体制时期形成的身份制与单位制的逐渐解体，随着企业经济效益的下滑，三厂职工的工资和福利水平难以得到提高，其在资源再分配中的优越地位也逐渐下降。老蔡[②]讲述：

> 我原来在部队，从部队转业后到万里厂。70 年代那会儿是公费医疗，厂子有医院，河北三厂都有医院，住院、吃药、看病一分钱不花，职工医院住进去肯定不花钱，等于工厂全负担。那时候军工企业的职工医院都是不掏钱的，后来市场经济以后，85 年左右改革，那段时间刚好是军转民的时候，效益不太好，一直到 2004 年，就是说从 85 年到 2004 年之间企业效益一直不好。

---

① 访谈对象：老崔；性别：女；年龄：54 岁；身份：退休前为长风厂包装工。访谈时间：2005 年 12 月 1 日；地点：被访者家中。（个案编号 02）

② 访谈对象：老蔡；性别：男；年龄：65 岁；身份：退休前为万里厂后勤公司经理。访谈时间：2014 年 12 月 4 日；地点：兰州交通大学第八教学楼管理室。（个案编号 16）

在军转民的热潮之下，军工企业纷纷围绕自身的核心技术开拓民品业务和市场。例如，兰飞厂按照保军转民的思路，积极进行民品开发。"前期民品研究所生产的主要项目有三五牌闹钟、（人工）心脏瓣膜、医疗器械等；万里厂先后生产过落地式台灯、资料柜、电热褥、电子计算器、玩具收音机、自行车变速轴等多种民用产品；开发了电度表、洗衣机电机、高速工业平缝机、火车测速仪、数控机床、切割机、'丝路'牌电子琴等产品。"[1] 随着改革开放，人们的生活条件好转，一些先富起来的家庭除满足日常基本需求外，有了更多的享受需求，彩电、洗衣机开始走入千家万户，这期间又相继出现了一批民品明星企业，长风厂就是其中的佼佼者。

长风厂紧跟时事，与时俱进，军转民用，主要生产家用电器，包括冰箱、电视、洗衣机等。"20 世纪 80 年代，长风厂在改革中引进先进技术，开发市场紧俏产品作为一项战略任务来抓。1980 年，建成年产10 万台黑白电视机生产线。1982 年，建成年产 20 万台单缸洗衣机生产线。1984 年，从西德、瑞士、日本引进先进设备，建成电子机械精密加工中心。1985 年，引进日本东芝公司年产 40 万台双桶喷淋式洗衣机和年产 15 万台 47 厘米彩色电视机两条生产线。1989 年，从意大利引进先进设备，建成年产 10 万台电冰箱和 10 万台电脑全自动洗衣机生产线。"[2] 对于这一段辉煌历史，老孟自豪地说[3]：

> 我是国家分配到长风厂，刚来的时候在军工分厂，到 80 年以后随着改革搞电视机，就调到民品这块了。不说远的，就说 80 年代厂里开始搞民品时，效益也特别好。人们买洗衣机都是到厂门口通宵排队，卖的时候价格是 1680，炒着下来 2700 都买不到手。那

---

① 朱睿超：《兰州"三线"建设研究（1964—1990）》，硕士学位论文，西北民族大学，2020 年。
② 兰州市地方志编纂委员会编：《兰州市志》，方志出版社 2019 年版，第 291—292 页。
③ 访谈对象：老孟；性别：女；年龄：55 岁；身份：退休前为长风厂电工。访谈时间：2005 年 11 月 30 日；地点：被访者家中。（个案编号 01）

时候虽说是计划经济时代，人们生活水平不高，但是我觉得那时候
我们厂里的职工生活都好，衣食无忧的，生活过得很快乐。

刚刚从计划经济体制转型而来的企业，生产能力严重不足，产品供
不应求，使得由于物品紧缺形成的抢购风，把长风厂推到辉煌的顶点。
当时长风厂生产的民用电器远销全国，"长风电器，称心如意"的广告
词也在中央广播电视台滚动播出，在国内小有名气。说起当年的辉煌，
老马①至今记忆犹新。

那时候工厂效益好，产品供不应求，我们买电视都得高价买。
八几年时我们生产的电视、洗衣机当时人们是抢着买呢，厂里
2400 的价，最后卖到 3000，给我们职工都不给便宜点儿，就是一
家只能买一台。有关系的可以平价买回去，有的人平价买回去再高
价卖出去，靠这个发达的，那得有关系。

这是长风厂历史上的辉煌时期：计划经济时代因为军工企业的性
质，它在国家经济工业体系中地位特殊；改革开放初期几年，它走在改
革的前列，创造了很好的经济效益。但是到了 20 世纪 90 年代，长风厂
经济效益逐渐开始走下坡路：电视机最早停产，洗衣机、电冰箱也处在
半停产状态，企业效益一落千丈。老樊②讲述：

68 年在 11 车间当铣工，干了十来年，干到 82 年就到销售
科，那时销售科刚成立，开始是生产民品，台灯、绞肉机，我就
调过来搞销售，主要是在门市部，销售厂里的产品。后来厂子又

① 访谈对象：老马；性别：女；年龄：55 岁；身份：退休前为长风厂车间文书。访谈时
间：2005 年 12 月 6 日；地点：被访者家中。（个案编号 09）
② 访谈对象：老樊；性别：男；年龄：55 岁；身份：退休前为长风厂铣工。访谈时间：
2005 年 12 月 3 日；地点：被访者家中。（个案编号 05）

生产冰箱、电视、洗衣机，在全国有些名气。当时长虹厂造电视，长岭厂造冰箱，我们厂是洗衣机，但是厂领导连冰箱、电视一块儿都搞，结果啥都上不去。凡是厂里在兰州的门市部我都待过，还在江苏常州的门市部干了1年。当时有个私人企业成立了个冰箱厂，厂里和他搞联营，因为看不透私人企业，大家都觉得厂里挣不上钱，全让私人企业挣了，结果在常州搞了一年就不搞了，我就回来了。

回来以后93年我就到青海去了，成立了青海分公司，由我负责，待了三四年，把青海销售搞起来了。冰箱、电视、洗衣机都搞，规模上不去，成本下不来，我们价格高就是因为成本高，洗衣机什么的原配件都是从外面进的，比如进1000件，10块钱1件，10000件可能8块，100000件可能6块。啥都搞，规模上不去，你跟人家订货要的就少，价格怎么能下来，比起人家年产量几十万的根本比不过。先是电视不行了，慢慢停产了，然后是冰箱卖不动了，最后是洗衣机。

随着企业经济效益的下滑，三厂职工的工资和福利水平难以得到提高。进入20世纪90年代以后，更加深入的国企改革更是打破了过去职工生活"低工资高福利"的局面。老向①回忆说：

厂里92年以前过年过节还分上5斤带鱼、一桶油、一袋米，92年以后就都没有了。以前8月15还发个月饼或是买月饼的钱，后来都没有了。发和不发当然不一样，起码发了后大家觉得厂里还想着这些人，给工人一些待遇、关心什么的，现在哪有什么福利待遇，一切都是像经济效益时代。吃不上喝不上，又让人家下岗，让人怎么活。

_____

① 访谈对象：老向；性别：女；年龄：54岁；身份：退休前为长风厂车间调度员。访谈时间：2005年12月4日；地点：被访者家中。（个案编号07）

单位制的解体使得计划经济体制时期的单位劳动保障与单位福利也逐渐解体，三厂职工在资源再分配中的优越地位也逐渐下降。在市场转型中，单位制的解体给他们的就业、经济收入、社会地位以及社会声望都带来了巨大影响。老岳①也回忆说：

> 我以前在电视机车间。电视机很早以前就停产了，我们的岗位工资奖金也就没有了。因为资金的大量投入，造成电视机积压，销不出去。后来国家限产不允许再投资扩大规模，加上企业效益下滑的恶性循环，元器件进货渠道越来越窄，最后就不生产了。后来车间就是不停地修修补补，里面的流水线早都卖掉了。接着就是电冰箱、洗衣机相继停产了。企业越搞越糟、越搞越差。厂里效益不好，职工的生活就难过。90年以前厂里还有福利，过节发鱼发米发虾发奖金。到了93、94年以后什么福利都没有了。越老的企业工人越可怜，越老的工人越可怜。

在国际形势日趋缓和的背景下，三厂积极转变思路，紧跟军转民步伐，转入民品生产领域，适时开发民品，扩大了生产规模。同时，军转民战略的实施，使三厂利用民品销售提升的效益反哺军工产品生产，但是企业领导对军转民战略落实不到位，一些干部和职工的市场观念、竞争观念、风险意识和效益意识比较薄弱，导致三厂无法按照市场需求进行组织和生产，市场信号反应迟钝，慢慢处于亏损状态。

三 破产重组期

自1995年党的十四届五中全会通过《中共中央关于制定国民经济和社会发展"九五"计划和2010年远景目标的建议》以来，国企改制施行了新思路，其中两个主要方面即"减员增效"与"抓大放小"的

---

① 访谈对象：老岳；性别：女；年龄：54岁；身份：退休前为长凤厂车间调度员。访谈时间：2005年12月4日；地点：被访者家中。（个案编号06）

战略方针。虽然我国从 20 世纪 80 年代中期就开始对国有企业进行改革，但是 90 年代以后改革才成为国有企业的焦点。随着国有企业改革力度的加大，为了解决长期困扰国有企业的人员冗余、管理机构庞大、办事效率低下和产品成本中人工费用高等问题，三厂在 1998 年之后陆续采用了"买断工龄"和"内退"的制度。通过以"减员增效"为手段的企业改革，大量三厂老职工以富余人员的方法办理了内部退养手续。老孟①讲述：

> 那时候到岁数就退，女工人一到 45 岁就一刀切，男的到 50 岁就一刀切。干部男的干到 55 岁，女的干到 50 岁退。从 97 年开始就这么切，我们当时是第一批。我记得 97 年时，全国刮内退风，长风厂也开始了。其实好多老师傅都说 45 岁正是能干的时候，就退下来了。当时厂里这么规定，我们第一批下来，先不说面子下不下来，大家都觉得特失落，正干得心应手就下来了。我们不敢说为社会主义添砖加瓦，起码习惯了这种生活，有个事干，你说我从十五六岁参加工作，一辈子已经适应这种生活了。刚下来时无所事事，早上六点多起来还想着要 8 点上班，其实已经没班可上了。每天听着厂里广播响，厂子门口进进出出的，心里不舒服。

"内退"顾名思义，指"内部退休"，是体制改革大潮的产物。企业用人制度改革，需要更新人员结构或降低人力成本，而要快速减少体制内正式员工的数量，渠道之一便是让他们从企业内部提前退休。据老王②回忆：

---

① 访谈对象：老孟；性别：女；年龄：55 岁；身份：退休前为长风厂电工。访谈时间：2005 年 11 月 30 日；地点：被访者家中。（个案编号 01）

② 访谈对象：老王；性别：男；年龄：75 岁；身份：退休前为兰飞厂金相热处理试验工。访谈时间：2023 年 10 月 8 日；地点：被访者家中。（个案编号 31）

2002 年底，厂长让我们写个条子，本人同意内退什么的，让每个人就按照上面往上填，然后报到厂里边，厂里边给你记档案里面，你将来反悔也不行，那是你自己同意内退的。当时就说今天下午六点以前，你要交上来。没交上来，就问你为啥不交条子？我们那时候有 3900 多人，剥离完以后只留 1200 人。我是 49 年生的，记得那天早上，厂里开厂务会了，据说是 47 年以前的才内退，我还庆幸着呢。结果厂务会议开完以后，1200 人内退，人数不够，厂里就临时定了，原来一共 3900，第一次开完会议，发现符合要求内退的只有 1200，于是又再次放宽了标准，让更多符合内退标准。两次之后，一共有 2700 人内退，只留下了 1200 人。政策性破产。厂里边来给你发百分之七八十的工资。我是 2002 年 12 月 25 日办的手续，内退下来一个月就六百来块钱工资。

虽然内退这种方式使三厂达到了减员增效的目的，但它却严重地影响了内退职工的生活，最明显的变化就是工资收入，这造成大部分家庭在衣、食、住、行等日常生活层面都存在困难，人均消费水平降低，直接影响到内退职工的生活质量。老张①说道：

我是 97 年内退下来的。内退前 470 多元，刚退下来的时候 520 多元。我家掌柜也是长风厂的，他的内退工资是 500 多，我的是 500 多，当时还有两个老人要养，老人都 80 多岁了。那时候儿子快 30 岁了，一直没结婚，是没钱给他结婚。我们内退的这点儿钱就只够吃饭。

内退的收入低于在岗正常工作人员的收入，加之这些内退职工又逐

---

① 访谈对象：老张；性别：女；年龄：53 岁；身份：退休前为长风厂材料员。访谈时间：2005 年 12 月 1 日；地点：被访者家中。（个案编号 03）

渐步入中老年，低收入、高医疗费成为他们的现实问题。从对老樊①的访谈中可以感受到这种生活的压力。

> 厂里内退政策是 97 年开始的，我们老婆子内退了，就 97 年，当时她是四十七八岁了吧。工人女的 45，男的 55 就内退，内退拿钱拿得少。当时厂里人比较多，所谓减轻负担，就把这些人操出去。我们家的房子都是租的，一楼是我的，给儿子用。跟别人不能比，别人吃好的、喝好的，不能比，我们额外存不下钱，现在就操心医疗问题，物价这么涨，工资我们还能糊口，但到时候有病怎么办。

内退职工不仅在物质生活上遭受着贫困，而且在生活方式、精神状态上也逐渐走向城市生活的边缘。老耿②讲述了发生在身边的故事。

> 工人最可怜，像我们这点儿工资，大学生都供不起，惨着呢。农民现在还比工人好，农民有地、有房、有吃的，城里工人呢，没收入连吃的都买不起，不等着饿死嘛。前面楼上有个女的，那时候才 41 岁，她是癌症，就那么点儿钱，娃娃还要上高中。人们说你去看病吧，她说怕治病把钱花了，孩子以后没法上大学，她家男的也是长风厂的工人。结果从六楼跳下来，惨得很，家里承担不起只有跳楼。旁边这楼上原来也有个 40 来岁的女的，孩子在上大学，也是得病没钱治病，怕把钱花了孩子没法上学，也从六楼跳下来，砸下来的时候有电缆拦了一下，还没摔死，她的男的也是长风厂的工人。

---

① 访谈对象：老樊；性别：男；年龄：55 岁；身份：退休前为长风厂铣工。访谈时间：2005 年 12 月 3 日；地点：被访者家中。（个案编号 05）

② 访谈对象：老耿；性别：男；年龄：58 岁；身份：退休前为长风厂钳工。访谈时间：2005 年 12 月 2 日；地点：被访者家中。（个案编号 04）

除了工资收入外，"内退"对职工的心理也造成了很大影响。由于他们从原来的工作岗位上突然抽离，没有一个良好的过渡，也没有一个较为完善的退休人员管理制度，导致当时内退职工产生了自己被单位、被社会遗忘的负面情绪，认为自己失去了价值，一时间难以接受角色的转换。老岳①回忆说道：

> 97 年厂里下来了 1000 多人，心里不好受，国家政策也如此，心里十分不满，心里不舒服，就不出门，起码有一年时间不出门，不愿意见人。随着年龄增长，心态也平衡了，刚退下来时 45 岁，出门孩子都把我叫奶奶，我心里特别不舒服，我就这么老了，后来习惯了孩子叫我奶奶，不叫我奶奶，我还觉得不正常呢。毕竟当时内退的人多，我们这个院子像我们这样下来的人多，逛街打牌这样慢慢调节，那时候正是能干的时候，刚开始孩子小、负担重，要分心孩子，后来孩子大了，内退那时候正是可以投入工作的岁数，正是年富力强的时候，厂里把你不用了，心里真不舒服。

进入 21 世纪，三厂经政府批准，陆续经过资产重组，在原工厂的框架基础上组建起国有独资公司，国有企业发展呈现出新的生机和活力。例如万里厂 2008 年 3 月 25 日改制更名为兰州万里航空机电有限责任公司，现属中国航空工业第二集团公司子公司。随着市场经济的全面发展和国有企业的改制，当时的内退职工现在已经正式退休，他们的经济收入在不断增加，生活水平也在逐渐提高，但是其相对水平却呈现逐渐减少和降低的趋势。

纵向来看，与计划经济体制时期相比，他们的经济地位、政治地位以及社会声望都大幅下降；横向来看，医保的落实、医疗服务的方便以及养老金的相对充足是老年人生活质量得到保障的前提，而与社会其他

---

① 访谈对象：老岳；性别：女；年龄：54 岁；身份：退休前为长风厂车间调度员。访谈时间：2005 年 12 月 4 日；地点：被访者家中。（个案编号 06）

阶层的退休人员相比，三厂职工在内退时工资基数低，直接导致正式退休后拿到的养老金少，相对低于事业单位的正常退休人员。故此，市场转型给三厂职工的经济收入、社会地位以及身份认同都带来了巨大的影响，而且随着年龄的增长职工患病率增加，相当一部分退休职工可能沦为城市的弱势社会群体。

第三节　三厂医疗卫生概况

一　兰州市医疗卫生发展

明清时期，兰州群众有病，主要靠中医治疗。清至民国时期，在兰州从事西医的人员多为西方传教士。"据清光绪十三年（1887）《皋兰县西固采访稿》载，俄罗斯商妇在西固'民家医病、接生'，这是西医在兰州最早的记载。民国三年（1914），英国人金品三在兰州黄河北王保保城建博德恩医院，为兰州第一家西医院。民国十二年（1923），北京医科专门学校毕业生、天水董季高（名云济），应甘肃省督军陆洪涛之聘，在兰州东教场（今兰州军区院内）创办陆军医院，并附设陆军卫生教练所。此为兰州最早的由中国人创办的西医院和西医学校。解放前夕，兰州市共有公、私立医院15个（其中公立医院3个），病床365张，医务人员551人（其中公立医院有病床150张，医务人员400人）。"① 民国时期的兰州，公立医院不仅数量很少，而且医务人员缺乏，医疗力量严重不足，公共卫生事业发展落后。

新中国成立后，针对医护人员缺乏、医院床位少、群众看病难的问题，兰州市人民政府遵照中央指示精神，拟定具体工作计划，全面开展医疗卫生工作。"公立医疗机构、军队医院和驻兰机关、学校、厂矿医

---

① 兰州市地方志编纂委员会、兰州市卫生志编纂委员会编纂：《兰州市志·第六十一卷·卫生志》，兰州大学出版社1999年版，第195、1页。

院纷纷建立，各联合诊所亦实行集体所有制改造。"① 第一个五年计划
的实施，在促进兰州经济快速发展的同时，也为本市公共卫生事业的
发展提供了充足的资金支持。"第一个五年计划期间，随着经济形势好
转，政府增加卫生经费拨款，兰州市共投入基建费用 256.85 万元，用
于市（县）两级医疗机构的基础设施建设。"② 整个"一五"期间，兰
州市除对原有公立医院进行扩建、增加床位外，同期新建了结核病院等
现代化大型医院，所辖各区县也均建立人民医院。"据同年年底统计，
全市共有公立医疗单位 37 所，医务人员 4019 人，病床 4419 张。与解
放初期相比，公立医疗单位增加 32.1 倍，医务人员增加 7.1 倍，病床
数增加 29.1 倍。"③ 通过对医疗机构基础设施建设的持续投入，兰州市
公立医院数量不断增多，医院规模、床位数量不断增加，有助于减轻患
病群众经济负担，人民群众"看病难"的问题得到有效解决。接生站、
诊所等基层卫生站点的建立，不仅为市民治疗常见性疾病提供了便利，
同时也为城市基层医疗卫生体系不断发展完善打下了坚实基础。

　　"中共十一届三中全会以后，各级卫生医疗单位基本恢复并迅速发
展。1990 年统计，全市共有各级各类卫生医疗单位 137 个，其中市直
医院 7 个，县（区）医院 8 个，总病床 2834 张。卫生技术人员 2759
人，比解放初 133 人，增长了 2077 倍。加之，乡（镇）卫生院、村卫
生所普遍建立，兰州市已形成以县（区）医院为中心的三级医疗保健
网。20 世纪 80 年代以后，国家允许私人开业行医，各地私营医疗机构
迅猛发展，至 1990 年底统计，全市私人开业 655 人，为群众就医增添
很多方便。"④

---

① 兰州市地方志编纂委员会编：《兰州市志》，方志出版社 2019 年版，第 921 页。
② 甘肃省卫生厅：《甘肃卫生史料（解放前至 1960 年）》，甘肃省图书馆西北文献资料
室藏，2013 年，第 40 页。
③ 兰州市地方志编纂委员会、兰州市卫生志编纂委员会编纂：《兰州市志·第六十一
卷·卫生志》，兰州大学出版社 1999 年版，第 195、2 页。
④ 兰州市地方志编纂委员会、兰州市卫生志编纂委员会编纂：《兰州市志·第六十一
卷·卫生志》，兰州大学出版社 1999 年版，第 196 页。

近年来，兰州各级医疗卫生机构的基础设施建设加快推进，群众就医环境明显改善；医疗卫生和计生服务体系更加完善，医疗技术水平和计生服务能力明显提升，群众就医的及时性、安全性得到保障；国家重大和基本公共卫生服务项目相继实施，公共卫生保障能力得到加强；医疗保障制度不断完善，保障水平稳步提升，城乡居民健康状况持续改善。"2008 年，全市有各类医疗机构 2508 个，医疗机构床位数 14164 张，从业人员 19663 人，年门诊量 635.8 万人次，医疗卫生事业投入 35599 万元，社区卫生服务覆盖率达 90% 以上，新型农村合作医疗参合率达 92.48%，人均期望寿命达 71.2 岁。"①

"2015 年底，全市有各级各类医疗卫生机构 2393 个，其中医疗机构 2241 个、卫生机构 152 个，共有床位 24873 张，每千常住人口拥有医疗卫生机构床位 6.79 张。共有卫生人员 39063 名，其中卫生技术人员 30859 名，年均门诊量为 1012.4416 万人次，收治住院 32.689 万人次，床位使用率为 76.44%，治愈率为 66.89%。"② 截至 2019 年，全市共有医疗卫生机构 2277 个，卫技人员 3.97 万人、执业（助理）医师 1.44 万人、注册护士 1.93 万人，人均医疗资源配置位居全省前列。医疗条件、医疗设施的改善和医疗保障水平的持续提升，实现了促进人民健康与发展卫生事业的双赢。同时，兰州市把推进健康老龄化作为健康兰州的重要着力点之一，积极推进医疗卫生与养老服务融合发展。兰州被确定为国家医养结合试点城市以来，当地以推进"健康兰州"行动为牵引，通过政府引导、部门联动、市场驱动，初步形成了以居家为基础、社区为依托、机构为补的医养相结合服务体系，为应对人口老龄化提供有力保障。

二 兰州市工业卫生工作

工业卫生职业病防治工作是政府卫生工作的重要组成部分。"在

---

① 兰州市地方志编纂委员会编：《兰州市志》，方志出版社 2019 年版，第 915 页。
② 兰州市人民政府：《兰州市"十二五"卫生事业发展规划》，2016 年 9 月 21 日，http://zgzfg.lanzhou.gov.cn/art/2016/9/21/art_22605_1146738.html。

旧中国，工业卫生工作处于被忽视的状态。劳动人民在这种恶劣的劳动条件下开展生产工作，患病死亡也是时有发生。国民政府虽对工人进行了一定程度的劳动条件改善，但由于战争不断、社会经济衰败、政府对于劳动条件改善的资金不足、政策执行不力等现实因素制约了职业病防治工作的正常开展。"[①] 工人阶级是新中国的建设者，是国家实现工业化重要力量，工人的身体健康事关工厂能否正常开展生产建设工作，是保证生产产量的重要因素。因此，为了保障工业生产质量与效率，实现国家工业化，开展针对职业病的防治工作是大势所趋。

工业卫生问题是关乎工人直接利益的重要问题。随着第一个五年计划全面展开，兰州作为国家首批重点建设城市，无论是重工业还是轻工业，工业建设突飞猛进，带动了城市各项事业全面发展。在较为发达的工业体系中，有毒化学物质就会十分广泛地使用，尤其是在化工、医药、喷漆、电镀等领域。随着工业企业增多、工人数量增加，兰州市工业卫生工作面临重大挑战。如何保证他们的身体健康、生产安全，成为新中国成立初期兰州市卫生部门乃至甘肃省卫生部门重点工作任务。为保证安全生产，兰州市卫生部门结合爱国卫生运动，深入工厂一线宣传动员，发动职工利用业余时间参与运动，对工业生产中存在的有毒有害气体和高温粉尘等问题开展综合防治保障工人身体健康。

"组织方面上，建立健全了专（兼）职的安全卫生机构，配备了一定数量的干部，并组织群众性的安全卫生委员会或防尘降尘委员会（小组），设立了车间安全员、保健员，通过群众性的活动，开展了经常性的安全卫生工作。技术方面上，据统计1959年共添置机械通风降温设备73件，在防尘降温和降低有害气体浓度方面，收到了一定效果。医疗保健方面，对接触高温、粉尘和有害气体作业的工人，进行职业病

---

① 周石峰：《南京国民政府职业病的防治困境》，《中州学刊》2016年第10期。

调查，对已有症状的工人及时建议厂方予以治疗，不适宜接触有害作业的都调动了工作。"① 工业卫生工作的有效开展，能够将保护工人健康、保障生产建设这两个任务有效联结并发挥出更大的效益。开展工业卫生工作的过程中，卫生部门与工厂联系的密切、管理部门对于工厂卫生工作的重视对改善工厂卫生状况具有重要作用。

职业病和职业性疾患是影响劳动者健康、造成劳动者过早失去劳动能力的主要因素。"与国外职业卫生工作的重点为腰背痛、物理因素、工效学、工作有关疾病不同，我国社会关注的仍然是粉尘、放射性疾病、职业中毒等传统的职业病。"② 新中国成立以来，兰州职业病防治工作取得进展，各种严重的职业危害已经得到有效控制，逐步形成了一个覆盖全市的职业卫生和职业病防治网络。但由于西部地区经济发展水平相对落后等原因，职业病危害一直没有得到根本控制，职业病防治工作形势十分严峻。特别是改革开放以来，随着经济的发展，职业病危害越来越多，越来越复杂，越来越明显，严重威胁着广大劳动者的生命安全与健康。"有研究表明，兰州市接触有毒有害作业工人参加体检者，主要为接触苯、煤尘、锰、X 线、噪声人员。"③

兰州市是我国西部重要的工业城市，搞好工业卫生职业病防治工作，对于维护社会安定，保护人民身心健康，促进企业经济发展具有重要的意义。近些年，兰州市以粉尘、化学毒物、噪声超标治理为重点，持续推进职业病危害专项治理工作纵深开展，从源头上控制和减少职业病危害，持续巩固和深化尘肺病防治攻坚行动成果，保障广大劳动者的职业健康，为建设健康中国奠定了重要基础。

---

① 《兰州市工业卫生工作情况》，兰州市档案馆藏，档案号：023 - 1 - 19590039；参见林楠《新中国成立初期兰州市公共卫生事业研究》，硕士学位论文，西北师范大学，2022 年。
② 李涛等：《中国职业卫生发展现状》，《工业卫生与职业病》2004 年第 2 期。
③ 李芝兰、李盛、舒星宇、韩振荆、李治平、景书文：《从职业健康检查现状探讨兰州市职业卫生服务对策》，《卫生职业教育》2005 年第 16 期。

三 三厂职工医疗保障概述

20 世纪 50 年代，我国城市职工医疗保障制度正式建立，其组成分为劳保医疗与公费医疗。劳保医疗的对象是国有企业部分集体企业职工，经费来源于企业的成本列支和利润提成，属于典型的"单位保障"。职工在指定的医疗单位或企业自办的医院就医时能够享受免费医疗，其直系亲属享受报销一半医疗费的待遇。公费医疗面向机关、事业单位工作人员、革命伤残军人和大专院校在校学生，经费来源于国家的财政拨款。就实施对象、经费来源及待遇等方面，公费、劳保医疗存在差别。但就二者性质来说，均是建立在计划经济体制下的公费医疗制度，带有浓厚的福利型保障色彩。

兰州解放后，公立医疗机构、军队医院和驻兰机关、学校、厂矿医院纷纷建立。"1952 年，兰州市在市级机关、事业单位开始实行公费医疗制度，人均每月支付公费医疗费标准 2.5 元（有的县区人均 2 元），全年每人应有实际指标 30 元，统一由公费医疗管理委员会管理，定期向国家财政报销。"[①] 新中国成立后，兰州迅速成为新兴工业城市，"一五""二五"计划期间，国家将兰州规划为全国重点建设的工业城市，自 1965 年各地大规模驰援兰州地区三线建设，各企业陆续建立并投产，到 1975 年全市工业企业达 834 家，职工人数增长迅速，并形成了一支数量庞大的工人阶级队伍。这些企业中的职工患病，在企业医务所或职工医院医治时，其所需诊疗费、手术费、住院费及普通药费均由企业负担。

企业职工医院曾经是由各国有企业投资、拨款，为内部职工及家属服务的福利性医院，属于国有企业办社会职能的一种特殊的组成形式，是 20 世纪我国在特定历史条件下计划经济的产物，除了为各企业职工直接提供了医疗保健服务，一定程度上弥补了当时我国卫生资源的不

---

① 兰州市地方志编纂委员会、兰州市卫生志编纂委员会编纂：《兰州市志·第六十一卷·卫生志》，兰州大学出版社 1999 年版，第 356 页。

足，更为增进职工健康、保障企业正常生产、稳定社会发展等方面发挥了很大作用。在计划经济条件下，患者多在本系统内部医疗单位就医，重大病患者经单位医疗机构介绍，可转入省市医院治疗。

从 20 世纪 80 年代起，国家制定了一系列政策对职工医疗保险进行改革尝试。1998 年 12 月，国务院出台《关于建立城镇职工基本医疗保险制度的决定》，在全国推进城镇职工基本医疗保障制度。这一制度的制定，标志着我国医疗保险制度改革进入了一个崭新阶段，在计划经济体制下实行了将近半个世纪的劳保医疗和公费医疗制度，被新的职工基本医疗保险制度所代替。"1999 年，甘肃省出台的《甘肃省人民政府关于建立城镇职工基本医疗保险制度改革的总体规划》印发。2000 年 9 月 29 日，省政府办公厅转发《甘肃省城镇职工基本医疗保险制度和医药卫生体制配套改革实施方案》。决定成立甘肃省城镇职工医疗保险制度和医药卫生体制改革协调领导小组，全面推动深化医药卫生体制改革和加快建立全省城镇职工基本医疗保险制度。"这个规划划定基本医疗保险费由用人单位和职工双方共同负担，基本医疗保险基金实行社会统筹与个人账户相结合。

兰州市医疗保障制度过去一直以机关及事业单位公费医疗制度和企业劳保制度为主体，随着计划经济向市场经济转型，原有的医疗保障制度明显不符合新形势的要求。2001 年 10 月，兰州市正式启动职工医疗保险；2002 年 12 月，全省县级统筹医疗保险基金制度开始全面实施。经过近些年的实践，逐步建立和完善了以城镇职工基本医疗保险为主体、公务员医疗补助、大病医疗补助、企业补充医疗保险、特殊疾病门诊补助、灵活就业人员医疗保险等为补充的多层次的城镇职工医疗保障体系。

改革开放前，"河北三厂"职工的工资和福利在兰州市处于较高水平，实行的是具有计划经济时代典型特征的劳保医疗制度。三厂职工看病住院都由医院负担，且三厂有自己的职工医院。当遇到本院医治不了的疾病时，允许转到其他医疗条件更好的医院，转院后所有费用由单位全额报销。施行上述制度的三十年中，职工的生活安定，医疗需求容易得到满足，因此没有后顾之忧。随着改革开放，特别是社会主义市场经济向纵深发展，我国原有的劳保医疗制度的弊病日益显露。同时，随着军品任务减少，企业经济效益下滑。此困境下，三厂陆续开始进行医保改革，改变过去劳保医疗由国家和企业包揽的弊端，基本医疗保障费用由用人单位和职工双方共同负担，加强了对职工医疗消费的有效制约。新千年之后，随着全省职工医疗保障制度改革工作的持续推进，三厂陆续加入兰州市基本保险制度体系之中。

第二章　职工医疗保障的历史沿革

改革开放以前，三厂实行的是具有计划经济时代典型特征的劳保医疗制度，职工享受着比较完善的医疗保障以及相对较高的福利待遇。20世纪90年代以后，在全国医疗保障制度改革的大潮下，三厂相继建立了医疗保障制度改革的过渡模式，基本医疗保障费用由用人单位和职工双方共同负担。进入21世纪以后，随着全省职工医疗保障制度改革工作的持续推进，三厂相继加入兰州市基本医疗保障体系之中，增强了退休职工抵御疾病风险的能力。但是因为职工医疗保险的个人账户金额是以职工缴费工资额计算，退休职工收入低的现实直接导致医疗保险基金少的窘况，且老年人因生理性退化患病率和发病率明显增加，进一步加重了他们的医疗经济负担。

第一节　"全包型"的医疗保障

一　城市医疗保障制度

新中国成立以后，党和政府高度重视医疗保障制度建设，初步建立了一套主要是由公费医疗、劳保医疗所组成的城市医疗保障体系。劳保医疗制度是对城市企业职工（产业工人）医疗费用给予保障的制度。1951年2月政务院公布了《中华人民共和国劳动保险条例》，对职工劳保医疗做出了明确规定，其享受对象是全民所有制企业的职工及离退休人员，城镇集体企业参照执行职工直系亲属按规定享受部分项目的半费待遇。《劳保条例》中规定了职工在疾病、非因工负伤和残废情形下的保障政策，被称为"劳保医疗"，主要待遇有四项：一是诊疗费、手术费、住院费和普通药费由企业负担，但特需药费、住院的膳食费及就医路费由职工本人负担，如本人经济状况确有困难，由劳动保险基金酌予补助；二是职工治疗停工期间，6 个月以内发给本人工资 60%—100% 的病伤假期工资，6 个月以上发给 40%—60%，俗称"吃劳保"；三是职工确定残疾后发给一定标准的救济费；四是职工供养的直系亲属患病的合规性费用，由单位负担一半，俗称"家属半费医疗"。

1953 年 1 月，劳动部颁布了《中华人民共和国劳动保险条例实施细则修正草案》。该草案的出台把劳保医疗制度的覆盖面改为了全民所有制的直系亲属。其覆盖范围包括全民所有制工厂、矿厂、铁路、航运、邮电、交通、基建、地质、商业、外贸、粮食、供销合作、金融、民航、石油、水产、国有农牧场、造林等产业和部门职工及其供养直系亲属。"截至 1956 年，全国签订劳动保险合同的职工达到 2300 万人，占当年全国职工总数的 94% 以上。"① 这一颇具社会福利色彩的制度是新中国关于劳动保险制度的初步尝试，也为后来更为全面的医疗保障制度的建立奠定了基础。

之后我国建立了公费医疗制度，覆盖对象主要是国家机关、事业单位的工作人员。1952 年 6 月，政务院发布了《政务院关于全国各级人民政府、党派、团体及所属事业单位的国家工作人员实行公费医疗预防的指示》，指示内容表示自 1952 年 7 月开始，实行以国家干部为主体、财政提供经费的公费医疗制度。与之前覆盖范围有所不同，指示规定的公费医疗制度覆盖各级政府机关、党派、人民团体及文化、教育、科研、卫生等事业单位的工作人员和离退休人员，复员退伍返乡二等乙级以上革命残疾军人和国家教委核准的高等学校在校学生。同年 8 月，卫

① 徐道稳：《中国医疗保障制度历史考察与再造》，《求索》2004 年第 5 期。

生部经政务院批准，制定并发布了《国家工作人员公费医疗预防实施办法》。以此为依据对享受公费医疗人员的范围，公费医疗的经费来源、管理和督导方法等具体事项作了明确的规定。

1953 年卫生部发布的《卫生部关于公费医疗的几项规定》中，将公费医疗的范围扩大至大学、专科学校的学生及各级乡干部。至 1956 年，国务院批准了国家机关工作人员退休后继续享受公费医疗待遇。随后，1957 年全国享受公费医疗的职工由 1952 年的 400 万增至 740 万，至此国家公费医疗制度正式确立。公费医疗所需经费由国家财政拨款负担，对每人每年享受公费医疗待遇的预算定额，由财政统一拨给各级卫生主管部门统筹统支。公费医疗保障对象的门诊、住院所需的诊疗费、手术费、住院费，门诊或住院产生的、经医师处方的药费均统一由医药费拨付。

计划经济体制下的劳保医疗、公费医疗制度在保障职工健康方面发挥了积极作用，不仅改变了旧中国劳动者贫病交加的困境，对巩固新生政权、激发建设新中国的积极性起到了重要作用；而且两项制度都涵盖了医疗费用、病假及伤残待遇、医疗服务渠道，建构起较为完整的体制机制，在一定程度上解决了城镇职工及家属"病有所医"的问题，较好地实现了公平性。但是，劳保医疗和公费医疗之间还是存在区别，主要表现在二者经费来源的不同。劳保医疗的经费直接来源于本企业的纯收入，长期以来一直由企业从生产成本下的福利基金中提取，职工医疗费用超支部分则由企业自己承担；而公费医疗的经费来源于国家与各级政府的财政预算拨款，由各级卫生行政部门或财政部门统一管理使用。由此可见，劳保医疗实质上是以企业为统筹单位的内部封闭运行的企业保险，体现为企业对职工的一种福利，并与企业的经济效益密切相关。而公费医疗因为是由中央和地方财政为公费医疗提供经费来源，故公费医疗制度实质上具有政府保险的性质。正因为如此，随着社会经济的发展和经济体制的变革，公费医疗与劳保医疗的医疗保障水平逐渐拉开了距离。

二 三厂劳保医疗的典型特点

为了保障人民生活，稳定社会秩序，中华人民共和国成立后党和国家着手建立社会保障制度。1950 年 8 月第一次全国卫生工作会议召开，确定了"面向工农兵、预防为主、团结中西医"的卫生工作方针，我国逐步建立起由公费医疗、劳保医疗、合作医疗组成的政府主导的福利性医疗保障制度。新中国成立初期医疗卫生资源的缺乏和高度集中的经济管理体制决定了当时我国的医疗保障体制与人民群众健康需求是基本相适应的，它可以迅速提高医疗服务能力，并解决当时城市缺医少药、预防医疗卫生条件极差的状况。劳保医疗作为我国特定历史发展时期的过渡性举措，为下一阶段的医疗保险改革提出了改进方向。

虽然当时的医疗保障体系存在着参保对象相对单一、医保覆盖范围较窄等问题，但计划经济体制下形成的劳保医疗对于历史上缺乏医疗保障的广大劳动者来说，确实是一项非常重要的制度性安排。它适应当时的计划经济形势，计划经济体制下实行的是单位制，每个城市职工会隶属于各自单位，并从中取得相应的生存和发展资源，这种企业保险模式保证了广大城市职工及职工家属的健康，使绝大部分城市劳动人民走出了中华人民共和国成立前基本医疗无法保障的困境，体现了社会主义制度的优越性，同时通过保障职工的身体健康直接激发了他们工作的积极性，间接促进了社会生产力的再恢复和再生产，对社会的稳定、经济的发展以及卫生事业的迅速发展发挥了重要作用。

20 世纪 50 年代初期，兰州市在国有企业、市级机关、事业单位开始实行劳保医疗制度和公费医疗制度，初步建立起城市医疗保障体系。作为重点军工企业的"河北三厂"也不例外，实行的是具有计划经济时代典型特征的"全包型"的劳保医疗制度，职工享受着比较完善的劳动保障待遇以及相对较高的福利待遇。三厂初期实行的医疗保障制度呈现出如下主要特点：

第一，医疗费用由企业负担。这既体现在医疗保障的覆盖面上，又体现在具体的医疗服务中。该企业职工患病或非因公负伤到医院医治时，所需诊疗费、药费、住院费由企业承担；若职工因工伤就医，诊疗费、药费、住院费、住院膳食费及就医路费全部由企业负担；当该企业女性职工在医院检查或分娩时，检查费与接生费由企业负担；对企业有特殊贡献的劳动模范及企业工作的战斗英雄，无论疾病或非因工负伤的贵重药费、就医路费、住院膳食费全部由企业负担。工人阶级是新中国的建设者，是国家实现工业化的重要力量，而他们的身体健康是关系工厂能否正常开展生产建设工作和保证生产产量的关键要素。企业通过免费医疗解决关乎生产发展的劳动力的健康制约因素，保障了广大劳动者的身体健康，为当时的生产建设免除了后顾之忧。

第二，家属半费医疗。职工直系亲属患病时，对于职工直系亲属的界定，依据 1953 年颁布的《中华人民共和国劳动保险条例实施细则修正草案》执行。该草案对供养直系亲属的范围做出了明确规定，工人职员的直系亲属，其主要生活来源，系依靠工人职员供给，包括：一是祖父、父、夫年满 60 岁或完全丧失劳动力者；二是祖母、母、妻未从事有报酬的工作者；三是子女、弟妹未满 16 岁者；四是孙子女未满 16 岁，其父死亡或完全丧失劳动力，母未从事有报酬的工作者。这不仅可以使职工真正享受到基本医疗服务，而且职工家属也可以享受到基本医疗服务，体现了社会主义制度的优越性。

第三，企业设立医疗机构——职工医院。因为职工的医疗保障由企业负担，故企业医疗卫生机构便成为保障职工健康的坚强后盾。国有企业职工医院曾经是由各企业投资、拨款，为内部职工及家属服务的福利性医院，属于国有企业办社会职能的一种特殊的组成形式，是 20 世纪我国在特定历史条件下计划经济的产物，除为各企业职工直接提供医疗保健服务之外，一定程度上弥补了当时我国医疗卫生资源的严重不足，更为增进职工健康、保障企业正常生产、稳定社会发展等发挥了重要作用。"兰州除省、市、县（区）医疗单位外，还有 43 所驻兰部门和企事业单位自办的医疗机构。"①"河北三厂"都建有职工医院，分别为长风医院、兰飞医院以及万里医院。如遇重大疾病患，职工医院因医疗条件有限无法救治，经单位医疗机构介绍，可转入甘肃省人民医院、兰州市人民医院等医疗机构进行治疗。三厂医院在保障劳动者健康，促进医疗卫生发展中起到了非常重要的作用。

中华人民共和国成立以后，按照战争年代的物资配给制度并参照苏联的经验，我国初步建立了一套职工医疗保障制度，在国有企业和部分大集体企业实行劳保医疗政策。对于"河北三厂"来说，实行的是劳保医疗制度，基本覆盖了企业职工和家属。三厂建有职工医院，职工看病住院都由医院负担，遇到本院医治不了的疾病可以转院，转院后的合规费用由单位全额报销，职工家属还可以享受半费医疗的福利。可以说在改革开放以前，三厂职工普遍享受着"低工资、高福利"的待遇，医疗需求基本得到满足。劳保医疗让三厂职工的身体健康得到有效保障，不仅减轻了患者的经济负担，而且使其对工人阶级的身份有着很高的政治认同，表现出一种高度的自豪感与优越感。

三　劳保模式下的职工医保

中华人民共和国成立以后，按照战争年代的物资配给制度并参照苏联的经验，我国初步建立了一套职工医疗保障制度，在国有企业和部分大集体企业实行劳保医疗政策，三厂实行的就是具有计划经济时代典型特征的劳保医疗制度。20 世纪 50 年代至 80 年代，三厂职工和其他国有企业一样，一直享受的是低工资、高福利的待遇。厂区内有包括幼儿园、小学、中学等在内的教育基础设施，理发馆、公共浴室、职工食堂、职工商店等日常生活基础设施，厂办医院、体育场等民生设施。老王②对此作了描述：

---

① 兰州市地方志编纂委员会编：《兰州市志》，方志出版社 2019 年版，第 146—150 页。
② 访谈对象：老王；性别：男；年龄：75 岁；身份：退休前为兰飞厂金相热处理试验工。访谈时间：2023 年 10 月 8 日；地点：被访者家中。（个案编号 31）

那时确实福利好，洗澡不要钱，看病不要钱，看电影不要钱，住房的话，一个月一间房子的房租费，就八九毛钱。那时候人的工资低，但只要你进了这个厂，可以说没什么后顾之忧。刚开始福利也好，那时候东西紧张，我们厂采购部大胆地到外面去买那个鲜鱼、鲜肉、粉条什么的。你像这些银行、事业单位、机关什么的，哪有澡堂。外面的人要到我们厂里洗澡，那得托关系，和看澡堂的拉关系，才能到我们这里来洗澡。开始是洗澡不要钱，后来是要5分钱，等要1毛钱、2毛钱的时候，我们就礼拜天做个公益活动，打扫卫生、清除垃圾，厂里给发张澡票。看电影开始不要钱，后来5毛钱。是露天电影，有时候一个星期演上两三次，一次演一场，有时一晚上也演两场。

三厂的集体福利设施，主要包括职工集体文化娱乐活动设施与职工集体生活福利设施两个方面。职工除了享受高福利待遇外，在出现生、老、病、死、伤、残等情况下，还可以按照一定的标准享受相应的劳动保障待遇，其中就包括医疗待遇，即医疗费用由企业负担的劳保医疗。老蔡①这样说道：

70年代那时候是公费医疗，河北三厂都有医院，住院、吃药、看病一分钱不花，职工医院住进去肯定不花钱，等于工厂全负担。那时候军工企业的职工医院都是不掏钱的。

企业职工医院是我国计划经济时期社会保障的重要组成部分，在特定的历史背景下，企业职工医院主要为企业生产服务，为本企业职工提供医疗保障服务，对弥补当时国家卫生资源不足，维护职工基本权益起着至关重要的作用。因为职工的医疗费用由企业负担，故作为专业医疗

---

① 访谈对象：老蔡；性别：男；年龄：65岁；身份：退休前为万里厂后勤公司经理。访谈时间：2014年12月4日；地点：兰州交通大学第八教学楼管理室。（个案编号16）

机构的三厂医院便在其中发挥了重要作用。例如，兰州市安宁区万里医院的前身就是航空工业万里机电总厂职工医院，始建于 1956 年，是一所非营利性医疗机构，1996 年被评为"二级乙等医院"，2002 年成为兰州市城镇职工基本医疗保险定点医疗机构，2007 年 10 月成为兰州市安宁区城镇职工、居民医疗和新农村合作医疗保险定点单位，2007 年 12 月正式移交安宁区管理，至此，从中央直属企业性质变为事业单位性质，2009 年 8 月正式更名为"兰州市安宁区万里医院"。据万里医院退休院长老王①回忆：

> 我老爹是新四军的军医，非让我学医。万里厂医院总体来说现在比原来差了，原来我们这个万里医院是安宁区最好的医院。像妇产科有个山东医学院毕业的在当主任。那时候兰空医院（兰州军区总医院安宁分院）刚成立不久，经常请我们的主任去给人家看病。外边人都跑我们这儿来了，像我们的外科、内科、妇产科经常都得加床，走廊上都是住院的人。

职工看病住院由企业负担，在企业职工医院无法医治的情形下，企业会将职工转送其他医院医治，在医院不用交现金，全部记账，其全部诊疗费、药费、住院费等均由企业行政方面进行结算。同时在医疗期间，工资照发。老王②讲述了曾经的住院经历：

> 以前住大医院的话呢，厂里边看不了的病，他就推荐你到兰医二院（兰州大学第二医院）去。小时候家里生活艰苦，得了鼻炎。本身有点鼻中隔偏曲。78 年的时候，鼻中隔偏曲不是啥大问题，

---

① 访谈对象：老王；性别：男；年龄：77 岁；身份：退休前为万里医院院长。访谈时间：2023 年 11 月 23 日；地点：万里社区卫生服务站。（个案编号 62）
② 访谈对象：老王；性别：男；年龄：75 岁；身份：退休前为兰飞厂金相热处理试验工。访谈时间：2023 年 10 月 8 日；地点：被访者家中。（个案编号 31）

但是有些鼻塞，我说我去做个手术。我们医院做不了，就让我去兰医二院，我就住了院，做了手术，拿个记账单。出院的时候，厂里去结算就行了。住上几天拍屁股就走，自己又不花钱，所以我们认为那时候的福利还是比较好的。

在劳保医疗制度下，不仅职工享受着比较完善的医疗保障待遇，而且职工家属可以享受半费医疗的福利。职工家属如若患病，在该企业职工医院免费诊治，手术费及普通药费由企业负担一半，其余费用由个人自理。老王①继续说道：

> 看病就更不用说了，那时候看病嘛，你到医院大夫那开了药，你拿上药，又不花钱。至于家属，我老家在延安，（父母）在老家那边看病，厂里不管，但只要我父母亲到兰州来看病，也享受半费医疗。

三厂实行的劳保医疗制度对保障职工及职工家属的健康产生了积极作用，并通过保护劳动者的身体健康促进了企业的发展。职工既不需要为医疗保健服务承担经济上的费用，也不需要为医疗承担精神上的压力。另外，各种优厚的福利的发放也在很大程度上解决了职工的生活问题。企业就是一个"小社会"，职工的生老病死所有福利都是通过企业来实施的。而企业行政级别的高低意味着福利设施的好坏，供给的丰裕程度。

在计划经济时代，国家在政治与意识形态上赋予工人是领导阶级的地位，加之三厂是中央机械工业部下属的军工企业，职工可以享受到相对较高的福利待遇，这些使得他们在整个社会阶层结构中处于比较优越的地位。计划经济时期的社会保障和福利解除了职工的后顾之忧，使他

---

① 访谈对象：老王；性别：男；年龄：75岁；身份：退休前为兰飞厂金相热处理试验工。访谈时间：2023年10月8日；地点：被访者家中。（个案编号31）

们产生了安定感、稳定感、依赖感。受访职工对于当年免费的劳保医疗几乎是异口同声地加以肯定，无一例外地表达着对过去生活的怀念。这种社会保障和福利的体验，构成了退休职工评价今日老年社会保障和福利的参考标准。

第二节 "半包型"的医疗保障

一 城镇职工医疗保障制度改革

随着改革开放，中国的经济体制逐步由计划经济体制向市场经济体制转轨，农业经济向工业经济的转型，宏观环境发生了巨大变化。我国原有的近乎免费的传统医疗保障制度的弊病日益突出，越来越难以为继。主要表现在：

一是职工医疗费由国家（公费医疗）与单位（劳保医疗）包揽，缺乏合理、充足的医疗费用筹措机制以及相对稳定的资金来源。当财政、企业状况好的时候，医疗费用缺乏控制，浪费与"打白条"现象并存，逐渐恶化。当财政或企业困难的时候，职工必需的医疗费用又没有保证。

二是医疗费用由国家、企业包揽，缺乏有效的制约机制，造成严重浪费。公费医疗与劳保医疗对供方的费用支付方式是按服务项目支付的事后报销制，难以防止其因追求更多的收入而提供过多的服务。而且，该制度下作为医疗服务需方的个人基本上不用缴费，导致个人缺乏费用意识和节约观念，小病大养，盲目追求高标准医疗消费。供方和需方费用控制机制的缺乏，导致医疗费用增长过快。

三是医疗保障的覆盖面窄，管理服务的社会化程度低。改革开放以来，企业的所有制结构发生了很大变化，但是外商投资企业、股份制企业、民营企业、私营企业及其职工以及个体工商户的从业人员没有纳入公费、劳保医疗保障的政策范围。这种状况严重妨碍了劳动力的合理流动，不利于多种所有制经济的共同发展、平等竞争，也制约了国有企业改革过程中职工的分流安置。而且由于劳保医疗分散在各个企业自行管理和组织实施，企业"办社会"的现象十分严重，一定程度上影响了企业的发展。

四是缺乏风险互助共济功能，企业负担不均衡。不同行业间、新老企业之间，缺少能够统筹规划的合理机制，职工医疗待遇分配不均。其中存在一些状况相对困难的企业，长期无法报销职工的医疗费用。因此，当基本医疗没有保障时，劳保医疗基本可以说名存实亡。

中国各省历年公费医疗支出情况如表2-1所示。

表2-1　　　　　　　　中国30个省历年公费医疗支出[①]

年份	公费医疗支出（亿元）	占财政收入比例（%）	人均年费用（元）
1953	1.05	0.47	26.25
1978	4.84	0.43	—
1980	5.70	0.50	39.90
1985	15.44	0.77	72.57
1990	44.34	1.51	—
1992	58.40	1.68	222.00
1995	112.29	1.80	350.00

针对20世纪80年代初就已经显露出来的城市职工医疗费用开支增幅加快的迹象，这一时期各地政府在坚持保证基本医疗、合理利用资源、努力克服浪费的前提下，进行了一系列积极的改革探索。例如，针对医疗服务的需方，采取医疗费用分担的措施，在一定程度上抑制了职工过度的医疗服务需求；针对医疗服务的供方，加强对医疗卫生服务机构的约束，有效控制医疗费用的滥用、浪费等现象。此外，存在部分地区、行业自发组织大病医疗统筹的方式，由此摸着石头过河，大胆开启

---

① 许飞琼：《医改备忘录之三——职工医疗保障费用支出与控制述评》，《中国社会保险》1998年第10期。

公费医疗、劳保医疗向社会医疗保险过渡的尝试。以解决社会成员看病难和看病贵的问题，但局部的修修补补并未从根本上解决制度本身的缺陷。进入 80 年代中后期，具有明显福利性特征的公费医疗和劳保医疗制度，逐渐失去其存在的经济社会基础，而探索建立与社会主义市场经济体制相适应的医疗保险制度，已成为历史之必然。

1993 年，中国共产党第十四届三中全体会议通过《中共中央关于建立社会主义市场经济体制若干问题的决定》，正式确定了"城镇职工医疗保险金由单位和个人共同负担，实行社会统筹和个人账户相结合"的城市社会医疗保险改革方向。从 1994 年上半年开始，国务院在江苏省镇江市和江西省九江市进行了职工医疗保障制度改革的试点。这次试点形成了"两江经验"，对后来的医疗保障制度变革产生了深远影响。1996 年，在"两江试点"取得初步成效的基础上，国务院办公厅发布了《关于职工医疗保障制度改革扩大试点意见》，在全国 58 个地级市建立医改试点，开始进行以社会统筹与个人账户相结合为特点的城镇职工医疗保险制度的改革试点，产生了"两江经验"之外的几种医疗保障制度变革模式，例如海南模式、深圳模式、青岛模式、上海模式等。

在这些城市试点经验的基础上，1998 年 12 月 22 日，国务院颁布了《国务院关于建立城镇职工基本医疗保障制度的规定》，正式在全国范围内推行医疗保障制度改革，这标志着我国医疗保险制度的改革进入了一个崭新的阶段。《国务院关于建立城镇职工基本医疗保障制度的规定》规定：城镇所有用人单位，包括企业（国有企业、集体企业、外商投资企业、私营企业等）、机关、事业单位、社会团体、民办非企业单位及其职工，都要参加基本医疗保障，建立统一的基本医疗保障体系。基本医疗保障原则上以地级以上行政区为统筹单位。所有用人单位及其职工都要按照属地管理原则参加所在统筹地区的基本医疗保障体系，执行统一政策，实行基本医疗保障基金的统一筹集、使用和管理。这一阶段改革的任务是建立以基本医疗保险制度为主体，逐步完善多层次城镇医疗保障体系，从而实现保障公民权益、促进经济发展、维护社会稳定的目的。

1998 年开始的城市医疗保障制度改革的核心是建立统账结合①的基本社会医疗保险，在覆盖范围方面，新型医疗保险覆盖了城镇所有用人单位及其职工，企业（包括国有企业、集体企业、外商投资企业、私营企业等）、机关、事业单位、社会团体、民办非企业单位及其职工都要参加基本医疗保险，打破了以往公费医疗仅覆盖国有企事业单位的局限。将城市所有职工都强制性地纳入基本医疗保险的实施范围内，实现社会成员医疗保障的公平享有，同时增强了制度分散风险的能力。在统筹层次上，为了保证职工基本医疗保险基金的安全、完整，将其纳入单独的社会保障基金财政专户，统筹单位设置为地级以上行政区，实现统一筹集、管理和使用基本医疗保险基金。制度模式基础上，采取社会统筹和个人账户相结合的方式规划新型医疗保险，强调了医疗保障中个人的责任。个人缴费机制的引进，增强了职工的节约意识和保险意识，并且有利于减轻政府和企业负担。

新建立的职工医疗保障制度是系统总结多年实践经验的成果，既有对公费医疗与劳保医疗的延续继承，又是根本性的变革，形成了包括基本医疗保险、补充医疗保险、商业医疗保险和社会医疗救助等多层次的医疗保障体系，成为社会主义市场经济体制下保障职工基本医疗需求的重要制度安排。

二　企业医疗保障模式主要内容

1999 年，甘肃省政府发布了《甘肃省人民政府关于建立城镇职工基本医疗保障制度改革总体规划的通知》，在全省范围内开展职工医疗保障制度改革工作。伴随着三厂经济效益的下滑，不仅影响到职工的工资福利水平，而且影响到职工的医疗保障水平。进入 21 世纪以后，三

---

① 统帐结合是指我国基本养老保险实行的"社会统筹与个人账户相结合"，这是党中央、国务院结合我国基本国情，借鉴国际上社会保险发展的经验和教训，把社会统筹的长处与个人账户的优势结合起来创造的一种具有中国特色的养老保险制度。

厂陆续进行医疗保障制度改革的积极探索。三厂本应按照属地原则加入兰州市基本医疗保障体系，但由于种种原因没有跟上全国医疗保障制度改革的步伐。它没有按照国务院政策规定及时进行基本医疗保障制度变革，而是在省市统一的城镇职工基本医疗保障体系之外，建立了医疗保障制度改革的过渡模式。换言之，三厂改变了过去劳保医疗中由国家和企业包揽的弊端，实行基本医疗保障费用由用人单位和职工双方共同负担，加强对职工医疗消费的有效制约，建立了由原来企业全部承担变成企业部分承担的医疗报销过渡模式。之所以称为过渡模式，因为它既不同于改革前的劳保医疗制度，又不同于改革后的职工基本医疗保障制度，而是具有时代性与地方性的双重特点。下面以长风厂为例，详细介绍过渡模式的典型特征。

（一）医疗保障的共担

《国务院关于建立城镇职工基本医疗保障制度的决定》中规定的基本医疗保障费用的缴费办法是："基本医疗保障费由用人单位和职工共同缴纳。用人单位缴费率应控制在职工工资总额的 6% 左右，职工缴费率一般为本人工资收入的 2%。随着经济发展，用人单位和职工缴费率可作相应调整。"这种规定要求职工和企业分担医疗保障费用，企业要交纳的费用是其主要组成部分。但是三厂经济效益不好，连职工的工资都发不全，没有能力去购买基本医疗保险。对于当时未能加入省市医疗保障体系的原因，退休前是长风厂医院办公室主任的老白①这样解释说：

> 我们也很想加入基本医疗保险，可是参加医疗保险需要 100 多万，厂子根本拿不出来这笔钱，后来只能实行这样的过渡政策。

———————————

① 访谈对象：老白；性别：女；年龄：55 岁；身份：退休前为长风医院办公室主任。访谈时间：2005 年 12 月 10 日；地点：长风厂家属院。（个案编号 13）

在全国普遍进行基本医疗保障制度变革的背景下，三厂因无力缴纳基本医疗保险费用，不能顺利地加入省市基本医疗保障体系，难以给职工提供有效的医疗保障制度的保护，导致医疗保障制度的减震器作用就会被削弱。为了解决这一问题，三厂采取了较为一致的折中方法，制定了"过渡政策"。一方面改革原有的"全包型"的劳保医疗制度，实行企业与个人共担；另一方面，参照当时现行的甘肃省医疗保障制度进行调整，满足新形势下职工的医疗需求。

(二) 职工医院的存续

在过渡模式中，最明显的特点是保留了原先劳保医疗制度中的职工医院，即长风医院、万里医院及兰飞医院。老岳①退休前是车间调度员，后来担任过长风新村社区的主任。据她讲述：

> 真话就是没有医疗保险，退休的在职的都没有。生了病就到职工医院看病。那会儿没搞医保，职工医院也多少有些优惠政策，比社会便宜，但是比医保贵一些。医院也要生存，还要考虑职工利益。医院有那么多职工，要关了，就会有更多的人下岗。

职工医院的保留是过渡模式的主要组成部分，它可以满足多方面的利益要求。首先，按照新的医疗保障制度的规定，职工医院可以从厂里划出去，但这可能会造成更多职工下岗。保留三厂医院可以保留这些人的工作岗位。其次，职工医院的存在可以满足职工的基本医疗需求。职工在职工医院就医，这在一定程度上弥补了由于劳保医疗制度变革带来的医疗保障的缺失的问题。最后，对企业来说，保留职工医院是权宜之计。一方面职工医院的支出低于加入省市基本医疗保障体系的支出，另一方面职工医院的存在还可以给企业带来一定的经济效益。如果加入省市基本医疗保障体系，企业需要缴纳的医疗保险费

---

① 访谈对象：老岳；性别：女；年龄：54 岁；身份：退休前为长风厂车间调度员。访谈时间：2005 年 12 月 4 日；地点：被访者家中。(个案编号 06)

用是固定且强制的。如果不能按时足额缴纳医疗保险费用，社会保障部门就会停止对职工的医疗保障。而在过渡模式下，企业具有更多行动的自由。

对于职工而言，加入省市医疗保障体系意味着可以在一定程度上防范疾病风险。而三厂没有加入当地医疗保障体系，造成了对职工医疗保障权益的"间接剥夺"。为了补偿职工的医疗保障权益，减轻他们的医疗费用负担，三厂过渡模式的策略是规定职工到三厂医院就医可以享受医疗费用的优惠。也就是说，与到其他医院就医相比较，三厂职工到职工医院就医可以享受一定的优惠政策。以长风医院为例，其对职工医疗费用的优惠政策的范围比较广，包括门诊药费，住院医疗费等大多数医疗费用，只有挂号费等少数费用由职工自己负担。具体来说，优惠的办法①是：

1. 门诊药费

门诊药品分为"公费药"和"自费药"两种。自费药的费用完全由职工个人承担。对于公费药，单位按照一定的比例优惠。公费药分为"甲类药"和"乙类药"。甲类药是常用药，价格相对低廉；乙类药的药效更好，但是价格高；甲类药优惠的比例要高于乙类药。

对于各种职业身份的职工而言，乙类药优惠的比例是相同的。职工购买乙类药只需自己负担45%的药费，剩余55%的药费由企业报销。退休职工购买甲类药的优惠比例最高，报销比例为80%；其次是内退职工，报销比例为70%；在职职工优惠比例最低，报销比例为60%。

2. 住院费用

住院费用报销的起步价是200元，即住院费用200元以下由职工个人负担，200元以上按照一定的比例报销药、疗费用。表2-2说明的是不同身份的职工住院医疗费用报销的比例。

---

① 资料来源：长风医院内部资料。

表 2 - 2 　　　　　　　　　　住院医疗费用报销比例 　　　　　　　　单位:%

身份类别	甲类药	乙类药	手术费	床位费	检查费
在职职工	90	70	70	90	70
内退职工	90	70	70	90	70
退休职工	92	70	70	92	70

从表中可以看出，在职职工和内退职工可以享受到的优惠比例是相同的，而退休职工优惠的比例要稍高于在职职工和内退职工。各种职业身份的职工享受优惠的比例都很大。长风厂规定，职工原则上必须先去职工医院就医。如果职工身患本厂医院不能诊治的疾病，可以在经过主治医生同意院长签字后赴外就医，医院可以报销部分医疗费用。医疗费用报销的比例是：对于医疗费用 6000 元以下的疾病报销 85%；对于医疗费用在 6000 元以上 12000 元以下的报销 90%；医疗费用超出 12000 元的另行规定。

过渡模式不是国家立法规定的医疗保障模式，它的实施表面上看起来有法可依，但实际上企业享有很大的自主权。而且在政策制定过程中，普通职工缺少知情权和参与权，使得该制度缺乏广泛的群众基础。老白①曾经参与了政策的制定过程，她是这么说的：

> 这个政策定的时候是根据企业的实际情况，由科室主任、办公室主任和院长制定一个初步的框架，再经过厂里领导开会决定的。

过渡模式是企业在特殊时期制定的规章制度，但当时的规定并没有充分考虑社会变迁带来的问题。例如，部分老职工在计划经济时期的愿景是以低工资换来企业、政府在医疗和退休养老方面的福利政策，获得终身免费，但是社会变迁却使政策的连贯性消散。因政策与制度的转型

———

① 访谈对象：老白；性别：女；年龄：55 岁；身份：退休前为长风医院办公室主任。访谈时间：2005 年 12 月 10 日；地点：长风厂家属院。(个案编号13)

使他们的利益容易被"间接剥夺"，导致该模式不能有效满足职工的基本医疗需求。一旦遭遇严重的疾病打击，职工特别是年老体衰的退休职工在有限的保障面前会束手无策，其生活也就更加困难。

三　企业医疗保障模式具体实践

（一）职工医院的诊疗

职工医院是企业的下属单位，职工在自己的单位就医，按道理是既方便又省钱；而且，既然企业没有为职工购买基本医疗保险，理应保证职工医院提供优质的服务，使职工实现少花钱看好病的效果。但是实际情况却是当时由于企业效益的连年下滑，无力提升诊疗能力和水平，也就无法为患者提供优质的医疗环境和服务水平。老许①这样说：

> 我看厂里医院是大病治不了，小病怕耽误。它的医疗设施在那摆着呢。以前厂里有三个人都犯了直肠癌的，一个是厂里的副总会计师，另一个是厂里子弟学校的老师，还有一个是厂里销售公司的修理工。修理工和老师都是在厂里医院做的手术，倒是从外面请了个大夫。当时厂里动员说从外面请个多好多好的大夫，没必要去外面医院做。他们在厂里医院治疗的结果是没出三个月都死了。但副总会计师就到市里大医院做去了，现在还活着呢。那两个人，厂里推着编着说外面大夫也挺不错的，请回来做一样，不全死了？

在职工看来，同样的病由于医治的医院不同，医疗水平不同，造成的结果也不同。在职工质疑医院医疗水平的情况下，宁可多花钱也不愿去职工医院就医。老樊②也提道：

---

① 访谈对象：老许；性别：男；年龄：66 岁；身份：退休前为长风厂炊事员。访谈时间：2005 年 12 月 7 日；地点：被访者家中。（个案编号 11）

② 访谈对象：老樊；性别：男；年龄：55 岁；身份：退休前为长风厂铣工。访谈时间：2005 年 12 月 3 日；地点：被访者家中。（个案编号 05）

> 我们厂里有个小医院，大病看不了，小病不愿看。医生现在都是年轻的多，也看不了什么病。我一般有病就自己买点儿药，医院的药没什么好的，吃了不好还得再开，不如自己买些好药算了，也不找这个麻烦。

职工医院是劳保医疗制度的产物，而当时企业保留职工医院是为了弥补不能加入基本医疗保障制度的漏洞；但是，职工医院的保留却未能有效保障职工得到与时代发展相应的医疗照护。由于职工医院的医疗水平有限，很多职工不去本厂医院就医，而不经同意去其他医院就医又无法报销，职工反倒需要花费更多的费用。

（二）药费报销比例

虽然企业政策上规定了职工在药费上可以享受优惠，但是职工并没有从中得到多少实际的优惠。"好药"和"新药"都是自费药或者乙类药，价格较贵，优惠的比例却低。只有那些职工认为疗效一般的甲类药，企业负担的比重才会大一些。虽然总体上公费药的优惠比例很大，但是职工在享受药价优惠的同时，要支付部分管理费，这在一定程度上抵消了优惠措施带来的实惠，使得职工感觉优惠后的药价和市场价格一样。老崔①回忆：

> 当时厂里没买过医疗保险，看病要到厂里医院看。听着药费给优惠，其实100%自己负担。有一次我感冒了，在外面私人诊所输一次液花了53块钱，我输了两天，觉得太贵，想想厂里便宜些。到厂里医院一看，和私人诊所用一样的药下来，药费是一样的。

名义上药费有优惠，但是职工却感觉不到实惠，他们所支付的药费和去私人诊所就医一样。职工医院公费药少自费药多，那么对病人而

---

① 访谈对象：老崔；性别：女；年龄：54岁；身份：退休前为长风厂包装工。访谈时间：2005年12月1日；地点：被访者家中。（个案编号02）

言，为了病情早日康复，当然更愿意用好药，这就意味着他们必须自掏腰包买好药，无形中加重了职工的就医负担。老易①说道：

> 厂里的药要分甲类乙类，乙类比甲类贵，大多都是甲类药。没什么公费药，一般要好一点儿的都是自费药，现在好药还是自费药。跟我一个楼的老杨住院时，医院就问你要好药还是一般的，看病谁不想用好药，那你就自己掏钱吧。

老孟②也讲述了一件曾经发生在自己身上的住院故事。

> 我那年住院，花了890，只报销了16块钱床位费，剩下的一切都自费。厂里没给我们买医疗保险，医药费说是公家和自己摊，但医院里没有公费药，几乎全是自费药，就拉了个名义说是公费，其实全是自费。后来我又因为胆囊炎住院，花了一千来块钱，都是自费。你要的公费药，他没有，疗效好的药，他要你自费，你用不用？还得用，我住院用的都是自费药。

对医疗费用实行优惠政策是过渡模式保障职工医疗保障权益的主要内容，但是这种优惠政策并没有给职工带来真正的实惠。优惠政策的出发点是要让职工花费较少的医疗费用，达到更好的治疗效果，但是职工在职工医院的就诊花费和其他医院几乎相同，优惠好似成了"噱头"。

（三）住院费用的报销

医疗费用是每个人都难以避免的支出，而报销可以减轻患者和家庭的负担，特别是对于一些大病、长期治疗和高昂费用的治疗项目，报销

---

① 访谈对象：老易；性别：女；年龄：55 岁；身份：退休前为长风厂车间质检员。访谈时间：2005 年 12 月 7 日；地点：被访者家中。（个案编号 10）

② 访谈对象：老孟；性别：女；年龄：55 岁；身份：退休前为长风厂电工。访谈时间：2005 年 11 月 30 日；地点：被访者家中。（个案编号 01）

为患者和家庭提供了很大的经济支持。通过报销，患者可以得到及时、有效的治疗，这有助于缓解疾病带来的身体和心理压力，提高患者的健康水平。在过渡模式下，企业规定职工的医疗费用在很大比例上可以报销，但是由于企业连年亏损，导致大多数职工的医疗费用都不能及时报销。老崔①讲述：

> 厂里医院有个起步费，200 以内自费，200 以上单位部分负担。200 以上说是 80% 厂里负担，但都是空头支票。现在的新规定是如有绝症，厂里负担 26000，但厂里说没钱让自己垫上，等人死了好多年钱都报不上。

除了医疗保障水平低、医药费拖欠现象，医药费上涨快也会影响他们的看病就医。老张②曾经转外就医时也遭遇了同样的经历：

> 住院住不起，记得那次去看病，我在兰医做脑电图 450 多块钱，厂里大夫同意让我做去，做回来了，厂里也不报销，前一年做脑电图的钱到后一年都没有报。院长就说没钱报不了。

老向③讲述了自己和丈夫曾经的住院经历，并对自己与丈夫前后的住院境遇进行了比较。她说道：

> 没有医疗保险，看病住院都住不起。有病就外面买一点儿药，说是可以报，放了几年的都报不上。要院长签字才能报，报

---

① 访谈对象：老崔；性别：女；年龄：54 岁；身份：退休前为长风厂包装工。访谈时间：2005 年 12 月 1 日；地点：被访者家中。（个案编号 02）
② 访谈对象：老张；性别：女；年龄：53 岁；身份：退休前为长风厂材料员。访谈时间：2005 年 12 月 1 日；地点：被访者家中。（个案编号 03）
③ 访谈对象：老向；性别：女；年龄：54 岁；身份：退休前为长风厂车间调度员。访谈时间：2005 年 12 月 4 日；地点：被访者家中。（个案编号 07）

多少也不清楚，当时答应自己先把钱垫上，去一趟没有，又去一趟还是没有，根本报不了。像我们这些人的药费说是能报，一般都报不上。以前厂里效益好的时候看病不掏钱，药费能报，九几年初就不好报了，从90年代初院长签字主治医生同意出去看病才能报，不签字报不了。我以前住院，也就是90年初吧，在厂里医院报得还可以，我住了一次院，基本上都报了，自己就掏了卫生费什么的，基本上厂里报了。新规定下来后，我们掌柜的2002年住院，乱七八糟自己掏了一千五百多将近两千块钱，全是自己掏的，基本上手术费用的钱全部都是自己掏的，就没报。

因为企业效益连年下滑，不仅导致职工收入水平下降，而且影响企业对职工医疗保障的资金投入，致使患者失去了完善的医疗保障体系的保护。随着职工进入老年，进入漫长的带病期后的医疗费用负担就成为一个重要的问题。老孟①说了一个发生在她周围的故事：

> 我认识的一个同事，是厂里三产上的。三产效益不好，一个月拿着200块钱。老婆也是我们厂的，得了癌症，光看病就花了不知道多少钱，厂里又说没钱报不了，欠了亲戚朋友一大笔债。

医疗保健水平是评价生活质量的重要指标。在我国社会中，医疗方面的支出是家庭生活费用支出的重要组成部分。以上材料共同反映了一个问题——医疗费用的报销成为"空头支票"。虽然政策规定的医疗费用报销比例很大，但是由于企业效益不好，难以负担这些医疗费用，导致职工的医疗费用难以报销。对于一个普通的工人来说，住院的医疗费用是一笔很大的开支，而让职工用自己多年的积蓄垫付，势必会加重家

---

① 访谈对象：老孟；性别：女；年龄：55 岁；身份：退休前为长风厂电工。访谈时间：2005 年 11 月 30 日；地点：被访者家中。（个案编号 01）

庭负担，造成小病不敢看，大病不敢治的状况。老易①对此表达了自己的看法。

> 老百姓哪有过高的要求，就这么过，厂里怎么说怎么执行，都是这样对待的，个别人有意见也没用，老百姓没钱没权，提意见不管用，找那不痛快干吗呢？我们都是逆来顺受，怎么安排就怎么做了，也没想过争取，反正说了也没有。他说没钱你能怎么办，就把你给堵回来了。大家都报不了，也就这样了，找了也没用。

没有参加省市的基本医疗保障体系，三厂职工看大病就不能受到大病统筹制度的保障，而是由企业的盈利承担；但由于经济效益不好，企业不能及时报销职工的医疗费用，使得职工凭借自身力量难以负担。特别是退休职工由于其生理机能的衰退，抵抗能力的下降，患病的可能性增大，故老年人的医疗保障状况是影响老年人生活水平的重要因素，是老年人最需要解决的问题之一。过渡模式游离于省市的统一医疗保障体系之外，其医疗保障效果与其效益具有紧密联系，即效益好转，过渡模式可以发挥的作用就大；反之，效益不好发挥的作用就越小。换言之，医疗保障制度的改革和过渡模式的建立，在一定程度上剥夺了包括退休职工在内的广大职工本应享受的医疗保障权益，使他们不能获得医疗保险制度的有效保障。

在医疗保障制度改革以前，三厂高福利的一个典型表现就是作为重点军工企业，单位的各种福利可以足额按时发放，原先的"低工资，高福利"制度保证了职工在工资水平低的情况下保持相对较高的生活水平。例如，职工有病直接去职工医院就医，检查费、药品费、住院费、手术费等费用由企业负担，职工直系亲属也可以享受医疗半费的待遇。医疗保障制度改革以后，过渡模式的建立彻底改变了原先的劳保医

---

① 访谈对象：老易；性别：女；年龄：55 岁；身份：退休前为长风厂车间质检员。访谈时间：2005 年 12 月 7 日；地点：被访者家中。（个案编号 10）

疗制度。与过去相比较，这种模式的建立要求职工同样担负起缴纳医疗费用的责任，但是由于企业效益下滑，出现职工医疗费不能报销的问题，职工基本医疗保障并不能得到满足。在过渡模式下，一方面职工的工资和收入没有随着经济发展的水平而增加；另一方面医疗费用飞速增长，职工却要独立负担高额的医疗费用。职工要付出更多的经济资源来满足基本医疗的需求，这就导致职工在医疗费用上的开支增加，这种反差大大加剧了职工特别是退休职工因病致贫的可能性。所以，过渡模式不是一个完善的医疗保障制度，是新旧两种医疗保障制度妥协的产物，一方面改革了"全包型"的劳保医疗制度，使职工担负起部分医疗保障费用；另一方面却因为没有加入省市统一的基本医疗保障制度，致使职工的医疗保障体系不再完整。

第三节　制度体系下的医疗保障

一　兰州市医保制度的规定

随着全省职工医疗保障制度改革工作的持续推进，三厂在陆续改制重组后，加入兰州市基本医疗保障体系之中。《兰州市城镇职工医疗保险实施方案》（以下简称《方案》）第五章"基本医疗保险统筹基金和个人账户的建立与支付"中第十四条是这样规定的：建立基本医疗保险统筹基金和个人账户。职工个人缴纳的2%作为医疗保险费全额计入个人账户。用人单位缴纳的基本医疗保险费按不同年龄段计入个人账户。（1）在职职工以本人上年度月均工资为基数计算，45岁以下（含45岁）的按1%计入；46岁至退休的按1.5%计入。（2）退休人员按上年度本人养老金的4%计入个人账户。本人养老金低于社会平均养老金的，以社会平均养老金计入。

2020年兰州市医疗保障局、兰州市医疗保险服务中心编写的《兰州市基本医疗保险政策指南》对现行政策进行了梳理和汇总，其中

《兰州市城镇职工基本医疗保险参保就医政策规定》所列内容与之前
《方案》中的部分规定一致，例如在基本医保个人账户中，职工个人缴
纳的 2% 基本医疗保险费全额计入个人账户，单位缴纳的基本医疗保险
费按不同年龄段计入个人账户：在职职工以本人上年度月均工资收入为
基数计算，45 岁以下（含 45 岁）的按 1% 计入；46 岁至退休的按
1.5% 计入；退休人员按上年度本人养老金的 4% 计入个人账户。本人
养老金低于社会平均养老金的，以社会平均养老金计入。

　　退休职工参加医疗保险都可享受政策优惠，就医时还可享受统筹基
金。有研究表明，"医疗保险通过降低日常生活能力受损和操作性日常
生活能力受损的途径显著提高相对贫困老年人的健康水平；而医疗保险
对老年人的医疗服务利用的影响主要表现为能显著降低相对贫困老年人
的高血压未确诊率，提高贫困老年人慢性疾病的确诊率也可能是医疗保
险提高贫困老年人健康水平的另一重要途径"[1]。近些年，随着医保制
度不断健全，政府投入逐年增加，保障水平稳步提高，退休职工基本医
疗权益得到了有力保障，看病难、看病贵的问题有所缓解，对于维护社
会稳定、促进经济发展和社会公平起到了重要作用。

二　职工对医保的感知评价

　　虽然我国基本医疗保险为人民群众分担了疾病经济风险，维护了基
本的健康公平，但是基本医疗保险因为受众群体不一样，还是体现出一
定程度的身份差别。比如，城乡居民医疗保险和职工医保在报销比例上
会存在一定的差异；省级医保和市级医保分属于不同的统筹区也会有很
多细微的区别，一般来说，省级医疗保险报销率会高于市级医疗保险报
销率。另外，国家公务员在参加城市职工基本医疗保险制度的基础上还
会有医疗补贴。而不同受众享受医疗福利的差别在某种意义上就变成了
一种差距，由此形成不同群体的不公平感。例如，退休职工的不公平感

① 胡静：《医疗保险对不同收入老年群体健康和医疗服务利用的影响》，《中南民族大学
学报》（人文社会科学版）2015 年第 5 期。

就是建立在与其他群体相比较的基础之上，体现在他们的就医经验中，这成为影响他们理解健康不公平的重要因素。对于这个问题，老方①是这么认识的：

> 现在就是把人分成了不同的等级，不同的人享受的报销比例是不一样的。你比如说公务员按照报销比例，他就比我们工厂的人报得高。居民又比我们工厂的人报得低，农民报得可能就更低，所以国家这个政策还是不太适应。

调研发现，退休职工特别是退休工人，会与行政事业单位的退休人员比较自己的健康权益，这是国企改革后的职业差别和社会地位在退休后的延续，甚至有的三厂职工会对这种因阶层差别而造成的不同待遇表示不满。老王②说道：

> 这个医改，我们企业（职工）是最没得到好处，损失特别大。编制以内的没什么损失，我们家老伴儿就是编制内。她是兰州四十九中的老师，她损失不大，她们现在住院也花点儿钱，但是花得很少。像她住院吧，你比如说花个一万来块钱，你自己掏四五百块钱就够了。为啥呢？她们报销比例本身就比我们高，我们企业是60%多，他们编制内的，像她中小学属于公务员系列的，她们报销比例高，现在好像85%吧。今年4月份，她心跳有点儿快，在省中医院住的，花了七八千块钱，自己只掏了四百块钱。那要我们的话，最起码要掏好几千块钱。像他们这个住院还有补贴。她住院一天要补助一百多块钱，我们就非常羡慕。

---

① 访谈对象：老方；性别：女；年龄：79 岁；身份：退休前为万里厂技术员。访谈时间：2023 年 10 月 31 日；地点：万里厂家属院。（个案编号 47）

② 访谈对象：老王；性别：男；年龄：75 岁；身份：退休前为兰飞厂金相热处理试验工。访谈时间：2023 年 10 月 8 日；地点：被访者家中。（个案编号 31）

每个人都面临多重参照群体，参照群体不同，人们对自己与他人的相对位置和相对得失的感知也不同。"老人们评价自己所处社会地位的高低，并不是根据某些绝对或客观的标准，而是与他们周围的人相比较。周围的人则构成了他们比较的参照群体。如果与周围人比较的结果显示自己所在群体所处位置高于参照群体，他们就会感到满足或是感觉自己融入主流社会中，这种感觉作为一种无形的社会资本促使人们对自己健康状况愈发有信心；如果比较结果显示自己所在群体所处位置低于参照群体，他们就会感到相对被剥夺或是被主流社会所排斥，而这种感觉也作为社会资本对老年人身体健康发挥消极的影响。"① 改革开放之前，三厂经济效益稳定，职工享受相对较高的福利待遇，在整个社会阶级阶层结构中处于较优越的地位，这些使得他们对基本医疗保障的满意度较高；改革开放以后，三厂经济效益下滑，职工收入微薄，大批人员下岗、内退，这些使得他们对基本医疗保障的满意度较低。

退休职工除了以横向群体为参照系形成某种价值评价之外，他们还会以过去对劳保医疗的体验为参照系形成某种价值评价。计划经济时期，三厂职工享受的是看病免费的劳保医疗制度，但当下因为医疗体制改革导致的医疗价格飞涨和医保费用不足的双重现实，需要通过自掏腰包支付大部分治疗费用，由此会以当年的保障和福利带来的安全感为参照系评价如今的职工医疗保险。虽然当下的退休职工并非都认同或肯定计划经济时期的医疗保障措施，但是对于当年免费的劳保医疗基本抱持着认同、肯定的态度，所有被访对象无一例外地表达着对过去生活的怀念。老方②回忆：

① 裴晓梅、王浩伟、罗昊：《社会资本与晚年健康：老年人健康不平等的实证研究》，《广西民族大学学报》（哲学社会科学版）2014年第1期。
② 访谈对象：老方；性别：女；年龄：79岁；身份：退休前为万里厂技术员。访谈时间：2023年10月31日；地点：万里厂家属院。（个案编号47）

国家那时候各种水平不高，这样的情况下，我这个肠梗阻做手术时，一分钱都没有付。那个时候就到厂里面去，开个单子过去就完了，我们花的钱，账就转了，我这一分钱也没承担。现在可不行了，现在这个病生不起啊……以前的时候，就是说去门诊看病都是需要全部自费的，现在有一个政策，说是一年之内可以给你报销多少钱，但是超过这个钱，基本就要全自费了。这是门诊看病的政策。住院不是有一个报销的百分比……我就去打听了一下，报销的比例太低了。

经历和体验过"全包型"社会保障和福利体系的人们，尽管清楚当时的保障和福利水平并不高，但他们却依然对当年由社会保障和福利体系所提供的安定感念念不忘。这种对社会保障和福利的亲身体验，构成了退休职工评价现行医保制度的参考标准。老姚①说道：

那时候医院还是会报销药钱的，因为那会儿我们厂里负责医疗嘛，我们那时候看病是不要钱的。住房也不要钱，就全包了，到后来就不行了，八几年就改了……

并非所有的退休职工在社保方面都具有今不如昔的感觉，但是普通退休职工大多反映医保费不够，病不起。退休职工收入来源较少，收入结构简单，日常生活以及应对风险的能力较弱，特别是健康在未来遭受损害的各种风险较大。老尹②讲道：

---

① 访谈对象：老姚；性别：女；年龄：85 岁；身份：退休前为万里厂技术员。访谈时间：2023 年 11 月 13 日；地点：万里厂家属院。（个案编号 55）

② 访谈对象：老尹；性别：女；年龄：74 岁；身份：退休前为万里厂装配工。访谈时间：2023 年 11 月 23 日；地点：万里厂家属院。（个案编号 61）

我平常没啥病，就是开个降血压的药，他们说报 60% 还是 80%，我也弄不清楚。除非有大病，有住院的病给你报上一些，像我们门诊开药报不了多少……原来买药花的钱比较多，原来吃的降压药也贵，什么降脂药、降压药、心脏药，一个月下来也得两百多块钱。现在少了，现在的药也便宜了，挂个号开点儿药，回来一吃没啥大病就基本上可以。现在日常吃药还是能买得起的，就怕以后有大病就完了……

尽管大部分退休职工会对医改政策产生不满情绪，而这种不满意未必完全针对现行医保政策，毕竟我国基本医保改革发展实现了从曾经的"零"基础到现在的世界最大医疗保障网的质的飞跃；其主要源自今日的医疗待遇与他们过去的贡献不成比例的无奈感、沮丧感，亦夹杂着未来遭遇各种健康风险的担忧感，以及抚今返昔对青春岁月的怀念。但是作为弱势群体，他们既难以在话语体系中发出自己的声音，又无力影响政策的制定。相比其他年龄段，老年群体有更多医疗保健方面的需求，但经济收入相对要少。因此，不断飞涨的医疗费用会给其本人及家庭带来经济和生活上的双重压力。

"对于那些能够获得治疗的人们来说，尽临床手段能提供的一切方式去降低死亡的风险已经变成了公认的实践和公认的伦理。新兴的诊断工具创造了更多被认识到的'需要'，促使医生和病人去干预，为的就是停止或减缓疾病的扩散以及处理死亡的风险。"① 虽然基本医疗保险为退休职工分担了部分医疗费用，但是用尽一切方式降低死亡风险的临床手段势必会造成医疗总费用的快速增长，他们自己支付的住院费用并没有降低，反而在逐年增加。老龄化问题已成为影响我国经济、社会良性发展的重要因素之一，并给社会养老保障、医疗卫生保健两方面的政策制定、实施与推进带来了严峻的挑战。因此，需要通过完善政策、健

---

① ［美］莎伦·考夫曼：《老龄社会的长寿制造：伦理情感与老年医疗支出的关联》，余成普译，《广西民族大学学报》（哲学社会科学版）2021 年第 1 期。

全机制、提升服务，增强医疗保障制度的公平性、协调性，减轻就医负担，进一步提升人民群众的获得感、幸福感、安全感。

三　医疗保障的现实局限

虽然城镇职工医疗保险制度经过多年改革不断完善，基本实现了参保者机会的公平，增强了退休职工抵御疾病风险的能力，但是由于20世纪90年代"一刀切"的内退制度，很多职工在内退时工资基数低，直接影响到正式退休后拿到的养老金，养老金少又影响到每月医保卡4%的注资金额少。对于他们而言，在这个年龄却是最需要看病吃药的时候。由于老年人抵抗力下降，发病率增加，这样就容易陷入恶性循环之中。2014年笔者调研时，三厂退休职工的工资平均为2000元，2023年调研时，平均工资为3500元。这也就意味着对于每个人而言，每月市医保的有限注资金额为80—140元。对于身体健康的人而言，平时没有什么慢性病或是大病，只是偶尔看病吃药够用。老李[①]说道：

> 因为我身体状况还行，所以我的医保够用。那常常住院的人就不行了。有慢性病的人医保够，平时吃药，一住院的话花费大就不够了，有大病还得到省上医院和市上医院去，花费更大。

随着年龄的增长，身体的机能都在慢慢退化，免疫力逐渐降低，各种各样的疾病也随之而来。对于平时身体健康的老年人来说，可以相对减轻疾病带来的经济负担。老康[②]也讲道：

> 现在这个医保卡嘛，报上些自己再掏上些。这个医保，因为我

---

① 访谈对象：老李；性别：女；年龄：75岁；身份：退休前为长风厂铣工。访谈时间：2023年10月9日；地点：长风社区卫生服务站。（个案编号32）

② 访谈对象：老康；性别：男；年龄：64岁；身份：退休前为万里厂铸造工。访谈时间：2023年11月1日；地点：万里厂家属院。（个案编号49）

也没住过院，也没看过病，我觉得还可以，因为我就偶尔去买个感冒药什么的，像那些经常要看病吃药的老年人那根本不够。我就只看牙，我是牙不好。

但是对于身体不健康的人，尤其是患有慢性病的人来说，这样有限的医保费用就显得捉襟见肘。人进入老年后都会出现生理老化，身体各器官功能逐渐衰退，成为患慢性病的主要人群。慢性病形成时间较长且发病过程缓慢，治疗过程中病情通常容易反复。慢性病具有病程持久，预后较差的特点，一旦形成，药物治疗往往只起到缓解病痛和延缓病程的作用。因难以根治，慢性病在很大程度上影响患者的生活质量，且慢性病的医疗费用昂贵，会增加患者家庭的经济负担。在这个问题上，患有糖尿病的老刘①是这么说的：

> 我身体不行，现在视力也不行，眼睛坏了都五年了。过来多少路公交车都看不清楚，按大夫的说法是糖尿病引起的。我每天早上吃饭前都打针，吃完早饭就出来锻炼。企业养老金少，现在我们厂在职的还行，退休的养老金就低。像我糖尿病就得长期用药，对生活还是有影响的。企业效益不好，退休金也就两千多块钱，一个月下来，医保卡也就百八十块钱，像我们得慢性病的根本就不够，我一个月下来打针得好几百块钱，还得吃药，差不多得千把百块钱呢。打针吃药只有那4%，不够就得自己掏钱，岁数大了总有这病那病，那点儿钱哪够，就是省呗。

老刘②退休前是厂里保管员，得了二十多年的类风湿性关节炎，每

---

① 访谈对象：老刘；性别：男；年龄：70岁；身份：退休前为万里厂车工。访谈时间：2014年12月6日；地点：万里厂家属院。（个案编号18）

② 访谈对象：老刘；性别：女；年龄：58岁；身份：退休前为万里厂保管员。访谈时间：2014年12月1日；地点：万里厂家属院。（个案编号14）

月医保卡有限的注资金额在治疗这种慢性病上就显得入不敷出。

　　企业效益好的时候报得很利索，后来单位效益不好了，不好报销，甚至后来连工资都拖欠着，更别说医疗费了。再后来就退休了，就是发的兰州市医保卡，医疗费按每月工资的 4% 划到账上。像我每个月两千多块钱，4% 就是八十多块钱根本不够。我是 82 年查出的类风湿，这种病需要长期服药，定期检查。上班的时候由于企业效益不好，还要供孩子上学，也不敢好好吃药治疗，自己就忍着，厉害的时候买点儿药。我是工人，50 岁退休后，市医保给我们一个月打八十多块钱，医院门诊检查不敢进。不怕你笑话，我有二十多年没有体检过了，单位也没有组织体检，我个人觉得身体过得去也没有体检，买点儿药苟延残喘一下，总觉得人活着不能没有质量。

　　在住院报销的问题上，《兰州市城镇职工医疗保险实施方案》第十六条设立统筹基金支付的起付标准和参保年度最高支付限额这样规定：

1. 一、二、三级医院的起付标准分别为 400 元、550 元、700 元。

2. 在一个参保年度内多次住院，从第二次住院起，起付标准可以依次递减 20%，但递减过程中最低起付标准不得低于前款起付标准的 50%。

3. 统筹基金支付住院费用的年度最高支付限额为 26000 元。

统筹基金采取"分段计算、累加支付"的办法。在起付标准以上，不足 6000 元的个人负担 15%；6000 元以上不足 12000 元部分个人负担 10%；12000 元至 26000 元个人负担 5%。

退休人员起付标准和最高支付限额与在职职工相同，统筹基金自付比例分别为 12%、8%、4%。

4. 统筹基金的使用要严格限制在基本医疗服务范围、项目、设施标准和基本医疗保险药品目录费用开支范围之内，超出部分不予支付，由职工个人自付。

5. 超出最高支付限额的医疗费用，基本医疗保险统筹基金不予支付，可通过医疗保险经办机构建立的大病互助基金、企业补充医疗保险（具体办法另定）和商业医疗保险等办法解决。

2013年，兰州市政府下发了《关于调整城镇职工医疗保险政策标准的通知》（兰政办发〔2013〕194号），自2014年1月1日起，对城镇职工医疗保险相关政策再次进行了调整，调整的主要内容有：一是全市职工基本医疗保险费单位缴费比例由原来的6%调整为8%（个人缴费比例不变）。新调整提高的费用，全部纳入职工基本医疗保险统筹基金管理使用。二是调整提高职工基本医疗保险年度统筹支付限额，由原来的4万元调整为6万元。调整统筹费用分段计算自付比例，起付标准以上至10000元，个人负担12%；10000元以上至20000元，个人负担8%；20000元以上至60000元，个人负担4%，退休人员统筹基金分段自付比例分别为9%、6%、3%。三是大额医疗保险起付标准由4万元调整为6万元，并取消年度最高封顶线。四是调整综合性三级甲等定点医疗机构起付标准，将起付标准由700元调整为1000元，其他三级定点医疗机构起付标准维持2011年调整后的标准，即一级定点医疗机构（含社区卫生服务中心）为200元，二级定点医疗机构为400元，三级定点医疗机构700元不变。

2020年兰州市医疗保障局、兰州市医疗保险服务中心编写的《兰州市基本医疗保险政策指南》中，《兰州市城镇职工基本医疗保险参保就医政策规定》关于起付标准明确注明：一级医院和社区卫生服务机构为200元；二级医院为400元；三级乙等医院为1000元；三级甲等医院为1400元。在一个参保年度内多次住院，从第二次住院起，起付标准按定点医疗机构登记依次递减20%，但最低起付标准不能低于起付标准的50%。统筹基金支付住院费用的年度最高支付限额为6万元。住院发生的符合政策规定范围内的医疗费用，在统筹基金起付标准以上，最高支付限额以下进入统筹之后的金额将进行分段分比例的方式予以报销（见表2-3）。

表2-3　　　　　　　　　　城镇职工住院报销比例　　　　　　　　单位:%

分段	起付线—1万元		1万元—2万元		2万元—6万元	
人员类别	在职	退休	在职	退休	在职	退休
统筹基金支付比例	88	91	92	94	96	97
个人承担比例	12	9	8	6	4	3

　　从这个制度可以看出，一级医院和社区卫生服务机构起付线最低，报销比例最高，相比之下，三级甲等医院的起付线最高，报销比例最低，并且是级别越高，起付线越高，报销比例越低。这说明城镇职工基本医疗保险制度在制度设计上是为了避免小病大治的情况，引导居民尽可能在社区医疗卫生服务站、一级或二级医院就医。换言之，在居民医疗地点选择上，新型城镇职工基本医疗保险制度存在基层医疗机构就诊导向，号召患者大病到大医院，小病到小医院，强调等级匹配，目的是节约医疗资源。既然此制度有意引导社区居民在基层医疗机构就诊，就必须在这一级别提供足够的医疗供给。但是，退休职工对职工医院的医疗水平的评价较低，普遍认为其在医疗设备和医疗技术上的较差。

　　以万里医院为例，医院就在家属区隔壁，是一座二层楼的"U"形建筑，分为住院部和门诊部两个部分。说是医院，其实只能算是缩小了的微型医院，或是放大了的社区诊所。医院宣传设有内、外、妇、儿、中医、针灸、眼耳鼻喉、口腔、检验、放射、超声、心电、公共卫生科等十七个科室，但是来这里看病的大部分患者都是因为感冒咳嗽这样的小病，很少有来做手术的病人。老蒋[1]是这么说的：

　　　我们厂里的医院，大病看不了，小病怕耽误。医术太差劲，有

---

　　[1]　访谈对象：老蒋；性别：男；年龄：75岁；身份：退休前为万里厂钳工。访谈时间：2014年12月7日；地点：万里厂家属院。（个案编号20）

病根本不去，弄不好会把你的小病治成大病，就到好的医院去看一看。你想想要是有能耐的医生能到我们万里来吗？不都去了市里的大医院。再说医生要见得多治得多了，水平才高。像我们医院，除了治个感冒发烧，哪见过几次手术，医术能高到哪里去，弄不好就摆手术台上下不来了。而且医生现在都是年轻的多，也看不了什么病。我一般有病就自己买点儿药，医院的药没什么好的，吃了不好还得再开，不如自己买些好药算了，也不找这个麻烦。

由此可见，在退休职工心目中，职工医院的作用如同社区诊所，除了感冒发烧的常规治疗外，无法提供更多的医疗支持。老田①又呈现了一个案例：

万里医院就是不行，没人在那个地方看病，小病可以，大病从来不在这看，它的医疗设施在那摆着呢，你看就那破破的两层楼，没几个医生，哪有什么专家。我们厂里原来听过不少这样的事，本来是小病，结果治着、治着给人家耽误了。像我们有病根本不去的，再说医院的药还比外面贵，小病自己买药，大病都去市里医院了。说是能做小手术，可是临床经验少，能做什么呀。前几年我老公一个车间的小伙子，也就是小手术，好像就是阑尾手术吧，想着住在万里医院离家近，家里送饭也方便，就从这里把手术做了，结果好长时间都一直好不利索，术后没好彻底，折腾坏了，自己也后悔。

退休职工对三厂医院不信任，病情较轻就选择在三厂医院治疗，病情严重就选择到省市级医院治疗的现象，这也显示了三厂医院在退休职

---

① 访谈对象：老田；性别：女；年龄：65 岁；身份：退休前为万里厂钳工。访谈时间：2014 年 12 月 20 日；地点：万里医院。（个案编号 28）

工疾病风险应对策略中的尴尬定位。老赵①也谈到自己对万里医院的看法：

　　在这住的人都往大医院跑，不来职工医院。一个专科学校临床医学的学生毕业以后，谁愿意到你这职工医院来。就说职工医院，本身水平差，再一个基础也差，好的学生不来职工医院，都想留在社会上的医院，一看没办法，学习成绩差的、没后门的就来了职工医院，或者就到三县六区的医院。反而去三县六区医院的人闯出来了，因为接触的病人多，得到提高。来到职工医院的人，有的一辈子都没做过手术，反正工资也不少，就混，也是一辈子。有的人也做过小手术，那是没办法，遇上了不上不行。

　　从以上案例看出，在兰州市卫生事业发展中，存在资源分配不均，优质医疗资源过分向大医院集中的问题。此外，三厂医院卫生服务资源缺乏、服务弱且难以满足职工基本卫生服务需要。去市里大医院就诊，不仅来回路程、排队等候的时间长，而且各种检查费用、药费也高，这无形中增加了职工的负担。对于万里医院近年来的发展，张院长②说道：

　　2007年，在我们移交政府之前，就有10个医生考上研究生离开医院了，也有调走的。就像我们妇产科，有调到政法（校医院）的，有调到交大（校医院）的，因为校医院的效益要好一些。医院算是坚持下来，等移交到政府以后，好像人员真的稳定了很多。你说有没有大的发展？我觉得是没有，为啥？因为连个像样的楼都

---

① 访谈对象：老赵；性别：男；年龄：62岁；身份：退休前为万里厂锻工。访谈时间：2014年12月6日；地点：万里厂家属院。（个案编号17）
② 访谈对象：张院长；性别：女；年龄：54岁；身份：万里医院院长。访谈时间：2023年11月23日；地点：万里医院党员活动室。（个案编号63）

没有。人一来一看，说你们那么破烂，还没乡镇卫生院好，人家就不待。你说这些年学科有没有大的发展，我也认为没有大的发展，只不过我们把特色走出来了一点儿。

退休职工在患大病时，选择的医疗机构往往是市级及以上的医疗机构，而城镇职工医疗保险制度在市级以上医院治疗的报销比例却最低，市级以上医院高质量的医疗服务也同样带来高负担的医疗费。在这种情况下，退休职工的疾病经济风险相应增加。虽然兰州市政府接二连三地对起付标准与报销比例进行调整，但是对于低收入的退休职工而言，加入市医保虽然住院费用大部分可以报销，但是随着年龄的增长，他们的患病率、就诊率呈增长趋势，但是企业养老金少，医疗费用又增长过快，就诊开销还是一笔不小的负担。老张①是这么说的：

> 我的工资是 2540，按工资的 4%，下来就打个一百零几块钱。我拿上医保卡就是买个感冒药、消炎药，现在医保卡上还有 1000 多块钱呢。如果是住院，医保卡上的钱就全部整完了，还不算押金呢。市医保规定不管大病小病就住十几天，不管好了没好就得出院，回家觉得不好再去又有门槛费，门槛费又不报销。医院押金完了马上就停药。我们一块儿的一个，老婆子得了治不好的病，当时押的 3000 元三天就没有了。第三天男的有事出去了，医院说没钱了就把药停了，病房的都说你把药吊上，人家男的回来就交钱了。等男的回来，说才三天怎么就没钱了，就去查，刚开始时还不给查，说是没纸了打印不了，就在大厅骂开了，后来医院书记来了，就说把主治医生叫来，打了个单子。男的看了问主治医生，有个药，下来是九百多块钱，男的就问医生说给我们输了没有，我感觉没有，怎么单子上有，后来发现就是没有输。就这么一下，黑掉了

---

① 访谈对象：老张；性别：男；年龄：59 岁；身份：退休前为万里厂电解工。访谈时间：2014 年 12 月 4 日；地点：兰州交通大学第八教学楼管理室。（个案编号 15）

九百多块钱。

住院门槛费就是住院报销的起付线。"门槛费"是不准确的说法，实际上应称其为"统筹基金起付标准"或称"起付线"。所谓"起付线"并非医保中心或医院向住院患者收取的额外费用，而是相关政策具体规定中的保障底线，参保人员报销医疗费用须达到该线的标准才能报销。具言之，医保中心只按规定对介于"起付线"与"封顶线"之间的费用予以报销，而低于"起付线"的这部分费用则由患者自己承担。老蔡①说到这个问题上，看法和老张差不多，也在抱怨门槛费高。

医院的门槛费是最讨厌的，一级医院 400 元，二级医院 500 元，三级医院 700 元，自己必须掏的，哪怕你住上三天，这个是必须掏的。普通的病吃药花不了几个钱，但是一住院，门槛费太高划不来。一次住院不管能不能治好，到了规定的期限最多让你住十天就得出院，等第二次住院时又得掏门槛费，这样一来二去算下来还是挺贵的。

虽然三厂加入了兰州市职工医疗保障体系，一定程度上增强了职工抵御疾病风险的能力。但是因为职工医疗保险的个人账户金额是以职工缴费工资额计算的，对于三厂的退休职工而言，工资收入低造成个人医疗保险基金少，而这有限的医保基金无法承担高额的医疗费用。"尽管医疗保险可以补偿部分医疗费用，但医疗保险对护理周期、住院周期与住院次数进行限制，超出部分只能依靠老年人个人与家庭自我负担，对于经济条件较差的老年人来说负担较重。"② 尤其这个群体随着年龄的

---

① 访谈对象：老蔡；性别：男；年龄：65 岁；身份：退休前为万里厂后勤公司经理。访谈时间：2014 年 12 月 4 日；地点：兰州交通大学第八教学楼管理室。（个案编号 16）

② 耿爱生：《养老模式的变革取向："医养结合"及其实现》，《贵州社会科学》2015 年第 9 期。

增长，免疫系统功能退化，造成抵抗疾病的能力下降，正是需要看病吃药的时候。而现有的职工医疗保险制度却因为自身的不完善，无法根本解决低收入群体"看病难、看病贵"的问题，他们的医疗经济负担仍然很重。

第三章　老年期疾病的认知与应对

人体随着年龄的增长呈现老化趋势，进而影响个体的健康水平，这是不可否认的事实。虽然衰老不是疾病，但会引起疾病的发生。退休职工对于疾病的最初认知来源于对身体的直接感知，他们普遍认为各种疾病的发生除了与生理、心理因素相关外，还与个人不健康的生活行为方式有关。为了应对疾病带来的威胁，他们在收入有限的前提下采取一系列降低医疗费用的方式来增强自身抵御疾病的能力，尤其是运用地方性知识与现代医学知识有机结合的治疗手段，并将其巧妙地应用到日常实践中。通过构筑起坚实的多元医疗体系，以期降低疾病风险，提高健康水平。

第一节　疾病认知体系

一　生理因素

"疾病是作为物质客体或生理状态居于体内的，且不管医生和病人个人头脑的主观状态如何，医学知识总是由对患病身体的客观表达所构成的。"[1] 对于医生来说，身体是一种物质客体或生理状态，疾病可以理解为物质客体在一定的条件下，受病因损害作用后，因自稳调节系统

---

[1]　[美] 拜伦·古德：《医学、理性与经验：一个人类学的视角》，吕文江、余晓燕、余成普译，北京大学出版社 2010 年版，第 171 页。

97

紊乱而发生的异常生理状态。但是对于患者来说，身体不仅是一种物质客体或生理状态，而且是自我的根本组成部分，其对躯体化经验的直接描述形塑了患者的医学世界。在退休职工看来，随着年龄的增长，人体机能逐渐退化，功能性和器质性疾病的发病率会大大增加。对于这个问题，老吕①是这么理解的：

> 任何东西都有一个衰老期，都有期限，不是长久永存的，比如这个地球，地球也是有期限的，总有一天地球也会毁灭的，对吧？不会长存的。人为什么会有病？人活这么长时间，肯定是有疾病的，各个器官都衰竭了，这很正常，对吧？所以人要想得通这件事。疾病就如同这树一样，任何东西都有一个生命期限，任何东西都有一个使用期限。

人进入老年后都会出现生理老化，身体各器官功能逐渐衰退，成为患慢性病的主要人群，严重威胁老年人健康。虽然各种慢性病患病率逐年增长，常见慢性病排序亦在发生变化，但心血管疾病患病率始终高居首位，成为威胁老年人健康的主要慢性病。"60 岁以上的老人最大心输出量仅为每分钟 17—20 升，机能储备的减少直接影响老年人的应急功能，因此遇到额外负荷时常出现不良后果。"② 老纪③认为随着年龄的增长，心脏和心血管功能会出现变化，自己的冠心病就与生理老化相关。

> 我不是做这支架了吗，住院了嘛，住了好几次医院。所以说要承认自己有病，要服老。我为什么得的啊，就是不服老得的。原来不是身体好到处跑嘛。那时候有一次我身上痒痒，到中医院看病去

① 访谈对象：老吕；性别：女；年龄：80 岁；身份：退休前为万里厂零件制造工。访谈时间：2023 年 11 月 1 日；地点：万里厂家属院。（个案编号 48）
② 侯淑云：《老年人的生理特点与老年健康保健》，《社区医学杂志》2005 年第 7 期。
③ 访谈对象：老纪；性别：男；年龄：90 岁；身份：退休前为万里厂基建工。访谈时间：2023 年 11 月 6 日；地点：万里厂家属院。（个案编号 52）

了，我到中医院，坐公交车倒好几次车，去那么远，到那又排队又挂号，又拿药又看病，回来又没打车，自己再坐公交车跑回来的，到家了还得站着做饭。一上午啊，累的！毕竟人老了嘛，你得服老啊。你不服老，不行是吧？累了，结果心脏病犯了，冠心病嘛。

"年龄是慢性病的最主要影响因素之一，即年龄结构与其发病率和死亡率密切相关，年龄的增长与多种慢性病患病率呈现显著正相关。"① 同时，伴随年龄增长，老年人的器官功能渐渐衰弱，导致自理能力下降，产生共病的情况。共病即多种慢性病共存，是老年慢性病患者的常见特征，这些疾病间存在相似的危险因素且具有相关性。老方②是一位老年共病患者，他认为自己的几种慢性病都是由于生理性衰老造成的。

年纪大了嘛，身体肯定就差了呗，各种各样的毛病也就出来了，对不对？人老了就毛病多，除了腰椎间盘突出，我还有高血压，血糖也偏高。你比如说我的腰椎间盘突出，就是自己太用劲了，没有根据自己的情况，年纪大了你还使力往下弯，反而就不好，这是我自己的经验，我感觉是这样引起的。至于高血压、高血糖，我认为都是自己的那个代谢不行了，年纪大了，代谢能力差了造成的。

"从生理变化上来说，进入老年期，身体的内部和外部特征出现了明显的衰老变化。老年人的脑神经系统呈现退行性变化。大脑及小脑的神经细胞减少，脑的重量相对青、中年时期减少 20% 左右，流向全身各部位的血流量（和氧气）减少，循环系统、呼吸系统和消化系统的

---

① 解晔、胡晓抒、钱晓勤：《慢性非传染性疾病流行病学研究进展》，《实用医学杂志》2009 年第 10 期。
② 访谈对象：老方；性别：男；年龄：83 岁；身份：退休前为长风厂零件设计工程师。访谈时间：2023 年 10 月 21 日；地点：长风厂家属院。（个案编号 45）

工作效率降低，因神经系统速度的减慢会导致老年人的反应变慢。脑的衰老可直接影响到老年人的感觉、运动及思维等功能，结果必然出现人脑的反应机能降低和心理衰退现象。"① 虽然衰老不是疾病，但会导致疾病的发生。老年人通常会根据个体经验，表现出对待身体状况的不同态度。总体分两类，第一类是不服老，虽然自身意识到已不再年轻，但仍然有年轻的心态，对身体疾病采取顺其自然的态度。第二类是对健康状况过分焦虑，由于过分担忧自身状况，害怕染病而出现不良情绪。这种情绪反过来会加重对疾病的恐惧，甚至导致躯体化的出现。这两种情况都容易走向极端，不利于老年人的身心健康。调研发现，大多数退休职工都直言自身患病的主要原因是源于生理老化与机能衰退，故会以一种"在战略上藐视它，在战术上重视它"的积极态度面对疾病。老纪②讲述了自己的心得体会。

> 对病的态度，要在战略上藐视它，在战术上要重视它。我自个就给自己定了个目标，应该当前怎么做是吧？你没目标，人像这样马上就完了，那就等死了。人不是说嘛，到什么时候，说什么话，到我这把年纪了，我只能做像现在这样的，我一个人出来进去的都得拿着这玩意儿。速效救心丸是中成药，反正就是救命的药。我如果犯了病，别人急救的时候给我掏出来。谁知道自己哪会儿就那啥了，我们厂这样的情况多了，有时候老人出去转，转着转着就不行了。如果遇到这样的情况，速效救心丸拿出来含上一点儿，这是自我保护。这个药就一直带着，到时候失效了再换，不失效就带着呗。

生老病死是自然规律，衰老是人体生命发展到最后阶段的必然趋

---

① 杨兴海：《当代老年人的心理行为问题及其应对措施》，《中国高等医学教育》2005年第5期。

② 访谈对象：老纪；性别：男；年龄：90岁；身份：退休前为万里厂基建工。访谈时间：2023年11月6日；地点：万里厂家属院。（个案编号52）

势，任何人和药都无法逆转人由壮变老而后已的自然过程。老年期机体内部各种组织发生退行性变化且修复能力减弱，导致脏器、组织、器官功能下降，而疾病的发病率就会呈逐年上升趋势。身处老年期的很多退休职工都会感受到这种伴随年龄增长而产生的身体不同程度的变化，特别是在肢体功能、感觉体验和思维认知等方面出现的明显退化，并将此视为是一种正常的生命现象。而患者对疾病的认知是决定患者行为的关键因素，积极的疾病认知可以调动患者参与的积极性和主动性，从而有利于对健康观念的掌握。既然衰老是不可抗拒的自然因素，很多退休职工便会以一种积极向上的生活态度正视衰老，将其视为延缓衰老的关键，实事求是地据此调整自己的生活方式和心态。

二　心理因素

心理因素对人体既有导致疾病的作用，又有医治和预防疾病的作用，情绪活动可以通过改变神经内分泌和免疫系统功能，进而增加或降低个体感染或罹患其他疾病的风险，因此，心理因素作为一种中介会影响个人的身体健康。现代医学认为，积极情绪可能通过影响交感神经系统（SNS）和下丘脑—垂体—肾上腺轴（hypothalamic-pituitary-adrenalaxis，HPA 轴）作用于个体的心血管系统和免疫系统，缓冲疾病压力的消极影响①，是预防疾病的重要因素；中国传统医学也非常重视人的情志因素与健康的密切关系，提倡静心养心，重视精神修养和情绪平衡。在退休职工看来，疾病与情绪密切相关，良好的心态是保持健康的重要秘诀。对于这个问题，老忻②是这样理解的：

　　人为什么会生病，一个是身体本身的原因，一个就是心态不好

---

① 武剑倩、曹卫红、赵偏偏、钞秋玲：《老年人积极心理与疾病恢复的关系研究》，《西安交通大学学报》（社会科学版）2023 年第 1 期。
② 访谈对象：老忻；性别：男；年龄：87 岁；身份：退休前为万里厂厂长助理。访谈时间：2023 年 10 月 30 日；地点：万里厂家属院。（个案编号 46）

嘛。人的心态要好，心态不好什么都不好。想什么事情都要能够自己调控，心态不好的人一天到晚生气，生不完的气，想不完的问题，那都是不好。心态不好就心事多，心事多就影响内脏。用土话讲，你要善待内脏，五脏六腑嘛，你要善待它。你高兴它也高兴，你不高兴它也不高兴，不高兴就惩罚你，就有病吧，那是自然现象。所以每个心态好的人为什么年轻？因为他本身身体是健康的嘛，他就显得年轻。

情绪是个体适应生活环境中重要事件和挑战的重要心理反应，积极的情绪状态可以增强免疫系统的功能，由于情绪可通过肾上腺素、5-羟色胺等神经递质对免疫系统起作用，而良好的情绪能增强这种支配作用，抵御疾病带来的损伤，有利于个体恢复健康；而消极的情绪不仅会直接作用于人的精神活动而导致出现心理疾病，还可以通过神经、体液、内分泌、免疫等一系列中介机制，影响人体的组织器官的生理功能，甚至引起组织器官的器质性病理改变。人的心理一旦调适各种情绪和压力之后，就有助于减少多种疾病的发生，延缓健康水平的下降。老王①以自己的亲身经历阐释了心态与疾病的关系，并认为积极的心理健康可以促进疾病的恢复。

心态跟疾病还是有些关系。有些人他心比较大，有些人本身就是心眼小，或者想不开。他越是压抑越心情沉重，这心情促使他必然加重病情，促使他尽快死亡。我17岁时有一次咳出血了，我们同学说不太好，到结核病防治所检查以后说我有结核。那时候你有肺结核以后，同学都躲着你，害怕被传染。我觉得身体不好，将来分配是一个麻烦事情，就先自己改善伙食，想着吃好了身体就好。那时候带肉的菜是2毛钱，我中午一个下午一个。后来有人说是你

① 访谈对象：老王；性别：男；年龄：75岁；身份：退休前为兰飞厂金相热处理试验工。访谈时间：2023年10月8日；地点：被访者家中。（个案编号31）

要吃点儿水果，反正我身上还有点儿钱呢，那时候苹果便宜，两三毛钱1斤。有人说一天吃一个苹果，要吃一百天，我就一天一个苹果吃了一百天。那三年该吃该喝该干啥干啥，我是1966年4月份查出来的肺结核，到1969年10月份就好了。

我年轻的时候得结核，吐血我都吐过三次，第一次1968年，第二次1969年，第三次1970年，嗓子咕噜咕噜地冒血出来，要是一般人的话，那就急啦，想着我到底是啥问题啊，是气管上的问题？肺上的问题？啥地方的问题？我没管几十年了，活到现在，我父母亲活到七十岁走了，我现在已经超过他们，赚回来了，无所谓。健康方面的话，心态好了就好。我们一块儿的有一个，那人就是爱玩，玩了一辈子。我们来厂的时候，他才三十多岁，打麻将、打扑克牌啥都有他。我们上班的时候，像我们单位工作室里房子比较多，有时门一锁不让别人进来，他就和几个同事上班时打扑克牌、下棋、打麻将。那个人现在都九十来岁了，还活着呢。人家爱玩，心态好。

大脑皮层高级神经活动中，情绪具有极为重要的主导作用，如内脏生理病理受人心理活动的直接影响。非良性的情绪会使体内相应的激素分泌发生变化，导致人的免疫力降低并影响健康。虽然退休职工未必可以从现代医学的角度阐释身心之间的关系，但是"心里有病，人迟早会有病"的简单表述却从一个侧面反映出老年大众对此的朴素认知。老赵[1]说道：

我觉得病是从心上得来的，人都是父母亲生的，都吃的五谷杂粮，父母亲身体都很好，为什么有的人后来就有病了呢，人心里不干净。你比如说我看别人穿得好，我嫉妒，嫉妒得我晚上都睡不着

---

[1] 访谈对象：老赵；性别：男；年龄：62岁；身份：退休前为万里厂锻工。访谈时间：2014年12月6日；地点：万里厂家属院。（个案编号17）

觉，看别人怎么能挣那么多钱我就挣不到，一宿一宿地睡不着觉，心里就产生恶念。心里有病，人迟早会有病。

带慢性病生存成为许多退休职工的常态，慢性病对于老年人的影响除了躯体上的症状，还有心理上的影响。较大程度上，慢性病会影响老年人的社会功能，降低他们的生活质量。因此，带病生存期中保持心理健康特别重要。乐观的心理状态不仅对慢性病的控制具有积极作用，而且对减轻疾病带来的破坏和负担，提高老年人的生活质量具有非常重要的促进作用。对于这个问题，老吕①是这么理解的：

我有高血压，降压药吃着呢，我还有心脏病，这些药都得吃。我们要与疾病为友，不要与疾病为敌，自己的心态要好，因为这个病就跟猴皮筋一样，你若强，它就弱，你若弱，它就强，自己就要战胜疾病，要有这种能力战胜疾病。不要像有些老人一得病，就被那个疾病就吓倒了。就好比说，好多人不检查身体还是挺好，一检查身体发现什么癌症啊，没几天就死掉了，为啥？人的这个思想状况很重要。像我们现在生病，我不怕死，为什么？因为我很幸福。人生有时，死有时，我已经80岁了，活一天就乐一天，今天让我活着，我今天就把自己的生活管理好，衣食住行能够管理好，别给儿女们找麻烦，这就是我最大的幸福。我们现在老年人要啥，啥也不需要，有衣有食便当知足。

疾病认知不仅影响身体健康，而且和精神健康状态有关。不良的疾病认知会降低健康的自我感知，而积极的疾病认知有利于减少疾病所致的不良情绪反应，一定程度上减轻焦虑和消极错误心理，帮助患者树立信心和形成乐观的生活态度，并积极寻求有效的治疗方案，从而提高患

① 访谈对象：老吕；性别：女；年龄：80岁；身份：退休前为万里厂零件制造工。访谈时间：2023年11月1日；地点：万里厂家属院。（个案编号48）

者自我管理水平，提高生活质量。个人情绪与老年人的病情发展有多层联系，认知对于情绪的重要影响使情绪成为治疗和康复中关键的一环。很多退休职工正是因为意识到疾病与心理密切相关——包括情绪在内的心理活动会影响躯体功能与健康状况，才会在日常生活中做到带病既关注病情又坦然应对，无病既不敏感多疑也不麻痹大意，以知足常乐的心态维护健康，降低疾病风险。

三 社会因素

生活行为方式是个人或群体在长期的社会化进程中，受个体特征和社会经济环境的影响而形成的一系列生活习惯和行为模式，是在一定的社会经济条件和自然人文环境等多种因素之间的相互作用下形成的。尽管遗传和生物因素部分地决定了一个人是否罹患疾病特别是慢性病，但是社会因素的作用同样不可低估。不少退休职工认为，疾病除了与生理、心理因素相关外，还与生活行为方式有关。随着经济的发展，人们的生活水平逐渐提高，不良的生活行为方式逐渐增多，与不健康行为相关的疾病发病率随之增加。老王[1]认为自己的疾病就是长期不良的饮食习惯导致的，她讲道：

> 直肠上的这个病也是后来才发现的，它早就不舒服，那时候也不把这当回事儿，有时候疼了吃两片去疼片，也就没事儿了。这也是老了之后才发现的，到严重的时候老便血，一天天的老是这样，最后就去体检了嘛，人家就说你这个要做手术。我是 78 岁的时候做的手术吧。做这个手术对自己的生活基本没什么影响，从刚开始可以到现在来说当然是好多了。但是也不敢乱吃，反正也得小心，还不能吃多了，多餐可以，但不要一下吃多了。反正是属于刺激性的东西都不能吃，尤其是辣的。因为年轻时候吃辣的吃得太厉害

---

① 访谈对象：老王；性别：女；年龄：81 岁；身份：退休前为万里厂档案室文员。访谈时间：2023 年 11 月 13 日；地点：万里厂家属院。（个案编号 56）

了，这可能都是我年轻的时候吃辣子造成的。我年轻吃辣可厉害了，特爱吃虎皮辣子啥的，我一次吃那么多，每顿饭都不能没有辣子，可能就因为这得的这个病。现在是一点儿都不吃了，一点点都不敢吃了。

影响老年退休职工健康的因素很多，但相较于其他因素，慢性病的影响较大。原因在于慢性病是长期积累而成，且非良性症状往往会集中于老年阶段。例如糖尿病、高血压、高血脂、心脑血管疾病等慢性病均高发于老年群体。慢性病的发生与包括吸烟、饮酒、不良饮食习惯、缺乏体育锻炼等个体非良性生活方式呈高度相关。此外，还与许多生理、心理因素相关。作为医生，老王[①]从专业的角度详细谈论了慢性病的致病因素，特别聊到不良饮食习惯与高血压、糖尿病的关系。

老年人的这个高血压和糖尿病，主要原因是啥？主要是因为咱们从过去比较苦、吃不饱的这么一个情况到现在猛然吃饱了。把过去的饮食习惯，把我们历代的从猴子变成人的这个基因，现在改变了。你想一想，我们从猴子变成人什么时候吃饱过？没有吃饱过吧。你说困难时期，过去就没有糖尿病的概念。现在糖尿病就多起来了，就是富贵病嘛。其实人是不能吃饱的，人一吃饱，他的抵抗力肯定差。人要是不吃饱，他抵抗力就能出来。因为啥？人类有这个肠促细胞，它只有在人饥饿的时候才会发挥作用。再说咱们中国人主要吃的是粮食，你像那个欧洲人主要是吃肉，而且肉的比例比我们多得多。他们的肉是主食，粮食是辅食。咱们是粮食是主食，肉是辅食。咱们中国人的基因应该是吃粮为主，而且是不能吃饱的。你吃饱以后就等于是把我们的生活习惯改变了，那就不行了。中国人你就要按照我们老祖先那样子，喝豆浆比你喝牛奶

---

① 访谈对象：老王；性别：男；年龄：77岁；身份：退休前为万里医院院长。访谈时间：2023年11月23日；地点：万里社区卫生服务站。（个案编号62）

要好一些。

老年人的健康问题，多数原因在于人体机能老化、免疫系统能力降低。为了延缓人体机能下降，保持免疫系统良性运作，就需要保持健康的生活方式。运动锻炼作为一种增进身心健康的大众化方式，因其简单易行、切实有效、经济实惠的特点，最为老年人所喜爱，很多退休职工在聊天时都说到了锻炼可以预防疾病的话题。老赵[1]说道：

> 你有钱，钱再多，身体不好还是不行，关键问题在这，你要锻炼身体。老年人不能身体不行了再锻炼身体，应该从年轻就开始，有些人不注重这些事。从年轻的时候打好底子，有个好素质，到老了才不至于老生病，什么高血压、糖尿病一身毛病。年轻时候锻炼和没锻炼的是两种概念，锻炼的时候挺起胸膛，时间长了气质都不一样，气色脸色也会不一样。那你锻炼什么呢，锻炼外表是活血，经络活开以后，锻炼的是内在。经络就是你的血脉，血脉一通不至于这疼那疼，血脉经常活动，它不就开了嘛。你经常在家躺着，一起来，哎哟，怎么这么难受，说明你血脉没开。

个人在健康领域的生活方式差异在某种程度上影响着罹患疾病并导致失能的可能。人们所做出的一系列选择构成了个人的健康行为的特定类型。健康方面的生活方式主要包括个人对吸烟饮酒、饮食、个人卫生、身体锻炼的选择。虽然每个人的生活行为类型的形成是个人的选择，但是拥有可供选择行为类型机会的多寡则是由一个人的认知体系所决定。"人们的医疗实践不仅是基于功能疗效的工具性选择，也是基于疾病认知的文化性选择，即患者由身体、病因与健康观念构成的疾病认

---

[1] 访谈对象：老赵；性别：男；年龄：62 岁；身份：退休前为万里厂锻工。访谈时间：2014 年 12 月 6 日；地点：万里厂家属院。（个案编号 17）

知体系对于他们的医疗实践具有重要的导向作用。"① 退休职工正是认识到经济、有效、科学的运动锻炼，是改善身体健康水平，调整心理健康状态，抑制医疗费用过度支出的有效方法，由此成为他们在"未富先老"的老龄化背景下提高自身生存质量的途径之一。

第二节 疾患应对策略

一 有病尽量药店买药

随着医药卫生事业不断推进，医疗保障体系逐步完善，"通过对罹患疾病的社会成员进行医疗费用补偿，有利于刺激社会成员对疾病治疗的需求"②，这意味着医疗保障由个人保障或家庭保障模式转变成社会保障模式后，有利于降低"有病不医"和"小病拖成大病，大病拖成重病"的概率，但日益增长的医疗费用仍是导致老百姓"看病贵、看病难"的主要因素。

"老年人进入老年期后，伴随着生理、社会经济地位的变化以及社会角色的转变，健康状况日益恶化，患病率和发病率明显增加，已成为当前我国最大的'健康脆弱'群体。"③ 老年人对于医疗资源的需求越来越强烈，在现实生活中要满足这种需求就需要大量的经济支持作为后盾，而能否获得这种经济支持以满足自己的医疗需求，成为影响老年人身体健康水平的重要因素。但是退休职工的养老金有限，医院的医疗费用又居高不下，表现为医疗支出费用远远高于这一群体养老金的增长幅度。在这样的困顿下，他们运用自己的智慧积极调整，采取一系列降低

---

① 刘凡、周大鸣：《疾病认知与应对的调适路径探析——甘南那吾镇妇女的多元医疗实践》，《西北民族研究》2020 年第 2 期。
② 仇雨临、张鹏飞：《从"全民医保"到"公平医保"：中国城乡居民医保制度整合的现状评估与路径分析》，《河北大学学报》（哲学社会科学版）2019 年第 2 期。
③ 薛新东、葛凯啸：《社会经济地位对我国老年人健康状况的影响：基于中国老年健康影响因素调查的实证分析》，《人口与发展》2017 年第 2 期。

医疗费用的应对方式来增强自身抵御疾病的能力。

因为医保卡的注资金额少，退休职工遇到感冒发烧等常见疾病时，出于经济因素考虑，大部分人不愿意去医院看病，而是自行先去药店买药自救。他们一般去家附近的药店买药，还要药比三家，为了买到更优惠的药品，常常不惜多走几站路。老田①是这么说的：

> 一般小感冒什么的我都是自己买药，从药店买，肯定要比医院便宜，医院还要收管理费呢。就是去药店，我还得周围几个比较一下，看看哪个药店便宜就去哪里买，谁让我们穷呢。同样的药，有时候万新路口的惠仁堂能便宜几毛钱，我都愿意跑去买便宜的。别看就是几毛钱，可能条件好的人不在乎，我们不行，日子就是这么省出来的。

实施基本药物制度是为了降低医院的药品价格，并实现与医疗保障制度的改革的双剑合璧，以此减轻个体的医疗负担。但现实情况是，退休职工宁可"多跑几个药店到处买"，也不去医院享受医疗保险报销。之所以他们依然坚持选择到药店买药，是因为他们认为"医院买药更贵"。在实施药品零差率改革后，老百姓依然感受到医院里的药即使扣除报销之后的自付部分还是比药店贵，这似乎形成了一个悖论。老陈②讲了自己的日常做法：

> 我平时身体还可以，要是小感冒什么的，就熬姜汤，咳嗽就熬冬果梨汤。小病嘛，扛一扛也就过去了。要是不行，就去药店买点儿最便宜的药，银翘片、甘草片什么的，又便宜又管用。现在的药

---

① 访谈对象：老田；性别：女；年龄：65 岁；身份：退休前为万里小学语文老师。访谈时间：2014 年 12 月 20 日；地点：万里医院。（个案编号 28）

② 访谈对象：老陈；性别：女；年龄：58 岁；身份：退休前为万里厂化验员。访谈时间：2014 年 12 月 8 日；地点：万里厂家属院。（个案编号 23）

也太坑人，你看那么大的盒子就装着几粒药，那是卖盒子还是卖药，十几块钱几十块钱的一盒药吃不了三天就没有了，就是包装弄得好。一个感冒不去医院就自己买药也得花上至少几十块钱，要是去一次医院就得几百块钱。尽量不要去住院，医院也是给你输液，输点消炎药什么的，把你的钱洗干净。

因为保障的不足和药品定价的不合理，退休职工用自己的行为选择来对这种改革的局限进行策略性的"抗争"。老朱①也谈到了自己遇到小病时的应对方式，她说：

现在身体还凑合，可以说小毛病不断，大毛病没有，感冒啊，有时候哪不舒服了，都是小毛病，大部分不吃药，个别情况下吃药，感冒的话出出汗就好了。基本上不去医院，缺什么药了去外面药房一买，吃一两次药就好了。要是去医院，医保卡一刷就完了，辛辛苦苦攒了一年的钱可能去一次医院就全折腾完了。所以，一般的感冒发烧什么的，就自己门口药店买点儿药，也就花个几十块钱就行了。

去药店买药不仅在流程上简单，所花费时间更少，患者只需要与药店医师直接沟通就可以得到与其疾病相适应的药品；而且与去医院看病相比，到药店自行购买药物所需要的费用更低。对于退休职工而言，去药店直接购买，既可以节省挂号费与诊疗费，又可以在相同种类的药物中自由选择价格更低的药品。他们一方面会根据自己以往的治疗经验，选择适合的药品；另一方面还会在周围朋友的非专业建议下选购药品，对他人推荐的药品先进行尝试，再通过亲身体验，最后留下最有效或性价比最高的药品。

———————————

① 访谈对象：老朱；性别：女；年龄：61 岁；身份：退休前为万里小学音乐老师。访谈时间：2014 年 12 月 11 日；地点：万里厂家属院。（个案编号 25）

老年病实际上是一种源于身体衰弱产生的退行性病变，目前尚无治愈方法，所包含的许多慢性病只能通过长期服药控制病程，导致无形中老年人医疗经济负担的增加。而且，老年慢性病患者往往伴随多种慢性病存在，共病情况普遍。共病患者与单一病种患者相比，生活质量更低，且会增加医疗资源使用，给老年人及家庭带来更大的经济负担。患有高血压和糖尿病的老李①对于自己选购药品的经历是这么说的：

> 我得高血压那会儿还不到 60 岁，好像就得了。我们老乡介绍了那个药，他是一天吃 4 颗，早上吃 2 颗，晚上吃 2 颗，他一直都像这样吃。我说在老家的时候，我吃一种降压药，和糖尿病的药一起吃，两种药（一个月）一百多块钱。那个药吃了没用，有时候好像人昏沉沉的，觉得累，就想是不是药吃少了的问题，我也搞不清楚。后来我老乡给我介绍了这种药，但是会贵一点。这个药有点儿贵，六十多块钱一瓶才 60 颗，1 块钱 1 颗，真贵。但是我吃了这个药后就觉得好像人的精神都好一点儿了。我的病控制住了，一直都可以。贵是贵，我就把这个药吃上，只要没得其他病就行了。你去吃些其他乱七八糟的药，有的吃起来反而把血压弄高了。

随着网络应用的普及，退休职工不仅可以到药店购买药物，还可以直接在网上购买药品，比起去门店购买药品所需的费用，网络上的药品通过货比三家更方便也更便宜。尤其是对于中药材类的非处方药，中间商差价的减少可以降低退休职工的购买成本，对于退休职工来说是一种更经济的选择。自从老李②学会了网购药品，网络就成为她求医问药的一种渠道。

---

① 访谈对象：老李；性别：女；年龄：80 岁；身份：退休前为长风厂装配工。访谈时间：2023 年 10 月 20 日；地点：长风社区卫生服务站。（个案编号 43）

② 访谈对象：老李；性别：女；年龄：82 岁；身份：退休前为长风厂装配工。访谈时间：2023 年 10 月 10 日；地点：长风公园。（个案编号 34）

　　我这肺上有个瘤子，虽说有这瘤子，我从来没把它当回事儿，我心里想着反正就是这样的，你再想着咋样，那不可能的，随它吧，反正吃着药，这是个安慰是不是。这我就一天吃着药，该干啥还干啥，该出来活动还活动。我以前不上网，手机光是接个电话、打个电话，那一次我无意中学会了上网。我就想起原来西宁那大夫说的要想效果好就买点儿麝香。我想着麝香这么贵，网上也不知道有没有卖的呀？后来我找呀找，发现网上还真有啊，有青海的，有东北的，有秦岭的，好多地方都有，上边还有图片。网上一克有的 200 块钱，有的一克 300 块钱，最好的是 500 块钱。我看图片觉得那 300 块钱的就和我在西宁店里看的 500 块钱的一样。后来我说我在这上面买买试试，看看行不行，我们老头子说我一天就是瞎糊弄，那是不是骗人的。我说谁知道啊，管他是不是骗人的，也就是骗你一次是不是。买回来倒出来一看，比我在店里看的质量还好。

　　医院需要考虑收入、成本等问题，因此检查费用的上涨和保障水平有限之间的矛盾并没有从根本上降低弱势老年人的疾病负担，很多退休职工不愿去医院看病，而是把对医疗服务的需求转移到实体或线上药店，以此节省医疗费用。相对于其他年龄群体，老年群体中普遍存在高慢病率、高失能率和高死亡率的现象。退休职工的健康会随着年龄的增长而不断弱化，当面对医疗费用居高不下的现实，不少退休职工表示"医院把你的钱洗干净""医保卡一刷就完了"，医疗保障不足直接导致他们惧怕看病，不去医院成为许多退休职工的无奈选择。

二　吃药不好再去医院

　　"医疗保障作为一种十分重要的民生制度安排，其制度设计的初衷是对疾病诊疗费用的补偿，重点是设立住院治疗费用的分担机制，其前端功效，即健康促进功效未能在政策与实践中得到充分的体现与发挥。"① 一方面退休职工的养老金没有随着经济发展的水平而同步增加；另一方面医疗费用飞速增长，职工要支付更多的金钱来满足基本医疗的需求，这就导致了职工在医疗费用上的开支的增加。如果吃药不起作用，他们才会考虑去医院就诊。老余②说了自己的看病经历。

> 我是 97 年内退的，内退时拿个 500 来块钱，那一年我 48 岁。一直到现在看着退休金涨了好几次了，可是我们因为退休时基数低，所以现在就拿着 1900 多块钱的工资。这在我们厂还不是最低的，算中等的，还有的拿着 1600 呢。连卖菜的都说你们万里的人真穷，再便宜的菜拉到你们这里都还要讲价。你看万里社区门口的菜市场，老头老太太都是买堆堆菜的，什么便宜买什么，这个季节就是买白菜、萝卜，你看十几块钱一斤的韭黄我哪敢买。谁不知道这个季节韭黄炒肉好吃，可是吃不起呀。我也知道一百多块钱的花生油好，可是哪吃得起，平时就是超市搞活动了去买 50 块钱的油，50 块钱的能和 100 块钱的油比吗。
>
> 生活就这样了，再别说看病了。我最近去万里医院输液，刚开始我让医生开的青霉素，吊了三天不起作用，又换成头孢，三天的头孢就将近 500 块钱。三天还不一定好，再加上之前的青霉素，可不是得一千来块钱了。我每年也就这个季节生一次病，可这一次病就能把攒了一年的医保上的钱花光。就这还是在小医院，要是去大医院不是得更贵嘛，现在真是看不起病。

如果说预防保健是老年人健康的第一道防线，小病的门诊治疗则是老年人健康的第二道防线。在患者的就医过程中，由于服务信息的不对

---

① 陈起风：《基本医疗保障促进老年人口健康：医疗与保健的双路径分析》，《社会保障研究》2020 年第 5 期。
② 访谈对象：老余；性别：女；年龄：55 岁；身份：退休前为万里厂电工。访谈时间：2014 年 12 月 21 日；地点：万里医院。（个案编号 29）

称，看病、诊疗、检查等决定权大部分掌握在诊疗医生的手上。出于经济利益和医疗安全考虑，医生通常会较多地选择价格较高的检查及药品，或是为了防范风险，采用"全方位、多点出击"的检查和给药策略，这就可能成为医疗费用上涨的重要原因。老魏①是这样说的：

> 退休了病多，社会压力也大，像我们上有老下有小的，牵扯到买房子啊，儿子大学毕业的工作问题啊等等，生活开销也大，能省一些是一些。有病了好多药自己都知道，去医院还不如自己买一些，除了大病没办法。去医院了，一年医保能给你多少钱，根本不够，没有多少钱，吃上两三天药五百多块，半年医保卡上的钱就没有了，再有个啥，大夫让你打个点滴，一打点滴一年的钱就完了，没钱看病，没办法。前几年我老公车间的一个小年轻，得了什么大病，想自杀几次都被家里人拦住了，最后一次在医院输液时自杀了。要是换成我，也不治了，不拖累家里人，早早死了算了。

从以上故事看到，不是退休职工不愿意去医院看病，而是医保卡上有限的注资金额让大家感到囊中羞涩，也许去一次医院就会花去辛辛苦苦积攒一年的医保卡个人账户中的积蓄，所以小病拖，大病扛，万不得已才去医院。对于这个问题，老刘②讲道：

> 平时大病没有，小病总有。像今天眼睛不舒服，但能扛得过去，找个好点儿的大夫吃药，人的求生欲望还是强。感冒、头痛、发烧吃药，胃火大了，降个胃火，心脏不舒服，吃点儿药。有时去药店买，医院很少去。我感觉医院去了冷冰冰的，而且现在医院不是凭

---

① 访谈对象：老魏；性别：女；年龄：56岁；身份：退休前为万里厂装配工。访谈时间：2014年12月8日；地点：万里厂家属院。（个案编号22）

② 访谈对象：老刘；性别：女；年龄：58岁；身份：退休前为万里厂保管员。访谈时间：2014年12月1日；地点：万里厂家属院。（个案编号14）

着医生的技术，而是凭着机器的检查，机器检查费用又高。我记得改革开放以前，那时候的大夫，通过口述的症状就可以判断什么病，不需要机器检查。而现在，去个医院先做一堆检查，我觉得条件不好的病人可以先开个药，条件好的可以进一步机器检查。不住院，什么CT、核磁共振等等都得自己掏钱，好贵的。

老头老太太感冒发烧本来就是百十来块钱的事，就拿现在来说，他可能给你花到几千块钱。有些药呢，医生不给你用便宜的，给你用贵的药。比如说头孢，基本上用了一次以后，可能在半年到一年之内你再用什么药都没用。再加上吊瓶，国外是非常慎重的，因为是人工合成的东西，进到动脉血管里面遍及全身，当时你可能发烧降温了，咳嗽不咳了，但是长久留下的遗患是一辈子的。

由于目前公立医院所得到的财政补助远不能满足医院正常经营需要，医疗服务收费仍是医院运转的主要资金来源，这就不可避免地导致医院产生逐利行为，再加上医生处于主动地位，对检查和用药拥有主导权，其出于经济利益和医疗安全考虑采取的过度医疗，会导致医疗费用上涨，还有不列入基本医疗保险范围的其他需要个人承担的项目费用，这进一步加重了退休职工的医疗经济负担。老李[1]讲述了曾经的住院经历。

2015年，我在陆军总院住了四天半，光是抽血化验了四天，天天是护士过去抽抽血，就像指头那么粗的玻璃管抽着六管子血。再就是叫你吸氧喷雾，一天再没有其他事儿了。早上护士查了房，一天给你吊个瓶子，就这么个小瓶子，也不知道是100毫升，还是200毫升，吊完了也就没事了。大夫说我年龄大了，不适合做手术。我说那咋办呢，不能做手术，要不然你给我开点儿吃的药，他说没有

① 访谈对象：老李；性别：女；年龄：82岁；身份：退休前为长风厂装配工。访谈时间：2023年10月10日；地点：长风公园。（个案编号34）

115

治肿瘤的药。我说没有治肿瘤的药，那我住着有啥意思，天天住着就有医疗费，一天下来就是一千多块钱，那要不我出院。

大夫说那你出院回家了，你不还是这样吗。我说出院回家，起码在家里待着，每天少花这一千多块钱。大夫说我太现实了，我说我就是现实，因为我们挣钱不容易啊。他说你要不再停几天，做一个增强 CT。我说啥是增强 CT，他说就是像拍片子一样，你站着就给你一照就行了，啥病都看出来了。我说那得多少钱，报销不，他说不报是自费的。我说既然自费，那一照能看出来是啥病吗？是恶性或良性都能看出来吗？他说那能看出来。我说要是恶性呢，他说我年龄大了不能做手术，我说要是良性呢，他说良性你就维持着吧。我说要是那样，我还是出院吧。

虽然参加职工医疗保险可以报销一定的费用，但医院的各项费用逐年上升，手术理疗更是费用高昂，很多退休职工因为经济上的压力不敢轻易去医院。医学的进步，使得先进的医疗设备、领先的医学影像技术以及效果明显的研发药物应用到了医学领域，为传统医学疾病的诊治提供了新的解决方案，提高了医疗服务质量。但是，在看病贵的社会现实下，高昂的药费已然超过低收入退休职工的承受能力，再加上一系列标准化的检测手段与医疗技术的应用，势必会增加就诊费用，加重患者的就医负担。

三　学习知识辅助治疗

当老年人身体出现问题，不仅自己要承受病痛的折磨，还会给个人及家庭增加严重的负担，尤其是经济上的负担，还有心理压力。老年人只有保持身体健康，才能提高生活质量。而为了健康长寿，减轻医疗负担，不少退休职工会积极寻找行之有效的方法，自学掌握健康知识和技能就是其中一种。他们通过学习健康知识，不仅有助于身体状况的改善，还可以预防疾病的发生。老蒋①聊天时说得最多的就是自己如何从书中学习健康知识。

> 我自己还买了医学书，一天没事就翻翻书，前一段时间我还又买了两百多块钱的中医书，求人不如求己，懂一些医学知识对自己的身体状况有所了解，了解了知道自己该吃什么药直接买药，懂点儿医学知识就会好一点儿，少花冤枉钱。现在的医生不负责任，不行，能把人治坏，去医院花费又多还贵。

掌握健康知识作为非药物治疗的重要内容，能有效提高患者对疾病的认识，帮助他们更好地管理已经存在的疾病，比如糖尿病、高血压或心血管疾病。通过了解疾病的症状、治疗方法和药物管理，他们可以更好地控制疾病的发展，减少并发症的风险。对于这个问题，老方②是这么认为的：

> 就是看书，除了看《黄帝内经》这些，还要有针对性地看。比如说血糖高，血压高，血脂高，这是三高嘛，三高应该怎么样，就有书上说要怎么样注意。血压高就得吃药，不吃药可能就不行。血脂高，那就少吃油腻的东西，减少脂肪摄入量，对不对？这个血糖高啊，就尽量少吃碳水化合物这方面的东西，碳水指数高的尽量不要吃嘛。比如说我老伴儿血糖不高，她就不需要在这方面担心，就是注意点儿就行了。其实这些东西啊，书上都有说。

退休职工通过学习掌握一定的医学保健知识，并利用自己掌握到的

---

① 访谈对象：老蒋；性别：男；年龄：75 岁；身份：退休前为万里厂钳工。访谈时间：2014 年 12 月 7 日；地点：万里厂家属院。（个案编号 20）

② 访谈对象：老方；性别：男；年龄：83 岁；身份：退休前为长风厂零件设计工程师。访谈时间：2023 年 10 月 21 日；地点：长风厂家属院。（个案编号 45）

知识，在尽量不看医生、不住院的情况下，进行自我预防、自我诊断、自我治疗，由此减少医疗成本。老李[①]讲述了通过网上学习"做自己的医生"的经历。

> 我看了网上有"跟我学中医"，人家有人教。就是啥都不懂的人，跟着医生上课，跟着他学。我看病人给他反馈去的信息，都有效果。我这人啥都想学，老头子说你以前没有学过，现在你能学个啥。我说就看看上边跟我相似的病人，他都是咋治的，吃的啥药，有没有效果。我就天天看呀看呀，有年轻的病人，也有年老的病人，人家真有给治好的。学习一段时间后，我开始在网上买中药材，一开始不知道咋用，我就看网上别人的病历，那病是啥症状，用的啥药，那我就看看症状跟我一样不。医生用的啥药，我也用啥药，他用多少剂量，我也用多少剂量。网上药材便宜得很，一斤才十几块钱，我要在他那买药，这一个月就是1800元到2000元，太贵了，买不起。刚开始从网上买点儿草药，但买回来没有秤，我就麻烦卖水果、卖菜的师傅，用他们的电子秤给我称一下。秤两三次了，我说这不合适呀，人家是做生意的，我这天天找人家去，用人家的秤，人家烦不烦呢。人家当面不说啥，可能心里不痛快。
>
> 后来我一看，网上还有卖电子秤的，那我就买一个吧。老头子说你都不会用，我说不会用我可以问问别人，总有人会用。药材钱都花了，不差这几十块钱，我就买了。我就自己秤，按别人的病历对照自己的情况，一次记一点儿，然后弄一张纸写下来。后来我就用电子秤称药，熬药，吃了一段时间感觉效果还可以。这十来年我就一直自己抓药吃。一开始一次熬一副，后来我就想一服药也是那么长时间，熬两副也是那个时间，索性一次熬两副。我本来害怕那样的话剂量就小了，但有一次我看那医生讲的，他说的一句话我记

[①] 访谈对象：老李；性别：女；年龄：82岁；身份：退休前为长风厂装配工。访谈时间：2023年10月10日；地点：长风公园。（个案编号34）

得很清楚，他说蚊子腿也是肉，这药你要是熬了一次扔了，这不是效果还没有出来完，不是可惜了吗？这都是掏钱买的。你不如熬成两次，也可以熬三次。我就一次熬上两副药，熬上两次混成一份儿，我可以多加一碗水，就等于三服药了，这样是不是我就可以喝三天，还省钱。我就这样一直研究十来年了，从2015年到现在。

老年人学习健康知识对于治疗疾病和预防疾病非常重要，可以帮助他们更好地管理健康，提高生活质量。老郭[1]习惯每天早上和厂里的老姐妹们一起做保健操，还喜欢带着收音机，一边锻炼身体，一边学习广播讲座中的健康知识，并将掌握的健康知识用于缓解自己的慢性病。

我平时爱听广播上的健康讲座。前段时间有个讲座，讲得很好，和我的病很对症，我就照着上面说的做。有时候讲座完了还会介绍适合的药，我记得有一次讲完说是有个药效果好，原价是一个疗程五盒980元，现在是490块钱，我就图便宜，490元买了五盒。我不是腿不好嘛，广播上说这个药可以治骨头，我就买来试一试。反正我喜欢看这些资料，老头子说我买这些别给儿子们说，要不孩子们说是骗子，反正我觉得报纸广播上说的应该是真的。我的腰椎间盘突出，讲座上说要多做保健操，针对腰椎间盘突出要做燕子飞，我就每天早上起床前做做，少生病就可以多省钱。

老年人随着生理机能的衰退和抗病能力的下降，其健康状况随年龄增长而逐步恶化。有研究表明，"住院率和人均住院费用随年龄增长而呈加速度增长，这两个指标在60岁以上年龄组要远远高于其他

---

[1]　访谈对象：老郭；性别：女；年龄：70岁；身份：退休前为万里厂工会干事。访谈时间：2014年12月13日；地点：万里厂家属院。（个案编号26）

年龄组"①。这就决定了包括退休职工在内的老年人已成为医疗服务需求的主体。老年人患慢性病较为普遍，这意味着健康投入会不断增加，而对于过高的医疗保健费用，个人的经济承受能力又极其有限。虽然我国医保工作的稳步推行显著改善了居民的健康水平、延长了平均寿命，但是退休职工的收入有限，20 世纪 80 年代企业效益下滑，90 年代执行内退政策，导致这一群体在退休前没有多余的积蓄，退休后仅有的养老金也只够日常开销，一旦生病就会加重这一低收入群体的负担。而学习掌握必要的健康知识，树立健康观念，既可以帮助他们更好地管理已经存在的疾病，又可以了解如何保持健康的生活方式，特别是预防疾病的发生，如心血管疾病、骨质疏松症和某些癌症，还可以帮助他们更好地理解医学信息和医生建议，并做出更明智的健康决策。

第三节　多元医疗格局

一　西医治疗

在西医学看来，疾病就是人体生理机能与器官出现的异常状态，治疗的重点是运用可获取的最佳技术来诊断和应对病人的病况，要么通过手术来修复或替换损毁的部分，要么运用化学药物摧毁病毒、细菌等病因，而现代医疗体系正是建立在西医学的基础上来解释和治疗疾病的。近现代医学研究认为，随着年龄的增加，机体组织器官机能衰退，导致一系列病理生理退行性改变，是老年病发生的主要因素。"常见的老年病有：动脉硬化、高血压、冠心病、高脂血症、脑卒中后遗症、前列腺增生、老年痴呆和肿瘤等。"② 对于步入老年的退休职工亦是如此，

① 李亚青、申曙光：《退休人员不缴费政策与医保基金支付风险：来自广东省的证据》，《人口与经济》2011 年第 3 期。
② 黄河浪、徐艳、闫骥、周璇：《中国老年病的流行特点及防控对策》，《中国老年学杂志》2015 年第 1 期。

功能性和器质性疾病的发病率大大增加，这决定了他们求医的频繁性。老纪①讲道：

> 以前一般都不会到医院去，看不起病，去年改革了，医疗负担比以前减轻了。你看我上一次住院，在那个安宁三甲医院，就是省妇幼保健院安宁分院，虽然它的名字叫妇幼保健医院，但实际上医院各科很全，内科、外科、心脑血管科等都挺全的。我去那看病，做了个心脏支架手术。做支架花了两万多块钱，自己掏了8000块钱，一多半儿都给报了。我是做支架，是心脏病，这属于慢病。高血压、糖尿病、癌症，还有心脏装支架的，有规定什么病可以是慢病。慢病需要长期服药，一般不办慢病的话，你自己掏不起的。办了慢病以后呢，虽然长期服药还是挺贵的，但个人能勉强承受。

西医学的诊断更多是借助先进的医疗仪器设备和实验室做出对疾病准确的诊断与治疗，其医疗设施的先进，使得在治疗紧急疾病或者运用医疗器械完成对人体内病变、畸形、创伤的灭活、切除、修复或重建等外科手术治疗方面具有明显优势，这也成为退休职工求医行为的重要考量指标。老纪继续说：

> 去年7月份的时候做了心脏支架手术。我这冠心病都好多年了，有二十多年了，但是没影响我生活。去年到中医院去看病，一上午累得冠心病犯了。我就先住在我们厂的医院，万里医院说的是你这个病不行，你心脏可能是堵了，要到刘家堡的那个中心医院去做个造影。我又去医院了，住院以后做了造影，造影一做，人家说的，老人家你啊，这个心脏堵了80%了，他不是说每个血管都堵了80%，其中有个冠状动脉堵了80%了，他说你再

---

① 访谈对象：老纪；性别：男；年龄：90岁；身份：退休前为万里厂基建工。访谈时间：2023年11月6日；地点：万里厂家属院。（个案编号52）

不做手术的话弄不好就心肌梗死。他说要做支架，我就做了支架。

西医治疗通常能够快速缓解症状并治愈疾病，对急性疾病和严重疾病的治疗效果明显，特别是在药物研发和治疗技术方面拥有先进的科研水平和技术设备，能够提供更加有效的药物和治疗方法。例如，白内障最常见的人群是老年人，而目前临床常用的治疗方法就是手术治疗，且术后能够得到明显的治疗效果。老马①就因为白内障做了手术。

手术还是要去医院，还有时间长了身子需要调养也可以住院。我这几年身体不舒服就是腰疼腿疼，去看内脏好像都正常的，没啥问题。我住院主要就是腰疼、腿疼的病，但最近也就是今年四五月份做了个白内障手术。我是在陆军总院做的手术，两个眼睛都做了，做了两次，效果挺好的。之前总是感到眼前雾蒙蒙的，做了以后基本上就恢复到以前的样子了。

随着医学科技的不断发展，"微创"理念已深入外科治疗的各个领域，成为现代医学领域的重要组成部分。它可以利用微创的方式进行治疗，伤口比较小，解剖比较精准，故在手术的过程中能够减少伤口出血，从而减少副作用的发生，术后伤口愈合比较快。老忻②因为腰椎间盘突出，行动受限，通过微创手术治疗取得了较好的效果。据他讲述：

我做微创手术就是为了治自己的腰椎间盘突出，原来腰椎压迫神经，就这个左侧大腿里头，行动受限。走路走得时间长了，就走

① 访谈对象：老马；性别：男；年龄：85 岁；身份：退休前为长风中学（第六十五中学）物理老师。访谈时间：2023 年 10 月 10 日；地点：长风公园。（个案编号 35）
② 访谈对象：老忻；性别：男；年龄：87 岁；身份：退休前为万里厂厂长助理。访谈时间：2023 年 10 月 30 日；地点：万里厂家属院。（个案编号 46）

不了了，得坐下来，所以 2022 年做了三次手术，在家里躺了四个月，后来慢慢锻炼，锻炼能走一些路了，还可以。现在基本上算正常了吧，但腰还是疼，但疼得没有那么厉害，行动也不受限了，可以走路，走到费家营超市都可以。

尽管西医学在操作层面存在文化差异，但它建立了大量可靠的诊断方法和治疗手段，被视为唯一严格的科学医学而遍及世界各地。医疗设备作为西医学现代化程度的重要标志，是医疗、科研、教研、教学工作最基本要素，也是不断提高医学科学技术水平的基本条件。临床学科的发展在很大程度上取决于仪器的发展，甚至对于疾病的治疗发挥着关键性的作用。许多老年病属于慢性病，起病隐匿，发展缓慢，无明显症状和体征，而现代医学借助先进的仪器设备对许多疾病能够明确诊断。老王①说道：

> 2007 年那时候我感冒了，感冒好不了，我们兰飞医院那个拍 X 光的机子没有长风医院的好，我就到长风拍了个片子。长风给我拍了片子以后呢，说我有占位性病变啊。我当时还对这个名词比较生疏，但是知道肯定不是好事儿。我拿着片子到市里胸科医院找专家，给我做了个加强 CT，说是肺上没有大问题，肝上是肝囊肿。我儿子不放心，又找了肿瘤医院的一个主任看了看，这个大夫一看，说我肺上是有炎症，肝上的话是肝囊肿，给我开了一星期的药。

西医的 X 光透视、CT、核磁共振等先进科学的检查手段是传统医学无法企及的，而先进的医疗设备对疾病的诊疗与治疗起着非常重要的辅助性作用。除此之外，输液也是西医学的常用治疗手段，可以将药物

---

① 访谈对象：老王；性别：男；年龄：75 岁；身份：退休前为兰飞厂金相热处理试验工。访谈时间：2023 年 10 月 8 日；地点：被访者家中。（个案编号 31）

通过静脉输液的方式输入体内，直接进入血液循环，易将药物达致疗效浓度，起到治疗疾病的作用。老王①继续讲述：

> 2006年12月底，我早上起来肚子疼得不行，腰都直不起来，我怀疑阑尾有问题。到厂里医院，大夫一检查以后，建议我到市二院做个彩超，当时我们厂里医院还没彩超。市二院有一个姓白的主任，他把那个B超单看了以后说，是前列腺的问题，年纪大了反正是都有点儿问题，根据你的情况是有点儿炎症，也不用住院。问我是哪的，我说是兰飞的。他说回兰飞找你们主管大夫，先消消炎，输输液去，完了以后再说。回到我们这儿，输了几天液体以后没事了，我就再没管。

在我国，现代医学无疑已成为主流医学。它建立在科学研究和临床试验的基础上，通过先进的医学设备和技术，进行更加精准的诊断，提供更加可靠的治疗方法和药物选择，可以快速缓解症状并治愈疾病，特别是针对感染源明确的感染性疾病、机制明确的急性疾病、一些外科疾病等治疗效果明显。对退休职工来说，步入老年常常患有各种不同程度的疾病，由于对健康的强烈渴望，他们在寻求治病方法时往往具有很强的能动性。现代生物医学在诊断方面具有很大优势，特别是近几十年来医学科技发展迅速，如B超、CT、核磁共振等的出现将使诊断变得更加准确和简单。此外，生物医学在急救、手术、抗感染治疗等方面优势突出。对于退休职工而言，他们更关注的是如何使自己恢复健康，而西医学先进的医疗设施是传统医学无法企及的，因此成为他们求医选择时的一个重要考虑因素。

---

① 访谈对象：老王；性别：男；年龄：75岁；身份：退休前为兰飞厂金相热处理试验工。访谈时间：2023年10月8日；地点：被访者家中。（个案编号31）"

二 中医治疗

老年病大多与机体老化有关，往往多病共存，起病缓慢，病程时间较长，一旦发病，易出现多器官受累，老年患者的这些临床特点无疑给老年病的诊断和治疗带来了很大困难。而作为中国传统医学的中医学，强调平衡身体的阴阳，对机体进行整体调理，扶正祛邪，标本兼治，其中医辨证论治尽显其整体观念之优势。对于这个问题，老蒋①是这么理解的：

> 西医治标不治本，抗生素什么的对身体不好，像急性病看西医可以，开个刀什么的，西医可以，但是慢性病看西医效果不理想，得看中医。我十多年都没吃过西药，吃的都是中药。大家都知道，木头是可以种蘑菇的，只要它是木头。在一个环境下，它就会长蘑菇，如果这个环境不变，你摘掉这个蘑菇，这个蘑菇肯定还会再长出来，只有木头不再是木头的时候，蘑菇就没有了。另外还有一种办法，改变这个蘑菇能够生长的环境，你如果把一个长了蘑菇的木头放到沙漠里，你看它还长吗？用中药的药性，可以改变人的内环境，把你能够长蘑菇的环境调整过来，那个蘑菇不就不长了嘛。所以尽量吃中药，我也练气功，气功是自己给自己治病，我练了好几年，就是练太极站桩，后来自己站桩把颈椎病治好了。

中医擅长疑难杂症、慢性病、功能失调性疾病的治疗。例如，"腰椎间盘突出症是指腰椎间盘发生退行性改变以后，在外力作用下，纤维环部分或全部破裂，单独或者连同髓核、软骨终板向外突出，刺激或压迫窦椎神经和神经根引起的以腰腿痛为主要症状的一种病变"②。目前

---

① 访谈对象：老蒋；性别：男；年龄：75岁；身份：退休前为万里厂钳工。访谈时间：2014年12月7日；地点：万里厂家属院。（个案编号20）

② 陈孝平、汪建平主编：《外科学》（第8版），人民卫生出版社2013年版，第753页。

医学上对腰椎间盘突出症的治疗方式主要分为手术治疗与非手术治疗两种。非手术治疗手段除了常规的口服药物治疗外，还包括生物医学的物理仪器治疗，中医的针灸、推拿等。老方①患有腰椎间盘突出，通过针灸治疗后，腰椎间盘突出症的症状得到了有效缓解。

> 腰椎间盘突出压迫神经，腿疼。第一次发作是去省中医治的，那一次是叫我吃中药，还用的烤电、热敷这些，中医就是这一套嘛。第二次发作是在我们厂里医院看的，第三次是到兰飞社区卫生服务站去了。发作的时候很疼，就得马上去扎针。一般扎一次就是扎半个小时，停针半个小时，然后他给我拔掉。当时扎完那个地方有酸麻胀的感觉。

> 我扎了一个疗程，差不多七天，疼痛的地方好一些，你比如说，能走路了，但是我这个胯，这个小腿，还是疼，再扎了一个疗程，它就好多了。我这个小腿它现在还是疼，但是可以忍受，就隐隐作痛。走路也不影响，刚开始的时候没扎够，都不能走路，疼得很厉害，走路的步子就好像扯着一样。我这个左腿不能支撑时间太长，我就跳着走，我躺在床上的时候都疼。那时候躺在床上，疼得不行，疼到全身了。扎了两个疗程，现在我就可以来回动了。虽然做手术有可能会好，但是风险很大。老年人的风险就比一般人高，年纪大了最好就不要做了，因为你的各种功能都差了。我发现的时候都七十多岁了，我就保守治疗了。

按摩推拿是民间主要的医疗和养生保健方法，深受老年人欢迎，可以更好地缓解他们本身所具有的一些长期性疼痛。按摩推拿作为中医学的特色疗法之一，具有悠久的历史与卓越的临床疗效。说起按摩推拿，

---

① 访谈对象：老方；性别：男；年龄：83 岁；身份：退休前为长风厂零件设计工程师。访谈时间：2023 年 10 月 21 日；地点：长风厂家属院。（个案编号 45）

老李①颇有心得。

　　穴位按摩很重要，那就等于你的药库，身体上的要处。我自己按嘛，身上的穴位多得很，全身穴位是 720 个，主要穴位就有几十个吧。我这个穴位按摩的方法，一个是从书上，一个是从网络上学的。你看网络上有的说得正确，有的说得不正确。因为我也看了书，我知道哪些是对的，我选择对的就可以。这个穴位顺序就是没有顺序。主要穴位有人头顶上的百会穴，你头痛啊，你晚上睡不着觉这些，你在百会穴这里按一按。还有一个在脊椎骨后头，就是这个大骨头下的一个穴位，脖子下面的大椎穴。这个大椎穴也是主要穴位，大椎穴按摩了以后，就不感冒不咳嗽，增加人的免疫力。再就是脊椎下面连着底下或者屁股的地方，尾椎旁边有个会阳穴，就是一指头旁边的会阳穴。这两个穴位，你经常按摩以后，增强你的体质。不生病，不感冒，不咳嗽，这就是最好的，这比吃药还管用。我感冒了，一按摩就好了，不吃药。

　　中医学采用中草药治疗，草药多为天然植物提取，对身体的副作用相对较小，能够减少药物治疗的不良反应。老百姓可以就地取材，在医生的指导下合理选用，更适合慢性病的长期治疗。老张②讲述：

　　一个半月之前我不是这样子的，肿得很厉害，后来去省中医院挂裴新华大夫的门诊，他是周四周五坐诊，我 5 点半就得起床，到那里 6 点就能排到前面，一直等到 7 点半才开始挂号。有一种药要分 14 个小包，有一种药要分 28 个小包，我还得去布料市场扯些

---

　　① 访谈对象：老李；性别：男；年龄：80 岁；身份：退休前为长风厂研究员。访谈时间：2023 年 10 月 13 日；地点：长风公园。（个案编号 37）
　　② 访谈对象：老张；性别：女；年龄：50 岁；身份：退休前为万里厂化验员。访谈时间：2014 年 12 月 8 日；地点：万里厂家属院。（个案编号 21）

布，回来缝上几十个药袋子，太复杂了。再后来就是有人介绍李大夫，我就过来了，我刚来的时候整个脖子、身上都是浮肿的，上楼都上不动，大夫号脉也号不着。治了四十二天好多了，我就介绍我三个姐姐来这里。你想人最不想害的就是自己的家人，如果效果不好，我能介绍我的姐姐来吗？中医很神奇，解决的是阴阳。比如阴虚，把阳气补足，病自然没了，这抓住了问题的根本。像西医只消炎，不考虑副作用，头疼吃个去疼片，结果过两天胃疼了，其实就是因为你吃了去疼片。吃中药效果好，又没有副作用，身体不会不舒服。

如果从单一的药价以及药量来看，药的价格并不高，但是深入治疗之后就需要更换各种药物，如不断更换更高阶的抗生素，其价格往往呈现指数级上升；再加上一系列标准化的检测手段，致使治疗的费用额外增加。相比之下，中药治疗可以基本保持在一个常规的药量，通常价格的变化并不大，患者只需要在控制的同时偶尔进行复查，就能够长期稳定疾病。退休职工收入有限，中医学相对较低的诊疗费用与中药费用明显具有价格上的优势，这使得他们会将药费作为一个不可忽视的考虑因素。老陈①说道：

> 一些中医的药用起来还能根治点，西药根本没那个效果，只给我镇压。西药是有强制性的，强制操作给我镇压就这样。像打点滴，效果来得快嘛，就不考虑内部能不能接受，到那血管去，就给人清除病了。人本身老了，要考虑接受能力，五脏六腑都差了，效果接受不上。中药价钱不贵，还可以适当地根治。

现代医学研究的不断深入，已达到分子、基因水平，尽管目前仍居

① 访谈对象：老陈；性别：男；年龄：77岁；身份：退休前为长风厂电路外线工。访谈时间：2023年10月11日；地点：长风社区卫生服务站。（个案编号36）

于治疗老年病的主导地位，但其局限性不可否认。相比而言，许多退休职工患有不同程度的慢性病或疑难杂症，慢性病病程长、多脏器受到损害，中医药具有"简便验廉"的特点，注重整体调理，辨证施治，在老年人保健、康复等健康维护方面有着良好的群众基础和自身优势。同时，慢性病为老年常见病，多数需要终身服药，无法治愈。大多数退休职工因年龄因素导致衰弱，对药物吸收较差。相比现代生物医学治疗方式，中医药大多采用动物、植物、矿物等天然药材，副作用相对较小。另外，许多退休职工往往多病共存，需接受多种药物治疗，而中医可以根据多种疾病在同一患者的症状表现统一辨证施治，综合调理，能有效起到既病防变的效果，且治疗成本相对低廉。故作为一种比较常见的治疗方式，受到广大退休职工的青睐。

三 民俗治疗

作为老年人，退休职工多患有慢性非传染性疾病，疗程长，预后差，且费用大。当高额的医疗费用给这一低收入群体造成不小的经济负担时，他们还会利用偏方、土方等各类民间医学抵御风险和治疗疾病。民间医学是"非现代西方的、土著的、当地人自行发展出来的或具有鲜明地域特征和民族特征的一套固定而完整的医疗观念和行为"[1]。老刘[2]年轻时得了类风湿，因为工资低，而慢性病住院花费又大，又恰逢厂子最困难的时候，承受不起高额的住院费用，便开始在民间找寻方法进行调理。

> 我是八几年查出的类风湿，到 2006 年时就不行了，肿到大腿上，身体到了极限，觉得自己得住院去，不住院怎么办。但是家境不好，儿子又在上学，又觉得住院负担不起，这时候朋友就介绍了

① 席焕久主编：《医学人类学》，人民卫生出版社 2004 年版，第 42 页。
② 访谈对象：老刘；性别：女；年龄：58 岁；身份：退休前为万里厂保管员。访谈时间：2014 年 12 月 1 日；地点：万里厂家属院。（个案编号 14）

桃树坪的一个气功老师。他是收费治疗的，2007 年的收费标准是十天六百多块钱。我那会儿工资四百多块钱，可是我想住院比这还了不得，花费更多，就去练了两个疗程，老师就是一边指导你练，一边给你调理。我亲眼见过老师把一个股骨头坏死的治好了。通过这个李老师治了三天以后，他把双拐扔了，我亲眼见的，怎么就怎么，不是胡说，当时去的时候还拄的拐杖。我觉得这个老师医术比较高，更加坚定练功这条路。类风湿是将死的癌症，我不吃药不治疗就是死路一条，周围得这病死了的也不在少数。做气功就是把不好的能量排出去调理阴阳。自己坚持练了一年多，早上练一次，晚上练一次。那时候刚开始练时，儿子把我笑话着，后来看我练着效果好，也就不说什么了。

一些民间方法所需的药材或者材料相对容易获取，价格也相对较低，对经济条件有限的退休职工来说，是一种经济实惠的治疗选择。但是很多民间方法缺乏科学的验证和临床试验，其疗效和安全性难以保证。在访谈中，老陈①聊起了自己治疗结石的偏方。

胆结石还有那个肾结石，都是一样的石头，治起来还是有点儿偏方。金钱草你们知道不，肯定知道。金钱草、鸡内金、海金沙、玉米须，用粉碎机粉烂，喝糊糊也行，一起干放到嘴巴里面，喝口水咕噜咕噜咽下去也可以。这个没什么要求的，但是因人而异。身体素质不一样，接受能力就不一样。你可能 4 两，他可能 5 两才有效果。数量要掌握好，因人而异，身体不一样，素质不一样。有些东西是实践经验过来的，这个就是我的经验，还是有些效果，不那么痛了。

我刚才说的那个土办法啊，你们可以试验试验，反正也不毒人

---

① 访谈对象：老陈；性别：男；年龄：77 岁；身份：退休前为长风厂电路外线工。访谈时间：2023 年 10 月 11 日；地点：长风社区卫生服务站。(个案编号 36)

的，多喝点儿可以，少喝点儿也可以。我们那时候就是一样药材 1 斤，半斤少了点儿，那个又不贵，玉米须这样的，农村都有。要是买呀，10 块钱 1 斤，医药公司都有卖的，鸡内金也就十几块的，你可以买上半斤，店里粉碎机打一样，是 5 块。海金沙你可以在那里买，打了不要钱。鸡内金打了，也不要钱。要是医院里打几样要花二十多块钱呢。反正这个也不毒人的，你要想见效快，可以多喝也可以少喝，尽量还是多喝一点儿好嘛。这个药大家都可以吃，但是效果不一样。年轻的吃上，药效快一点，老了吃这个药，还得有个过程。

民间方法通常代代相传，积累了丰富的经验和知识，有时候可能会对一些疾病有一定的治疗效果，但由于缺乏科学的验证，很多民间方法的治疗效果并不确定，甚至一些民间偏方可能并没有直接的药理作用，但可以通过提供心理安慰或者让患者感到被关心和照顾，从而对心理状态产生积极影响。老王[1]讲述了曾经用花生须泡水治疗前列腺的经历。

　　前几年我就患上前列腺炎，有一段时间好，比较顺畅，有一段时间不好，不顺畅。我吃了一段时间的药，儿子说是保列治啥的，吃了一段时间我就没吃。后来有人说把花生根用水煮了后喝水，治疗前列腺还管用。我就给卖花生的说，你给我弄些生根，我听人家说喝了以后对身体好，我给你几包烟或者给钱都行。我老家有一侄子，有一次我跟他说我前列腺上有点儿问题，用花生须泡水有作用。他说老家有人种花生，我说你给我弄点儿花生根晾干，我侄子就给我寄了一盒子。我喝了一段时间，好像是有些效果，反正有几天尿尿不是很顺畅，有几天又觉得我跟年轻人差

---

　　① 访谈对象：老王；性别：男；年龄：75 岁；身份：退休前为兰飞厂金相热处理试验工。访谈时间：2023 年 10 月 8 日；地点：被访者家中。（个案编号 31）

不多。

对于一些常见的疾病或者症状，有些民间方法会有一定的缓解作用。许多民间治疗经验和方法，是在人类与疾病作斗争的长期实践中总结和锤炼出来的，它来源于实践，又指导实践，因其简便、有效为广大群众喜闻乐用。老陈①患有低血糖，每天早上都会以红糖、生姜粉、红枣粉为原料冲水服用。红糖属于蔗糖，红枣含糖分高，而洋姜因含有"菊糖"可以在血糖低的时候稳定血糖值，防止低血糖的出现。她说：

> 我低糖嘛，低糖了我就喝红糖水、洋姜粉、枣子这三样，觉得比较好。我的症状很早以前测量过，血糖低。低了我就让孙子给买了洋姜、枣子、红糖这三样，就在网上买的，网上比店里便宜。他给我买上打成粉，每天早上我就这么一冲一喝，喝上它就行了。血糖低一点儿没事，就喝红糖、洋姜粉、红枣三样混到一起的粉，有效果。

人们治疗疾病的方式和求医行为往往受其所处社会文化和生态环境的制约，在不同的文化背景下，对于疾病与健康的概念就有不同的理解，因此会采取不同的择医行为与治疗手段。"在这个过程中，一个人会尝试几种选择，直到问题好转或者将选项都用尽。多数社会并不限制选择以何种方式进行治疗，在某种程度上可以说患者面对多元的医疗体系是依据自身占有的社会资源、文化资本等因素进行选择。"② 医学人类学者推崇"多元医疗模式"，也就是说，他们支持同一社会中多种医疗解释系统或资源并行。例如，西医与中医并行，公立医院与民间中医机构并行。

---

① 访谈对象：老陈；性别：女；年龄：78 岁；身份：退休前为兰飞厂成品组装工。访谈时间：2023 年 11 月 1 日；地点：万里厂家属院。（个案编号 50）

② Romanucci-Ross, Lola, "The Hierarchy of Resort in Curative Practices: The Admiralty Islands, Melanesia", *Journal of Health and Social Behavior*, Vol. 10, No. 3, 1969, pp. 201 – 209.

在多元医疗体系并存的文化场景下，人们对于各种医疗的选择和态度往往出于病种、病情、习惯、经济及交通等多种因素的考虑，在患者眼中，各种医疗手段互相并不冲突，而是形成了多元共存与相互补充的格局，从不同层面满足了他们治疗疾病的需要。退休职工正是有效利用了这种民间医疗途径进行疾病治疗，对于"实效"的追求促使他们在不同的治疗手段之间做出自由选择，以期治愈疾病，改善健康状况。特别是随着年龄的增长，人体机能逐渐退化，慢性病成为威胁退休职工健康的重要因素之一，"在长期的、持久地与慢性病做伴的过程中，患者逐渐形成了独特的求医问药的经历和体验"①。换言之，他们不仅是被动的患者，而且是积极利用周围资源寻求治疗的行动者。

---

① 余成普：《甜蜜的苦痛：乡村慢性病人的患病经历研究》，社会科学文献出版社2022年版，第169—170页。

第四章 健康保障的社区治理

作为基层医疗的"门户",长风、兰飞及万里社区卫生服务站通过对常见病、多发病的初步诊断与治疗以及对慢性病的健康管理,为退休职工维护健康提供了一条低廉有效的路径。通过建立居民健康档案、健康教育、健康管理等各种健康服务和管理活动的开展,不仅有助于退休职工掌握健康知识、增强健康意识、降低患病风险、提高健康水平,而且可以减少医疗资源的浪费,缓解医疗压力。但是由于部分退休职工健康意识淡薄,宣传力度不到位,又导致他们对健康管理服务认识存有误区,加之基础设施不完善、全科医师和社区护士人员不足等情况,一定程度上影响了健康管理与慢性病管理服务的有效实施。

第一节 基层医疗

一 分级医疗体系

1949 年新中国成立之后,我国一直实行分级诊疗的医疗体制。分级医疗将疾病按照轻、重、缓、急的不同危重程度和难易程度进行分类,要求不同级别的医疗机构承担不同类型、不同级别的疾病诊治,以此来促进各级医疗机构之间的有效合作,以达成合理配置医疗资源的目标。我国分级医疗体制形成于计划经济时期,在随后近七十年的时间中随着经济体制的变化和公共卫生事业的发展,我国的分级医疗体制也愈加趋于合理和完善。

　　新中国成立初期，面对国内各项事业百废待兴、经济亟待发展的现状，我国模仿苏联模式，将卫生服务纳入公共产品的管理体系中，将医疗卫生服务机构嵌于国家行政管理体系中。相关医疗资源的调取和配置都统一由国家计划体制管理，医疗卫生的行政管理权和财政分配权都集中于中央层次，按照行政区域划分及隶属自上而下建立起垂直一体化、条块分割的管理机制。由于当时我国财政主要致力于发展重工业，该时期的公共医疗被认定为国家福利事业，中央层面统筹的部分税收主要集中解决医疗卫生方面缺医少药的状况。

　　作为全额预算单位，各级医疗机构的主要经费全部来源于国家预算，中央政府是该阶段医疗卫生费用的主要承担者。政府层面总体负责经费拨付和相关卫生政策的制定，地方各级政府单位对筹建相关卫生机构负责，并对其进行管理。由上级医疗卫生管理机构任命医疗机构主要管理人员。

　　我国政府在城乡建立起了三级医疗服务体系，城市以政府举办的公立医院和接管的医院为主体，形成了省、市及区县构成的三级医疗服务体系，街道卫生院、机关、学校、厂矿企业的医院和门诊作为补充。农村地区形成了以县人民医院、公社卫生院、村卫生室为主体的三级医疗保健体系。以乡镇卫生所、联合诊所、农业社保健站为主的农村地区的下级医疗机构和以联合诊所、妇幼卫生保健院、街道卫生所、厂矿保健部、高校医务室、门诊部等为主的城市下级医疗机构，共同承担起了传染病防治、预防接种、对居民进行健康监测和疾病诊疗等多项工作。而县级医院、城市地区的区级医院、市级医院和省级医院等上级医疗机构则负责接收下级医疗机构转诊的超出其能力范围的病人。

　　此阶段，我国医疗机构对居民的诊治采取强制首诊的原则，城市中相关的政府机关、国有厂矿企业均配备相应医疗卫生机构，这些企业和机关单位的职工患病后，需到本单位医疗机构或单位所指定的相应医疗机构先就诊，若本单位医院对职工的疾病无法医治，则由负责的相关医疗机构开具相应转诊证明，随后推荐其到指定的上级医疗机构就诊。享受公费医疗的国家工作人员，因病必须转到外地治疗时，必须按照省内转诊和省外转诊的相关管理规定进行，不经批准不能转诊。若存在强行转诊者，发生的费用不能享受报销待遇。作为特殊时代背景下的产物，计划经济体制下的医疗分级体系解决了新中国成立初期人民卫生习惯差、传染病传播范围广、死亡率高的弊病，形成了良好的就医秩序，保障了医疗卫生服务的覆盖率可及性。

20 世纪 80 年代改革开放以后，我国由原本"计划为主、市场为辅"的计划经济体制转为社会主义市场经济体制，形成了商品价格和商品分布的市场化配置。在这样的背景下，医疗机构也由原本的国家统一调配逐渐走向了市场化。为了更好地激活上一级医疗机构相关工作人员的活力，增强其创收能力，效仿国有企业改革，层层承包，通过简政放权的方式给予基层医疗机构一定的经营自主权。随后在国有企业改革的浪潮中，一大批国有企业或倒闭或破产重组，其原本所附属的医疗机构在脱离所属企业后，要么随破产的企业一起关闭，要么是被私人承包，变成自负盈亏的私人医院，下级医疗机构的数量急剧减少。赤脚医生、农村卫生保健站和大批由厂矿企业开办的医疗机构数量大幅度减少，取而代之的是大量的私人诊所，政府对基层医疗机构的管理处于缺位的状态。

由于私人诊所的资金和医疗设备都稍逊一筹，在和上级医疗机构处于竞争关系的市场机制下，基层医疗机构在竞争患者上始终处于劣势地位。很多基层医疗机构只能把大量的精力投入门诊治疗这样的有偿服务中。这一时期的基层医疗机构已经难以承担在计划经济体制下的健康宣传、疾病防治等基本功能，也无法有效发挥其基层首诊的作用，城乡三级医疗网被逐渐瓦解。分级诊疗制度由于上下级医疗机构市场竞争关系的存在近乎瘫痪，基层医疗机构难以发挥其原本应有的作用，而上级医疗机构的服务范围又包括了从基础病、多发病、常见病到疑难杂症等几乎所有的疾病类型，在一定程度上既造成医疗资源的浪费，又使得居民的医疗花费逐渐上涨。

为了解决医疗资源配置的不合理，充分利用卫生资源更好地服务于人民健康，1989 年，中华人民共和国卫生部颁布了《医院分级管理办法（试行）》，规定医院按其功能、任务不同划分为一、二、三级。一级医院（病床数在 100 张以内）是直接向一定人口的社区提供预防、医疗、保健、康复服务的基层医院、卫生院；二级医院（病床数在 101—500 张）是向多个社区提供综合医疗服务和承担一定教学、科研任务的地区性医院；三级医院（病床数在 501 张以上）是向几个地区提供高水平专科性医疗卫生服务和执行高等教育、科研任务的区域性以上的医院。其中，各级医院经过评审，按照《医院分级管理标准（试行）》确定为甲、乙、丙三等，三级医院增设特等，一共分为三级十等。该套分类标准一直沿用至今。三级十等的医院分级进一步规范了我国的分级诊疗制度，但医疗机构参与市场竞争的现状使得医疗资源过度集中在上级医院，从而导致了"倒金字塔"形的医疗资源分布格局。针对这一问题，我国在 2009 年启动了新一轮医疗体制改革。

2009 年 3 月 17 日，中共中央、国务院发布《关于深化医药卫生体制改革的意见》，正式拉开了我国新一轮医疗体制改革的序幕。新一轮的医疗体制改革重新确立了政府在医疗卫生领域的责任，明确了政府在医疗卫生改革当中应该承担的责任，建立和完善了以基本医疗保障为主体，其他多种形式补充医疗保险和商业健康为补充，覆盖城乡居民的多层次医疗保障体系。自此之后，基层医疗机构的数量不断增加，基层医疗体系不断健全和完善，基层医疗服务能力得到有效提升，越来越多的群众可以在家门口享受到优质、高效、便捷的诊疗服务。

由表 4 - 1 可以看出，2009 年新医改至今，基层医疗机构一直是我国医疗服务的主要力量。2009 年之后，医院和基层医疗卫生服务机构的数量不断增加，但基层医疗卫生机构在总体卫生服务机构中的占比缓慢下降。由表 4 - 2 可以看出，在增设的医院中，以一级医院为主，二级医院其次，三级医院最次。

表 4 - 1   **全国医疗卫生机构数量**   单位：家,%

年份	合计	医院	占比	基层医疗卫生服务机构	占比
2009	902444	20291	2.25	882153	97.75
2010	922627	20918	2.27	901709	97.73
2011	939982	21979	2.34	918003	97.66
2012	935790	23170	2.49	912620	97.51
2013	940077	24709	2.63	915368	97.37
2014	943195	25860	2.74	917335	97.26
2015	948357	27587	2.91	920770	97.09
2016	955658	29140	3.05	926518	96.95
2017	964080	31056	3.22	933024	96.78
2018	976648	33009	3.38	943639	96.62
2019	988744	34354	3.47	954390	96.53
2020	1005430	35394	3.52	970036	96.48
2021	1014036	36570	3.61	977790	96.39

资料来源：2022 中国卫生健康统计年鉴。

表 4 - 2   **全国医院数量**   单位：家

年份	一级医院数量	二级医院数量	三级医院数量
2015	8759	7494	2123
2017	10050	8422	2340
2018	10831	9017	2548
2019	11264	9687	2749
2020	12252	10404	2996
2021	12649	10848	3275

资料来源：2022 中国卫生健康统计年鉴。

在新医改的政策下，我国的基本医疗体系进一步完善，三级医疗的划分及其对应的医疗卫生机构职责进一步细化。一级医院是初级卫生保健机构，直接对人群提供一级预防，在社区管理多发病、常见病、现症病人，并对疑难重症做好正确转诊，合理分流病人。二级医院是跨几个社区提供医疗卫生服务的地区性医院，参与指导监测高危人群，接受一级转诊，对一级医院进行业务技术指导，并能进行一定程度的教学和科研。三级医院是跨地区、省、市以及向全国范围提供医疗卫生服务的医院，是具有全面医疗、教学、科研能力的医疗预防技术中心，提供专科（包括特殊专科）的医疗服务，解决危重疑难病症并接受二级转诊。三级医院对下级医疗机构进行业务技术指导和培训人才，完成培养各种高级医疗专业人才的教学和承担省以上科研项目的任务，参与和指导一、二级预防工作。

与此同时，我国进一步确定了"基层首诊、双向转诊、急慢分治、上下联动"的分级诊疗原则。基层首诊，即除急诊外，患者先到基层卫生机构就诊，对于超出基层医疗卫生机构功能定位和服务能力的疾病，由基层医疗卫生机构为患者提供转诊服务；双向转诊，简而言之就是"小病进社区，大病进医院"，积极发挥大中型医院在人才、技术及设备等方面的优势，同时充分利用各社区医院的服务功能和网点资源，促使基本医疗逐步下沉社区，社区群众危重病、疑难病的救治到大中型医院；急诊分治是指明确和落实各级各类医疗机构急慢病诊疗服务功能，完善治疗、康复、长期护理服务链，为患者提供科学、适宜、连续性的诊疗服务，急危重症患者可以直接到二级以上医院就诊；上下联动就是引导不同级别、不同类别医疗机构建立目标明确、权责清晰的分工协作机制，以促进优质医疗资源下沉为重点，推动医疗资源合理配置和纵向流动。当前的分级诊疗制度在最大范围内发挥了各级医疗卫生服务机构的优势，很大程度上缓解了医疗资源配置不平均的问题。同时政府还建立了全科医生制度，在基层承担预防保健、常见病和多发病的诊疗和转诊。

我国基层医疗体系在经历了新中国成立以来三个阶段的发展后日趋完善，承担的医疗任务也逐年增加，更好地保障了广大人民群众的卫生健康权。据统计，在 2021 年总诊疗中，医院的诊疗人数为 3.38 亿人次，占总诊疗量的 48%，基层卫生机构的诊疗人数为 42.5 亿人次，占总诊疗量的 50.2%，其他医疗卫生机构的诊疗人数为 3.4 亿人次，占总诊疗人数的 4%。与 2020 年相比，医院诊疗人数增加了 5.6 亿人次，基层医疗卫生机构诊疗人数增加了 1.3 亿人次①。

城市社区卫生体系也不断发展，据统计，2021 年底全国已设立社区卫生服务中心（站）36160 个，其中社区卫生服务中心 10122 个，社区卫生服务站 26038 个。与上年相比，社区卫生服务中心增加 296 个，社区卫生服务站增加 499 个。社区卫生服务中心人员 55.5 万人，平均每个中心 55 人；社区卫生服务站人员 12.8 万人，平均每站 5 人。社区卫生服务中心（站）人员数比上年增加 3.5 万人，增长 5.4%。与此同时，我国全科医生的队伍不断壮大，截至 2021 年我国每万人口全科医生达到了 3.08 人，较上年的每万人口 2.90 人增加了 0.18 人（万人次）（见表 4 - 3）。

表 4 - 3 全国社区卫生服务情况

	2020 年	2021 年
街道数（个）	8773	8925
社区卫生服务中心数（个）	9826	10122
床位数（万张）	22.6	23.9
卫生人员数（万人）	52.1	55.5
卫生技术人员（万人）	44.2	47.6
执业（助理）医师（万人）	18.2	19.2
诊疗人次（亿人次）	6.2	7.0
入院人次数（万人次）	292.7	319.3
医师日均负担诊疗人次（人次）	13.9	14.6
医师日均负担诊疗床日	0.5	0.5
病床使用率（%）	42.8	43.2

---

① 资料来源：2021 年我国卫生健康事业发展统计公报。

续表

	2020 年	2021 年
出院者平均住院日（日）	10.3	9.8
社区卫生服务站数（个）	25539	26038
卫生人员数（万人）	12.7	12.8
卫生技术人员（万人）	11.4	11.6
执业（助理）医师（万人）	5.2	5.3
诊疗人次（亿人次）	1.3	1.4
医师日均负担诊疗人次（人次）	10.8	11.0

资料来源：2021 年我国卫生健康事业发展统计公报。

二　社区卫生服务站

1999 年，依据卫生部、教育部、民政部、财政部、人事部、建设部等十部委发布的《关于发展城市社区卫生服务的若干意见》，我国开始建立社区卫生服务体系，将预防、治疗、康复和健康促进相结合，卫生部门和家庭社区服务相结合，新建了大批社区卫生服务中心（站）。截至 2023 年，兰州市有社区卫生服务中心（站）258 个，其中安宁区有社区卫生服务中心（站）31 个，占全市社区卫生服务中心（站）的 15.82%（见表 4－4）。

表 4－4　　　　　　　　兰州市安宁区卫生服务情况

	2021 年	2022 年	2023 年
社区卫生服务中心数（个）	8	8	8
床位数（张）	101	96	84
卫生人员数（人）	280	296	312
卫生技术人员（人）	258	271	286
执业（助理）医师（人）	83	84	83
诊疗人次（人次）	135495	78650	220391

续表

	2021 年	2022 年	2023 年
入院人次数（人次）	0	85	0
医师日均负担诊疗人次（人次）	6.6	3.7	10.6
社区卫生服务站数（个）	23	23	23
床位数（张）	49	50	62
卫生人员数（人）	214	211	239
卫生技术人员（人）	210	204	235
执业（助理）医师（人）	84	79	82
诊疗人次（人次）	165283	121264	196132
医师日均负担诊疗人次（人次）	7.9	6.1	9.6

资料来源：2023 年甘肃省卫生健康统计信息中心（西北人口信息中心）资料。

三厂退休职工基本居住在所属单位的福利区内，分别隶属于长风社区、兰飞社区以及万里社区。作为我国分级诊疗系统中的基础环节，长风、兰飞及万里社区卫生服务站兼具连续性、综合性、低成本、高效率、便利性，为辖区内居民的预防保健、全科医疗、妇幼保健、康复计划、计划免疫、计划生育提供指导。社区卫生服务和健康管理都是完善医疗服务体系、预防慢性病、降低医疗费用的有效举措。三个社区卫生服务站通过开展对常见病的初步诊断、治疗以及慢性病的健康管理，为他们维护健康提供了一条低廉有效的路径。

长风社区卫生服务站位于长风电子电器有限公司南侧，是一家民营医疗服务机构，现为包括长风厂退休职工在内的长风社区居民提供门诊和基本公共卫生服务。社区卫生服务站现有医生 2 人，护士 3 人，拥有 5000 元以上设备 1 台。长风社区卫生服务站的规模较小，有包括预防保健室、药房、全科医生诊室、办公室、输液室在内的 5 间功能室，医疗设备较为简单。服务站内空间狭小，有些功能室承担多项任务，比如药房内既可收费、抓药、开具处方单，又是慢性病人的随访诊室。由于地处偏僻，长风社区卫生服务站的医疗服务辐射范围较为狭窄，主要服务人群为居住于长风厂福利区内的老年人和楼上养老院的老年人，人流量相对较少。人流量的高峰在每周的周五和周六早上，周五上午免费为老年人体检，周六上午为 0—6 岁幼儿提供疫苗接种。目前社区卫生服务站内总建档人数为 13147 人，其中老年人为 2041 人，管理高血压患者 877 人、Ⅱ 型糖尿病患者 371 人、冠心病患者 36 人、脑卒中患者 53 人、慢阻肺患者 17 人、严重精神障碍患者 35 人、其他疾病（包括肿瘤、残疾、肺结核）患者 58 人①。

　　兰飞社区卫生服务站位于兰州市安宁区万新北路与兴安路交叉路口南侧，也是一家民营医疗服务机构，现为包括兰飞厂退休职工在内的兰飞社区居民提供门诊和基本公共卫生服务。现有医生 5 人，护士 12 人，防保人员 1 人，其他医技人员 1 人。由于地理位置优越，人流量大，相比较于长风社区卫生服务站，兰飞社区卫生服务站医疗服务的辐射范围较大，又因为背靠兰飞小学，所以这里的服务人群年龄跨度相对较大。兰飞社区卫生服务站分为上下两层楼，一楼是收费处和取药处（包括西药和中成药），二楼有包括办公室、档案室、换药室、中药房、全科医生诊室等在内的十余间功能室。目前社区卫生服务站内总建档人数为 11498 人，管理老年人为 1812 人，其中高血压患者 738 人、Ⅱ 型糖尿病患者 259 人、冠心病患者 7 人、慢阻肺患者 2 人、严重精神障碍患者 23 人、其他疾病（包括肿瘤、残疾、肺结核）患者 63 人②。

　　万里社区卫生服务站于 2008 年由万里医院建立，是三家卫生服务站中唯一一家公立性质的社区卫生服务站，2013 年在和孝慈苑养老服务中心签订服务协议之后，万里社区卫生服务站搬入了养老院，位于养老中心前厅的一、二楼，在给辖区内居民提供基本医疗服务的同时为养老院的老年人提供服务。现有医生 5 人，护士 12 人，防保人员 1 人，其他医

---

① 资料来源：2023 年长风社区卫生服务站内部资料。
② 资料来源：2023 年兰飞社区卫生服务站内部资料。

技人员 1 人，拥有 5000 元以上设备 2 台。万里社区卫生服务站的医护人员由万里医院提供，护士在社区卫生服务站和万里医院之间实行轮岗制，坐诊医生由万里医院聘任的医师担任。因为其由医院创办，万里社区卫生服务站和上级医院联系较其他两个卫生服务站紧密。除上下转诊外，万里医院还为万里社区卫生服务站提供医疗指导。下午 6 点万里社区卫生服务站医生下班后，万里社区卫生服务站楼上养老院的医疗服务由万里医院值班医生接管。目前万里社区卫生服务站内总建档人数为 13044人，管理老年人为 2876 人，其中高血压患者 773 人、Ⅱ型糖尿病患者 307 人、冠心病患者 3 人、严重精神障碍患者 33 人、其他疾病（包括肿瘤、残疾、肺结核）患者 106 人①。

三 基本医疗服务

"社区卫生服务是一种基层卫生服务，是为了满足社区居民的基本卫生需求，解决社区主要卫生问题，集预防、医疗、保健、康复等为一体的基层保健卫生服务。"② 发展社区基本医疗卫生服务，提倡"小病在社区，大病进医院，康复回社区"的分级诊疗模式旨在有效降低医疗费用，能够有效缓解老年人"看病难、看病贵"的问题，适合老年人的医疗卫生需要。长风、兰飞及万里社区卫生服务站是退休职工所属社区内唯一的基层医疗卫生机构，退休职工的基本医疗卫生服务主要由其提供。在这三个卫生服务站中，和老年人的健康问题息息相关的主要有两项服务，基本医疗服务与基本公共卫生服务。

基本医疗服务是社区卫生服务站的主要工作之一，三个社区卫生服务站普遍由一到两位全科医生坐诊，由于服务的社区老龄化严重，在大部分时间内，医生面对的病人的年龄多在 60 岁以上，这在长风社区卫生服务站和万里社区卫生服务站表现得尤为明显。在对他们进行诊治时，建立良好的、相互信任的医患关系的前提就是良好的服务态度。万里医

---

① 资料来源：2023 年万里社区卫生服务站内部资料。
② 张连辉：《从我国卫生保健现状看社区卫生服务的发展》，《中国康复》2006 年第4 期。

院的现任院长是建立万里社区卫生服务站的主要推动者，她对于医生的服务态度非常看重。张院长①说道：

> 我们的医生相对来说，看诊的病人比较少。大医院的医生是没有时间的，但是我们的医生是有时间的，所以相对来说要跟人家多沟通一下，多跟他聊一聊，这样就可以建立一种更加信任的医患关系。如果靠我们医生的技术水平，可能永远赶不上大医院的医生。人家那儿分的心血管、呼吸、内分泌这些门类，都是各有专长的。我们的医生怎么可能比大医院的医生理论水平更高？不可能。大医院的医生见的病人要比你多得多，所以我说你们只能靠服务。比如这个病人得了常见病、多发病的时候，他首先想到的是说我认识王主任，我找他先看看。如果你解决不了他再转走。我一直跟我们的医生讲要靠你们的服务，要靠我们真心地去对待病人，的的确确让他能感受到我们是站在一起的，这样才能留住病人，能吸引病人。你说我们的基础条件能改吗？那改变不了。政府不投钱的话，作为我们自己是没有办法改变的。我说那咋办，不是还得要生存下去，像我们这一级的医院，医德尤显重要。

医患关系的僵化往往来源于双方认知的不平衡，三个社区卫生服务站由于地理位置和历史原因，面对的很多患者都是三厂退休职工。和普通病患不一样的是，退休老人脱离了社会化的环境，信息更新速度、信息获取渠道和信息辨别能力都相对有限，对于自身疾病往往存在认知不完全或认知错误的情况。社区卫生服务站作为基层医疗的"门户"，想要更好地为辖区内的退休老人提供基本医疗服务，就需要和患者多交流，完善患者对疾病的认知，从而在最大限度内提升服务效率。

社区医生的职责是向病人提供广泛而综合的初级医疗保健服务，这

---

① 访谈对象：张院长；性别：女；年龄：54 岁；身份：万里医院院长。访谈时间：2023 年 11 月 23 日；地点：万里医院党员活动室。（个案编号 63）

种服务不可能包罗万象，不可能代替各门专科医疗。社区医生通过掌握各级各类医疗机构和专家，以及家庭和社区内外的各种资源的情况，并与之建立相对固定的联系，以便协调各专科的服务，为居民提供全面深入的医疗服务。老王是万里社区卫生服务站的一位退休返聘的全科医生，他为每位病人问诊的时间平均在半小时左右。在诊疗过程中，他不仅会仔细询问病人的既往病史，饮食、运动情况，还会耐心地为病人解释疾病的形成原因以及相应的预防方法。老王①谈道：

> 为啥看病这么耐心，我给我们的大夫有时候就说，你看我们这是一个基层医疗机构。你说大医院，医生没有时间跟病人解释，那可以原谅，病人那么多。你看我的同学有很多都是在兰大一院、兰大二院的，我们这里不是他们搞专科的，专科都比较细啊，我就带着我的病人到我同学那儿去。我问第一个原因是什么，第二个原因是什么，第三个原因是什么，我同学肯定不会不给我说呀，但后边病人不愿意了，说你们有完没完呀？我们还要看呢。不是说我的同学不耐心，确实没时间。你像我们那个做主任的同学，给他排的一个上午看40个，结果看了120个。为啥看那么多？病人说是武威来的，哎呀你一个礼拜就看一回嘛，那我们再来要等一个礼拜，你给我们加个号吧，我们实在太远了。你说看这个，我要等一个礼拜，我挂不上你的号，我住一个礼拜得多少钱呀？我就说你看人家大医院，医生不能跟人家好好说，那都是可以原谅的。
>
> 你像我们这里，人家问你，你都得说吧，我们医生跟人家病人简直是天地之别，因为他啥都不懂啊。有的病人来了，我就给他仔细说你应该干啥，哪个医院看得好，我就介绍到哪去。所以你要把这个病人真正看好，你就得跟人家说清楚。但是你不跟人家说清楚，我觉得好像就没给人家彻底看病一样。我们这里就适合这样，你不

---

① 访谈对象：老王；性别：男；年龄：77岁；身份：退休前为万里医院院长。访谈时间：2023年11月23日；地点：万里社区卫生服务站。（个案编号62）

能说看一下，啥也不说就走了，那能行吗？再一个说老实话，你像我们这是基层医疗，附近的人有很多经常来的话都熟了，你不跟人家说清楚能行吗？现在你看很多的高血压、糖尿病都想治好，你说能治好吗？你要想更好地跟他们交代清楚，你必须有耐心。有的时候病人烦了，我也就训斥他了。我说我给你好好看着呢，你们自己倒不愿意了，能行吗？

　　疾病带给患者的除了身体上的痛苦，还伴随较强的精神负担、心理压力。伴随着社会角色逐渐边缘化，个体独立人格受损。因患者的心理压力骤增，要求理解的心理会表现为各种具体形式。在传统的医疗互动模式之下，医护人员主导诊断及治疗，而患者处于被救治和服从治疗的地位，医患关系存在权力的失衡。医生在就诊时基本采用"我问你答""你听我说"的看诊模式，这种单向的输出使得只有医生才能在其中获取相应的信息，而患者的情感需求则被抑制。"特别是慢性病患者群体，长期的病痛折磨和治疗的烦琐经历使他们内心疲劳且焦躁，遇到一些特定的激发因素（治疗需求未满足、经济负担重、医疗待遇不公平或医护人员态度生硬等），病痛叙事的话语表达就会有不满或发泄倾向，就会与医护人员的话语形成对立，从而造成医患关系紧张。"① 而在社区卫生服务站，这种被压抑的情感需求得到了很好的释放。

　　在为退休职工提供基本医疗服务的社区卫生站内，每一个工作人员都是门诊工作的参与者，护士会主动询问在门外徘徊的老人需要什么帮助，和老人聊天话家常。史护士②这样描述了她的日常工作：

　　　　其实他来了之后，你问他就可以了，比如说你问他吃没吃饭，

　　① 王建新、赵璇：《病痛叙事的人文特征及其利用路径探析——医患关系研究前沿报告》，《思想战线》2020 年第 1 期。
　　② 访谈对象：史护士；性别：女；年龄：28 岁；身份：长风社区卫生服务站护士。访谈时间：2023 年 10 月 13 日；地点：长风社区卫生服务站。（个案编号 38）

刚刚干什么去了，今天来是为什么，是看病呢还是来量血压、测血糖呢？其实像咱们的这些老人啊，他都很寂寞的，因为大部分人的子女都不在身边，人家都出去工作了，各有各的事情忙，一年也回不来几次。那像有老伴儿的还好，像没有老伴儿的那其实家里面就一个人，所以他来了之后，你跟他讲几句话，其实他很高兴的。咱们这里也不是什么大医院，有的是时间。你这几天也看到了，我们这里其实就是干这么些事儿，说忙也不忙，那人家来了你要是再拉上个脸，那也说不过去了嘛。我们这儿经常来的都是比较熟悉的人，他来了之后要专门找你聊天呢，那你就说说嘛，反正闲着也是闲着。

老年人往往患有多种慢性疾病，其医疗和护理需求更为复杂。而社区卫生工作者恰好处于老年人和医疗机构之间，扮演着桥梁和纽带的角色。他们通过提供预防、保健、康复等一系列服务，促进老年人的健康，提高其生活质量。在退休职工看来，社区卫生服务站医务人员不仅细致、耐心，可以帮助他们治疗疾病，而且会对患者的特殊需求予以足够的重视。老李①说道：

> 我现在基本上很少去找医院，有个不舒服就到社区了。社区服务站的话，它也可以用医保卡。像我们到医院去，你得挂几块钱的号，到这儿来不用挂号直接看医生，到这儿来还方便。那医院的大夫，有时候人家忙得跟你说不上话，他不听你说，人家忙咧。坐这儿跟他们可以多说说，大医院大夫忙得没有时间说。像你到这儿，这就是一层楼，啥事儿都能办到了，到医院上上下下要去跑。像我们都跑不动了，必须带着年轻人去，我们搞不清楚。现在年龄大了，我也很少出去外面，所以要出去外面，还是我姑娘跟我一起去，出去外面找不着地方，只能认识这一块儿地方。

---

① 访谈对象：老李；性别：女；年龄：75 岁；身份：退休前为长风厂铣工。访谈时间：2023 年 10 月 9 日；地点：长风社区卫生服务站。（个案编号 32）

以上案例展示的是社区卫生服务站门诊工作的日常，退休职工属于社会的弱势群体，三级医院烦琐的挂号程序和相对高昂的治疗费用经常让老人望而却步。社区卫生服务站既可以实现即来即看，开的药品又都属于基础性药物，消费不高，很好地缓解了老人们"看病难、看病贵"的问题。而且在社区卫生服务站，老人可以完整地讲述自己的病情和患病体验，获得相对完整的疾病治疗方案，在基层医生的讲解中获得对于疾病的科学认知。这一方面能防止退休职工因对疾病的错误认知而耽误治疗，另一方面又可以通过聊天满足他们的情感需求。

除了基本医疗服务，社区卫生服务站还承担着我国的基本公共卫生服务。基本公共卫生服务是促进基本公共卫生服务逐步均等化的重要内容，也是深化医药卫生体制改革的重要工作。它以儿童、孕产妇、老年人、慢性疾病患者为重点人群，面向全体居民免费提供最基本的公共卫生服务。目前我国的基本公共健康服务共包含有建立居民健康档案、健康教育服务、预防接种服务、0 至 6 岁儿童健康管理服务、孕产妇健康管理服务、老年人健康管理服务、高血压患者健康管理服务、II 型糖尿病患者健康管理服务、结核病患者健康管理服务、严重精神障碍患者健康管理服务、中医药健康管理服务、传染病及突发公共卫生事件服务、卫生监督协管服务 13 项基本服务。政府通过财政拨款向各个卫生服务站购买服务，按照服务人次和服务质量进行评估，最后向机构支付相应的报酬。"政府购买"的形式不仅发挥了国家财政的效用，而且减轻了上级医疗机构的医疗负担，在一定程度上保障了辖区内居民的健康。

在三个社区卫生服务站的日常工作中，最常为老年人提供的服务就是居民健康档案的建立、健康教育、老年人健康管理、高血压患者健康管理和 II 型糖尿病患者的健康管理。其中，健康管理和高血压、糖尿病等慢性病的管理是老年人服务内容当中的重要板块，公共卫生服务中健康管理的主要服务对象是 65 岁以上的老年人，慢病管理的主要服务群体是 35 岁以上的慢性病患者，虽然在慢性病患者中老年人占绝大多数，两项服务的服务人群有一定重合，但是服务内容并不完全相同。因为三个社区卫生服务站中的慢病管理服务对象90%以上为老年人，后面会重点介绍老年人健康管理和慢病管理的基本情况，这里先围绕社区卫生服务站为老年人提供的健康档案建立和健康教育两项服务展开。

一是建立居民健康档案。简言之，即在辖区内居住半年以上的户籍或非户籍居民，可在当地卫生院或社区卫生服务中心自愿免费建立居民健康档案。建立健康档案是社区卫生服务站针对本社区所有居民的服务，它是对一个人生命体征的变化以及自身所从事过的与健康相关的一切行为与事件的记录，里面包括了居民既往病史、家族病史以及健康检查、生活方式、健康状况、疾病用药状况等基本健康信息，可以让医生更仔细、全面、准确地了解老人的身体状况，从而更有效地诊断治疗或者指导老年人自我保健康复。退休职工看病时，通过查看健康档案信息，医务人员可以了解患者的健康状况，存在的危险因素，所患疾病的检查、治疗及病情变化情况，从而对患者的健康状况做出综合评估，采取相应的治疗措施，进行有针对性的健康指导，更好地控制疾病的发生、发展；并且医生通过计算机查看健康信息，还可以减少重复检查、用药，降低这一低收入群体的医疗费用。

65岁以上老年人属于重点管理人群，其健康档案的建立主要用于对健康老年人进行实时的健康监测和对患有慢性病的老人进行慢性病管理。它是一个动态连续且全面的记录过程，通过其中详细完整的记录，为每个人提供全方位的健康服务。长风、兰飞及万里社区卫生服务站建立的健康档案中记录了个人的生活习惯、过敏史、既往病史、诊断治疗情况、家庭病史及历次体检结果等。目前，长风社区卫生服务站65岁以上老年人1591人，纳入健康档案管理老年人2041人，管理率为128.28%；兰飞社区卫生服务站65岁以上老年人861人，纳入健康档案管理人数1812人，管理率为210.45%；万里社区卫生服务站65岁以上老年人2431人，纳入健康档案管理人数为2876人，管理率为 118.31%^①，基本做到了应管尽管。

二是健康教育，即针对健康基本知识和技能、优生优育及重点疾病防控知识，由基层医疗卫生机构向居民免费提供健康教育资料、设置健康教育宣传栏、开展公众健康咨询服务、举办健康知识讲座、播放健康知识音像视频、开展个体化健康教育等形式多样的健康教育活动。"十四五"时期，全国 60 周岁及以上老年人口预计将超过 3 亿，占总人口的比例将超过 20%，中国将进入中度老龄化社会。在老年健康管理方面，《"健康中国 2030"规划纲要》强调，要加强重点人群的健康服务，对老年常见病、慢性病进行健康指导和综合干预，强化老年人健康管理，促进健康老龄化。《"十四五"国民健康规划》也将"预防为主"列入基本原则之一，同时指出要强化健康教育，提高老年人主动健康的能力。作为基本公共卫生服务的一个部分，国家相关部门对于健康教育的服务流程有着明确规定（见图 4-1）。

长风、兰飞以及万里社区卫生服务站每年的健康教育工作流程如图4-1 所示，在辖区内所开展的各项健康教育活动需以图文形式记录，以便作为社区卫生服务中心在年底考核时的评判标准。三个社区卫生服务站各设有一个健康宣传展板。展板内容每两个月更换一次，主要内容均为慢性病防治和健康保健的相关知识，同时，每个社区卫生服务站还印有关于高血压、Ⅱ型糖尿病等疾病预防和治疗的宣传手册，供前来就诊的老年人随时取用。展板和手册均放置于社区卫生服务站比较显眼的地方，可以保证每一个来社区卫生服务站的人都能够看见。这些展板和手册为社区内的获取信息渠道有限的老年人科普了相关疾病的预防方法，包括慢性疾病的预防、饮食指导、运动锻炼等，帮助老年人树立正确的健康观念和行为习惯。老汪^②讲道：

---

① 以上数据来自各社区卫生服务站健康管理系统。出现管理人数大于实际人数的原因是因为存在非户籍地跨社区管理的现象。
② 访谈对象：老汪；性别：女；年龄：76 岁；身份：退休前为长风厂装配工。访谈时间：2023 年 10 月 13 日；地点：长风社区卫生服务站。（个案编号 39）

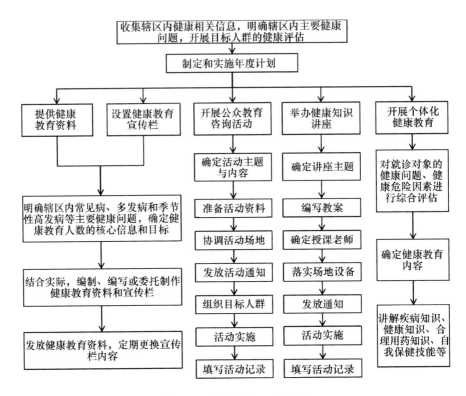

图 4 - 1 健康教育服务流程

资料来源：国家基本公共卫生项目服务平台。

因为像我们有些东西不知道，你比如说我这次测出来血糖有点儿高，你光说血糖高了的话不能吃甜的，有些水果和蔬菜什么的不能吃，但具体是什么水果和蔬菜不能吃，我也不知道。光靠医生说的，说实话现在年纪也大了没什么记性，光靠那一点点时间把它记下来，那我还是记不住，现在的手机什么的我也不会用，那字一点点儿大，我也盯不住。这个册子就还行，你不说全不全的，但起码我有个参照，我吃什么的时候看一眼，看看人家上面说能不能吃，这我就知道要怎么吃了。不然光靠记，这谁能记得住。

除了手册和展板，各社区卫生服务站还会定期为老年人开展相关慢性疾病的健康宣讲，开展的地点一般在其服务社区之内。为了引起老年人的参与兴趣，这种知识宣讲一般会以"义诊"的形式开展，社区卫生服务站的护士会在健康宣讲的时候为老年人提供免费量血压、测血糖的服务，并辅以一定的参与奖励。比如，给参与健康宣讲的老人送纸巾、洗衣液之类的小礼品。这种健康宣讲不仅能够惠及辖区内部的老年人，而且很多时候还会吸引很多辖区外的老年人前来参与，无形中扩大了健康传播的范围。

另外，看诊的全科医生和为其测量血压血糖的护士也会在问诊的时候对老年人进行基本健康保健方法的科普。慢性病的发病机制大多与人们的行为生活方式和所处环境息息相关，个人及家庭在慢性病防控工作中扮演着重要角色。因为大多数患者及家庭成员缺乏相应的知识和技能进行自我管理，所以通过健康教育增强慢性病患者及其家庭成员在此方面的知识储备和实践技能十分重要。健康教育通过环境、信息的双层次干预，拓宽了老年人获取健康知识、健康技能的途径和渠道，从而使老年人的行为朝着有益于健康的方式去发展，促使其养成健康、科学、文明的生活方式和行为习惯，提升其生活质量。

我国分级诊疗模式下的社区卫生服务体系所提供的基层医疗服务为三厂退休老人的身体健康提供了坚实有力的社会保障，作为非营利性的基层服务机构，三个社区卫生服务站医护人员耐心、细致的服务态度加强了医患双方的信任程度，既满足了老年人的医疗需求，又满足了他们的情感需求，使得退休职工愿意到社区卫生服务站寻医问药，从而促进了社区卫生服务站首诊、转诊服务模式的进一步完善。同时，社区卫生服务站积极履行其预防保健的职责，通过各种手段向辖区内老年人开展相关疾病知识的科普工作，完善了老年人对于疾病的认知，努力将老年病的发生遏制在未始阶段，在一定程度上提高了退休职工的健康水平。

第二节　健康管理

一　老年人的健康管理

"为了遏制不断增加的医疗费用，平衡不断增长的医疗健康需求和有限的医疗资源之间的矛盾，美国首先提出了健康管理的理念。"[1] 其后几年，随着健康问题的日益严重，健康管理的重要性不断凸显，健康管理在各国不断发展。作为一种新的健康服务模式，健康管理服务在我国形成时间较晚。近十年来，健康管理服务迅速成为我国应对重大疾病患病率快速上升、医疗卫生费用急剧增长的重要实践措施。"健康管理，就是针对健康需求对健康资源进行计划、组织、指挥、协调和控制的过程，也就是对个体和群体健康进行全面监测、分析、评估、提供健康咨询和指导及对健康危险因素进行干预的过程。"[2]

换言之，健康管理是通过定期检查身体状况并采取相应措施预防疾病的过程，包括对健康信息的了解、危险因素的评估和干预。老年人群体是健康管理的重要部分，随着年龄增加，老年人自身免疫力会不断下降，各种疾病的发病率也随之上升。提高老年人的生活质量，是解决老龄化社会的主要策略，而预防和控制老年病，则是提高老年人生活质量，减轻社会及家庭经济与人力负担的主要措施。通过社区卫生服务机构对老年人健康进行计划、组织、指挥及控制，可以降低老年人的患病几率，有效控制相关疾病的发病病程。

从广义上来说，老年人健康管理包括疾病预防、老年人健康体检和健康指导三个方面的内容，其中疾病预防主要通过健康教育的方式实现，前面已做介绍，这里不再赘述；而健康指导是老年慢性病管理中的

---

[1]　陈博文主编：《社区高血压病例管理（试用）》，北京大学医学出版社 2008 年版，第 83 页。

[2]　陈君石、黄建始主编：《健康管理师》，中国协和医科大学出版社 2007 年版，第 1 页。

重要环节，将在后面展开；这里仅对狭义上的老年健康管理，即我国 13 项基本公共卫生服务中的第 6 项进行论述。老年人健康管理是指针对老年人群体的健康需求，通过开展各种健康服务和管理活动，维护老年人健康、提高生活质量的工作，其主要服务内容包括以下四项：（一）生活方式和健康状况评估。通过问诊及老年人健康状态自评了解其基本健康状况、体育锻炼、饮食、吸烟、饮酒、慢性疾病常见症状、既往所患疾病、治疗及目前用药和生活自理能力等情况。（二）体格检查。包括体温、脉搏、呼吸、血压、身高、体重、腰围、皮肤、浅表淋巴结、肺部、心脏、腹部等常规体格检查，并对口腔、视力、听力和运动功能等进行粗测判断。（三）辅助检查。包括血常规、尿常规、肝功能（血清谷草转氨酶、血清谷丙转氨酶和总胆红素）、肾功能（血清肌酐和尿素氮）、空腹血糖、血脂（总胆固醇、甘油三酯、低密度脂蛋白胆固醇、高密度脂蛋白胆固醇）、心电图和腹部 B 超（肝胆胰脾）检查。（四）健康指导。告知评价结果并进行相应健康指导。

二　健康管理的社区实践

老年人健康管理是我国医疗卫生服务的重要组成部分，也是社会保障体系建设的核心内容之一。按照我国公共卫生服务标准的基本要求，该服务项目每年进行一次，这三个社区卫生服务站要对本次体检内容进行实时跟进，相关内容保留存档，并按照结果对体检人群进行分类处理。对于发现的已经确诊为原发性高血压和 Ⅱ 型糖尿病的老年人要及时将其纳入慢病管理人群，对检查出来患有其他疾病（除高血压和 Ⅱ 型糖尿病之外的疾病）老年人要及时进行治疗，治疗不了的要及时向上级医疗机构进行转诊。对于存在危险因素但尚未发病的老人，要有针对性地对其进行健康教育，并嘱咐其定期复查。对于没有发现异常的老人，要和其约定下一次进行健康管理的时间。其详细的服务流程如图 4 - 2 所示。

随着年龄的增长和身体状况的变化，老年人身体机能逐渐衰退，容

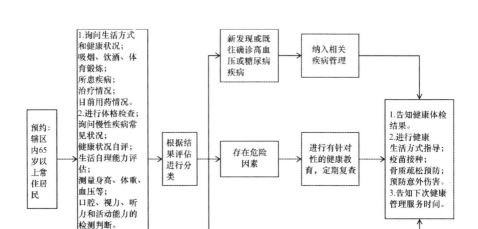

图 4 - 2　老年人健康管理服务流程

资料来源：国家基本公共卫生项目服务平台。

易出现各种慢性疾病和生理、心理障碍，面临着更多的健康问题和风险。为了维持健康的生活方式和预防疾病，老年人需要进行健康管理。长风、兰飞及万里社区卫生服务站通过开展各种健康服务和管理活动，可以帮助退休职工掌握健康知识，增强健康意识，并积极采取预防保健措施，降低患病风险，提高健康水平。一方面，老年人往往因为身体不便、交际圈子缩小等原因，容易感到孤独、无助，而通过开展各种健康服务和管理活动，可以让老年人走出家门，参与社区活动，结交朋友，增强社会融入感，提高生活质量；另一方面，老年人患病率高、治疗费用高，容易成为医疗资源的重要消耗者。而通过开展各种健康服务和管理活动，可以帮助退休职工预防疾病、及早发现、及时干预，减少医疗资源的浪费，缓解医疗压力。其一，对于不了解自己身体状况的退休老人来说，健康体检可以为他们筛查相关疾病，做到"早发现，早治疗"；其二，对于已患有相关疾病的退休老人，也可以通过一次全面体检掌握其相关疾病的发展情况，以便控制疾病病程，更好地保障老年人的健康。老方①讲道：

> 体检肯定得做，今年的体检我是3月份做的。社区现在也可以，我们可以去免费检查身体。检查了身体，然后他就根据我们的情况，对我们进行健康管理。我们每年都报备的嘛，都有专门的医生跟我们讲方法，一般是每年检查一次。比如说我的高血压，你的血糖高，他隔一段时间就叫我们去复查一下，然后根据我们的情况给我们提建议，就是吃的要怎么样，药要怎么吃。

在这三个社区卫生服务站，生活方式和健康状况评估主要是通过门诊、电话、上门服务的方式完成，通过记录个人的疾病史、药物使用情况、体检结果等信息，方便医生对老年人的健康状况进行评估和管理。体格检查一般在健康检查的时候完成，社区卫生服务站提供免费的健康检查服务，同时鼓励老年人定期复查，及时了解自身健康状况。健康指导则是针对体检结果进行，社区卫生服务站通过专题讲座、宣传栏、印刷资料、交谈讨论、电话咨询等方式开展。

在健康管理的四项内容之中，社区卫生服务站提供的体检，包括了血常规、尿常规、肝功能、肾功能、血脂四项、空腹血糖和心电图监测、腹部B超等项目。由于社区卫生服务站的医疗设施不足，一般都是由社区卫生服务站抽取血液和尿液样本，然后把样本送到上级医院进行检测并出具检测结果，腹部B超和心电图监测则是由上级医院派医生带着设备到社区卫生服务站检测。体检并不是只持续一段时间，而是贯穿于社区卫生服务站一整年的服务工作，服务站每一周都会有固定的一天专门为老年人进行健康体检。对于一些失能老人，社区卫生服务站还会上门收集其血液和尿液样本，尽可能地在力所能及的范围内为老年人提供其应享受的所有服务。

---

① 访谈对象：老方；性别：男；年龄：83岁；身份：退休前为长风厂零件设计工程师。访谈时间：2023年10月21日；地点：长风厂家属院。（个案编号45）

三 健康体检的实施困境

如何让老年人享受高质量的晚年生活，健康体检是必不可少的服务内容。三个社区卫生服务站每年都会为老年人提供一次的免费健康体检，帮助老年人尽早发现健康风险因素，早期发现疾病并进行针对性治疗。但是很多老年人对国家的惠民政策不了解，导致他们对活动持有怀疑态度。另外，有些老人相信"天上不会掉馅饼"，认为免费的东西不可靠，这也从侧面反映出国家政策的宣传力度不够，所以三个社区卫生服务站的工作人员就需要对这一政策进行详细的宣传。

宣传方式一般有两种，一是在老年人到社区卫生服务站看病的时候，医护人员会询问今年是否体检过，如果对方说没有，护士就会告知免费体检的时间和要求，让他们在规定时间内来社区卫生服务站体检；二是在护士给辖区内居民打电话进行慢性病筛查的时候，会告知其体检的时间，嘱咐其在规定时间内到社区卫生服务站进行体检。两种宣传方式相比，前者更具有可行性，因为在后一种情况下，有些警惕性较高的老年人会把电话另一端的工作人员当成是骗子，从而产生很强的戒备心理。在前来体检的退休职工中，有一些人确实是在意自己的身体健康，有一些人听到免费体检的事情会把它当成一次"可薅的羊毛"，抱着不来白不来的心态前去体检。最让社区卫生服务站医护人员"头疼"的是第三种老年人，他们怀着"检查不出来就是没病"的心理，坚决不做任何健康检查。万里社区卫生服务站的梁站长①说道：

> 像老年人慢病随访、老年体检呀，他们来，我们都是要给送东西的，就一直在送护手霜、抽纸什么的，换着花样送，这也是为了鼓励老年人按时来。现在有些老年人，我觉得他那个想法其实有点儿奇怪，你想现在国家都是免费体检了，但是他们的想法是啥？我

---

① 访谈对象：梁站长；性别：女；年龄：44岁；身份：万里社区卫生服务站站长。访谈时间：2023年11月20日；地点：万里社区卫生服务站。（个案编号58）

查出来病怎么办？对，确实有这种情况存在。比如，刚开始老人得了病，但是自己不知道，后来我们做 B 超就发现他可能不太好。我们就说你再去大医院复查一下，结果查出来发现是肝癌，但是得的时间不长。有的老人他可能一知道自己生了比较大的病，精神上接受不了，一下子就崩溃了。

所以现在好多老年人就是你即使给我送东西，即使免费，我也不来体检。没办法我们就发发礼品鼓励他们过来，有些老人像这个高血压、糖尿病的，按道理就是要定期过来监测的。我们免费给这些老年人测血糖、量血压，他也不愿意来，他嫌麻烦，都说我自己家里有。我们告诉他，自己家里的那个仪器是需要定期校验的。再一个就是他来了之后，我们还要和他讲一讲，你怎么配合治疗呀，你需要不需要改药呀，或者你现在吃的药量得做一下调整呀。有一些老人对于这些事情配合得比较好，有一些配合程度不太好的老人我们也就只能提着东西上门去。

这三个社区卫生服务站中，坚持不体检的退休职工不在少数。为了鼓励老年人积极参加体检，政府出台了各种相关的优惠政策，其中有一项是做了年内的免费体检可以得到一张 10 块钱的代金券，代金券可以用于购买药品时抵扣金额。但面对这样的"好事"，有些老年人还是坚决拒绝，并表现出"我都活了八十多了，万一我做了这个检查发现自己有病可怎么办"的态度。更严重的是一些退休职工尽管已经出现了相关疾病症状，但是对疾病的重视程度仍然不够，认为自己年纪大了，身体不好了，应该在家好好休息，没有必要到医院去做检查。老蔡①讲述：

我原本也没有发现，但是我老伴儿有时候尿尿，尿不到马桶里

---

① 访谈对象：老蔡；性别：女；年龄：69 岁；身份：退休前为长风幼儿园老师。访谈时间：2023 年 10 月 20 日；地点：长风社区卫生服务站。（个案编号 44）

面，还老忘记冲厕所。那天是他进去上厕所又没冲，我进去之后发现，怎么马桶里面他的那个尿有点儿那种白色的一绺一绺的东西，那洒在地上的尿液还黏我的拖鞋底。后来我问医生，人家说那个已经属于糖尿病的早期症状了，就是那个"蛋白尿"。我叫他去医院看，哎呀，他就是不去。叫了好几次了，我叫完，孩子叫，他宁愿在家里面跟我们生气，都不去医院。你叫不动呀，我们拿人家一点点儿办法都没有，人家非说自己没事儿，好着呢，那你有啥办法呢。

三厂退休职工大都出生于 20 世纪四五十年代，早年的生活相对比较困难，中年之后由于体制改革又有过"内退"的经历，养老金相对较低，部分退休职工担心体检会查出病来，还要花钱治疗，因此认为不如不体检，大病治不起，小病扛扛也就过去了。在这样的现实困境下，有些退休职工只能选择掩耳盗铃，用不检查的方式掩盖患病的可能性。除了部分主观上秉持"不检查就没有病"观念的退休职工之外，有的人虽然自身对于身体健康非常重视，但是由于之前体检时不佳的体验感，从而丧失了对社区卫生服务站的信任，认为这样的检查工作就是"完任务"。他们觉得体检只是流于表面，查与不查是相同的。老李①说道：

> 我知道这个体检，但是我没去。也不是一直都没去，我之前也去过一次。那都好几年前了吧，我们老头子还在的时候。人家打电话，说有个体检，让过去做。我就叫我们老头子，我们老头子不去，说这八十的人了检查那干啥呢，他反正就不去。我说你管那干啥，人家免费给你检查还不好吗，万一有什么毛病，那咱就能早发现嘛。我们老头子比较犟，人家说定了事情你基本劝不动，最后说

---

① 访谈对象：老李；性别：女；年龄：82 岁；身份：退休前为长风厂装配工。访谈时间：2023 年 10 月 10 日；地点：长风公园。（个案编号 34）

着人家还急了，我说那不去就不去吧，我自己去，我得多活几年，就去了。

那天我去得可早了，8 点左右我就去了，去了之后看到排了长长的队。我这腰不好，那时候拄了个拐，站时间长了站不住。后来，是后面有一个老婆子，拿了一个这么小的凳子，她看我这么佝着腰站着，就把凳子让给我了，说你来这儿坐一坐。我就这么站着坐着、站着坐着的，才算是坚持到了。具体是多长时间我也忘了，反正一个多小时肯定是有的。排到之后也没有检查个啥，就是抽了几管血，验了个尿，就让我们回去了。回去之后又是等了好久，打电话说报告出来了可以拿了。过去之后吧，光说你没啥事，哎呀，这我就想着，我排了这么久的队，你让我过去，结果啥都没有。我就感觉这像完任务一样，你说，啥都没有弄嘛。后来我就再不去了，后面他们又给我打过好几次电话，我说我不去了，我就再没有去过。这之后我就是花钱去医院检查，我不是跟你说过我肺上长了一个瘤子嘛，不是每隔一年要去检查一下，看看我这个瘤子有没有再长大，我就那时候带着把全身的体检做了。

基本公共卫生服务由国家财政支持，各基层社区卫生服务站实施，直接惠及基层人民群众。老年人的免费健康体检无疑可以为做不起体检的老年人筛查相关疾病，提前预防，在最大限度内提升老年人身体健康的水平。但是在具体实施中，很多退休职工对政府提供的免费体检及疾病控制的政策存疑，对老年人健康管理服务认识存有误区，因此影响了健康管理的实施进度。

同时，社区卫生服务站设备不足也影响了这一服务项目的普及性。由于这三个社区卫生服务站缺少医疗设备，所以 B 超和心电图监测需要等上级医院带着相关人员和设备到服务站。虽然基础的血检和尿检可以由社区卫生服务站每周送上一次，但是上级医院的人员和设备并不能每周按时到达社区卫生服务站，这就导致很多老人很早之前就采集了血液和尿液的样本，但是隔了很久还等不到 B 超和心电图的检查，拿不到完整的检查结果。几乎每天都会有退休职工来社区卫生服务站询问工作人员什么时候可以做 B 超和心电图的检查，什么时候能拿到他们完整的体检报告，工作人员也只能无奈地说还没有借到设备，如果设备过来的话，一定会给每个人电话通知。由于设备落后、人员配备不足等问题，导致体检结束后体检结果不能及时递交到老人手中，有的甚至在体检结束后一个月才能把报告交给老人，这让部分退休职工对体检项目失去了信心，觉得体检报告的意义不大，所以参与度不高。

以上案例从侧面反映出三个社区卫生服务站存在的弊端，这也是我国基层社区卫生服务站目前普遍存在的问题。在我国，因为社区卫生服务站承担的医疗任务较轻、难度也相对较低，许多地方的社区卫生服务站都存在基础设施不足的问题。以这三个社区卫生服务站为例，规模最大的万里社区卫生服务站的使用面积不到 300 平方米，可供老年人休息的公共座椅不到 10 个；规模最小的长风社区卫生服务站空间更是逼仄，供老年人休息的公共座椅不过 4 个。这样的现状必然会导致社区卫生服务站在短时间内迎来较大的人流量时出现排队时间长、服务不到位等问题，进而使得部分退休职工产生不满情绪。

甚至有些人会质疑社区卫生服务站的护士多次催促其到社区卫生服务站进行体检的目的，反问"你非要叫我来体检，是不是你在这里面能够得到什么好处？"这种不信任的态度对于社区卫生服务站工作的开展无疑是不利的。对社区卫生服务站来说，如果其本身的服务不能得到辖区内居民的认可，使得辖区内居民"大病小病都上医院"，那其"居民健康守门人"的身份也就无从谈起。因此，社区卫生服务站要想为老年人提供更优质的医疗服务，除了依靠本身良好的服务态度，还应该进一步提升自身的硬件设施水平，为老年人提供更优质的基本医疗服务。

老年人健康管理服务项目的实施，为退休职工及时发现疾病、治疗疾病提供了可及性。但是在现实的实施层面，从主观上看，部分退休职工因为较低的养老金和报销金额，不敢生病，从而形成了"不检查就没有病"的错误的疾病观；从客观上看，社区卫生服务站由于人手和设备不足，使得部分退休职工在体检的过程中体验感较差，间隔时间过长的体检流程加剧了体检的复杂程度。这些主观和客观的阻碍共同造就了现有的老年人健康管理项目普及性较差的现状。面对此种情况，需要有关部门进一步出台相关政策，切实解决"看病难、看病贵"的现实问题，同时进一步完善我国基层医疗服务体系，加强对于相关卫生服务机构的投入力度，提升硬件设施，从而进一步扩大老年人健康管理服务项目的辐射范围。

第三节　慢性病管理

一　慢性病管理

慢性非传染性疾病简称"慢性病"，此类疾病具有长期性特点，无法自愈且几乎不能被完全治愈。常见慢性病包括心脑血管疾病、糖尿病、慢性呼吸系统疾病、慢性肾脏病以及恶性肿瘤等。慢性病患者患病病程长且并发症繁多，需要长期甚至终身的治疗，给患者带来了极大的经济负担。慢性病的致死致残率极高，近年来因慢性病导致的死亡人数已经占到了我国总死亡人数的85%以上。《中国居民营养与慢性病状况报告（2020年）》的数据显示，2019年我国因慢性病导致的死亡人数占总死亡人数的88.5%，其中心脑血管病、癌症、慢性呼吸系统疾病死亡人数占比为80.7%。《中国死因监测数据集2020》统计显示（见表4-5），65岁以上的老人中，因心脏病、脑血管疾病、恶性肿瘤、呼吸系统疾病等疾病所导致死亡的占总死亡人数的83.43%。众多的数据都表明，慢性病成为影响我国居民健康的首要不利因素，合理进行慢性病防治、遏制慢性病的高发态势，不仅有利于保障我国居民健康，还有利于保障老年人的身体健康，实现"健康中国"的目标。

表 4 - 5　　　　　　　　65 岁以上老人死亡疾病统计

疾病	死亡率（1/10 万）	构成比（%）
心脏病	1039.80	27.22
脑血管疾病	953.16	24.95
恶性肿瘤	785.73	20.58
呼吸系统疾病	408.41	10.69
伤害	163.9	4.29
内分泌营养代谢疾病	118.48	3.10
消化系统疾病	77.8	2.04
神经系统疾病	52.75	1.38
泌尿生殖系统疾病	35.96	0.94
传染病	24.4	0.64
精神障碍	18.21	0.47
肌肉骨骼和结缔组织病	11.81	0.31
血液造血免疫疾病	6.47	0.17
先天异常	0.48	0.01
寄生虫病	0.36	0.01
产科疾病	0	0.00
围生期疾病	0	0.00
死因不明	49.69	1.30
其他疾病	72.36	1.90
总计	3819.77	100

资料来源：《中国死因数据监测集 2022》。

我国对慢性病的管理最早可以追溯到 20 世纪 80 年代末 90 年代初。改革开放使得我国经济社会发展水平不断提高，人民的生活随之富裕。随着生活水平的提高，不均衡的饮食导致以高血压和糖尿病为主的慢性病的发病率逐渐上升，慢性病的负担逐渐显现。为了有效应对慢性病的威胁，保证人民的身体健康，我国开始探索慢性病管理的相关策略。在20世纪80年代末90年代初，我国慢性疾病的防治主要是基于卫生部门的传统疾病控制和医疗治疗，各级医疗机构通过提供基本的医疗服务，对慢性病进行诊断和治疗。但是，慢性病难以根治，这种只重视治疗而忽视慢性病预防的医疗手段并不能有效阻止慢性病发病率的增加。于是在90年代中期之后，我国逐渐转变了原本的单一强调治疗的慢性病管理理念转而向防治结合的慢性病管理过渡。

该时期我国的社区卫生服务体系逐渐发展，各级医疗机构防治结合，从根本上降低了罹患慢性病的概率。同时，政府也开始加强对慢性病的监测和统计工作，这为我国进一步制定更有效的干预措施提供了依据。为了更好地应对慢性病挑战，我国相继出台了一系列相关政策，2012年卫生部等十五个部门联合出台了《中国慢性病防治工作规划（2012年—2015年）》，明确了慢性病防控的指导思想和目标，提出了慢性病预防的各项措施的同时，逐渐形成了由医疗机构、社区卫生服务中心、患者及其家庭等多个层面协同作战的慢性病管理模式。

"慢性病防控需要社会、家庭和个人长期的综合管理，以社区为基础的管理被认为是比较有效的办法，而以个人和群体为对象的行为干预与管理代表了卫生服务改革的主流和需求方向。"[1] 近年来，我国慢性病管理逐渐强调社区在慢性病预防中发挥的积极作用，通过建立社区卫生服务体系，实施慢性病筛查、健康教育和长期随访等措施，提高了对慢性病的早期发现和有效管理水平。健康管理与社区卫生服务的整合，

---

① Cravep A. J., Washhurn S. A., Gesler W. M., "Developing Socio-spatial Knowledge Networks: A Qualitative Methodology for Chronic Disease Prevention", *Social Science & Medicine*, Vol. 52, No. 12, 2001, pp. 1763 – 1775.

能够促进社区卫生服务内容和服务方式的转变，对社区卫生服务的可持续发展具有重要意义。

与此同时，互联网技术的发展也为慢性病管理提供了新的手段，例如健康管理平台和远程医疗服务，二者结合可以使各级医疗机构的人员远程监控居民健康，对患者进行病情监测、用药指导及提供咨询服务。此外，在"互联网＋"模式下，患者能及时进行健康咨询，以此实现及时的健康管理，有效应对自身疾病。上述健康管理模式开辟了社区慢性病诊断、个体化治疗全新的途径，该模式的出现也使得慢性病的管理可以突破传统模式。将互联网作为工具应用于社区卫生服务机构的基本医疗、公共卫生服务之中，能够极大提升社区居民对社区卫生健康管理的获得感。

二 慢性病的社区筛查

伴随人们生活方式的逐渐改变及人口老龄化进程加剧，中国慢性病已呈现出高发的态势。由于慢性病具有病因复杂、病程长、难以治愈等特征，一名患者往往可能同时患有几种慢性病，尤其在老年人群中更易出现多个慢性病的"累积"，患有多重慢病已成为老年慢性病患者的常见特点。"根据2018年全国第六次卫生服务统计调查显示，老年人慢病患病种类以高血压和糖尿病为主，占所有慢病患病的51.2%。老年人口多病共患的情况较多，有23.8%的老年人患有2种及以上慢病，其中，患有2种慢病的占16.3%，患有3种及以上慢病的占7.5%。"[①] 笔者对长风、兰飞及万里社区卫生服务站为老年人建立的健康档案进行了统计，发现在三个卫生服务站管理的老年人中，患有高血压和Ⅱ型糖尿病的人占绝大部分，其中大部分老人同时患有高血压、Ⅱ型糖尿病两种疾病（见表4-6）。

---

① 蔡敏、谢学勤、吴士勇：《我国老年人口健康状况及卫生服务利用》，《中国卫生信息管理杂志》2021年第1期。

表 4－6　　　　　　　　　三厂社区老年人患慢病情况　　　　　　　　单位：人

社区卫生服务站名称	管理的老年人数	高血压	Ⅱ型糖尿病	冠心病	慢阻肺	严重精神障碍	其他疾病
长风	1812	877	371	36	17	35	58
兰飞	2876	738	259	7	2	23	63
万里	2876	773	307	3	0	33	106

资料来源：长风、兰飞及万里社区卫生服务站 2023 年资料。

可以说，高血压和Ⅱ型糖尿病是影响退休职工身体健康的主要隐患。因此，加强老年慢病健康管理，针对性提供慢病健康管理服务，对于改善社区老年人健康水平和生活质量的提高具有重要意义。这三个社区卫生服务站按照我国公共卫生服务标准的基本要求，对以Ⅱ型糖尿病和高血压为主的慢性疾病进行筛查、防治。长风、兰飞及万里社区卫生服务站的慢性病筛查主要包括了对于患有原发性高血压的糖尿病人群的筛查。国家基本公共卫生服务要求规定，对于 35 岁以上的居民，社区卫生服务站应每年为其提供一次免费的血压监测。对第一次发现收缩压≥140mmHg 和（或）舒张压≥90mmHg 的居民在去除可能引起血压升高的因素后预约其复查，非同日 3 次测量血压均高于正常值，可初步诊断为高血压。建议患者转诊到有条件的上级医院确诊并取得治疗方案，社区卫生服务站要在两周内随访转诊的结果，对已确诊的原发性高血压患者纳入高血压患者健康管理。对可疑继发性高血压患者，及时转诊。具体流程如图 4－3 所示。

对于Ⅱ型糖尿病患者来说，如果是空腹血糖超过正常值，则需根据其既往的服药情况、体检情况以及是否出现相关异常情况（意识或行为改变、呼气有烂苹果样丙酮味、心悸、出汗、食欲减退、恶心、呕吐、多饮、多尿、腹痛、有深大呼吸、皮肤潮红；持续性心动过速——心率超过 100 次/分钟；体温超过 39 摄氏度或有其他的突发异常情况）分情况进行转诊处理。根据其血糖测量结果的不同，确定是否随访，具体流程如图 4－4 所示。

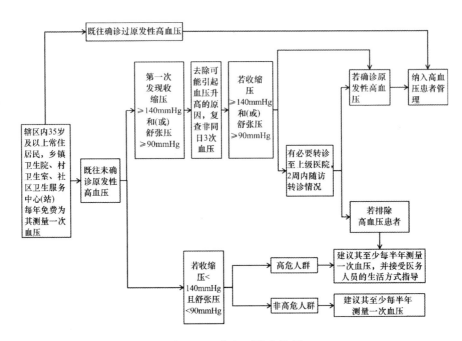

图4-3　高血压筛查流程

资料来源：国家基本公共卫生项目服务平台。

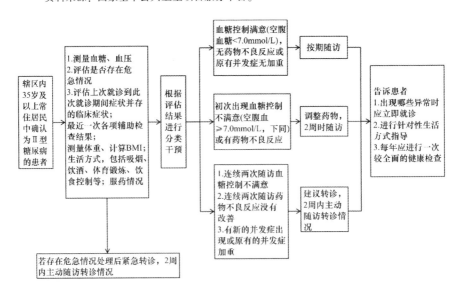

图4-4　糖尿病患者服务流程

资料来源：国家基本公共卫生项目服务平台。

对于已经在医院确诊高血压和糖尿病，但还没有纳入社区慢性病管理体系的老年人，就需要社区卫生服务站的工作人员通过各种途径对相关情况进行询问、筛查，并将其纳入管理体系。以万里社区卫生服务站为例，牛护士①详细介绍了筛查的途径。

刚刚开始的时候，病人在我们这里就诊，确认了高血压还是糖尿病，我们立马就可以给你建档案。再就是通过我们入户的筛查和义诊。我们每个月基本上都有好几次义诊，我们到管辖的这个小区院子里做各种各样的义诊，那么这些人就会来到我们这个地方量血压、测血糖。发一些宣传册。义诊发现了他有高血压、糖尿病，就建一个档案。还有呢，我们跟万里医院结合得比较紧密，所有住院患者的名单我们都要过来，我们从这个名单里面再去筛查。再就是说，我们这个辖区管理这么多人口，那这么多人口，社区是有档案的，社区也可以给我们一些名单。剩下的方式就是打电话或者入户，大部分的人还是义诊的时候筛查的，因为80%的人他是能来到我们这个地方的，他行动方便的话，他自己就会过来。他来了，我们把档案面对面给他建上以后，他就属于我们的慢病管理者的对象了。

筛查途径一般有三个，一是在病人就诊的时候由医生询问是否患有慢性疾病，若有的话，则由管理慢性病的护士登记其详细信息，将其纳入慢性病患者的管理体系内；二是在社区进行义诊的时候通过对老年人进行血糖和血压的监测判断其是否出现相关症状，在连续监测后根据检查结果将其纳入相应的慢性病管理体系；三是在社区提供的辖区居住人员名单的基础上，通过打电话或者入户的方式询问辖区内居民是否患有慢性病。相比于前两种方式，最后一种方式的成功率并不高。因为在互

---

① 访谈对象：牛护士；性别：女；年龄：36岁；身份：万里社区卫生服务站护士。访谈时间：2023年11月20日；地点：万里社区卫生服务站。（个案编号60）

联网上经常会有一些不法分子利用漏洞来进行违法犯罪活动，还有一些不法分子利用各种手段对个人信息实施窃取，如果不提高警惕的话，很容易上当受骗。这种"怕被骗"的心理使得老年人的防范意识增强，甚至形成"草木皆兵"的思维。

需要筛查的数量很庞大，护士们的私人电话，经常会被接电话的老人误以为是骗子，很多时候护士需要在电话里一遍又一遍地解释自己打电话没有别的目的，只是单纯地询问一下对方的身体情况。大多数时候这种解释并不会起到什么作用，只会以护士的"不好意思打扰您，祝您身体健康"为结语。因为打电话筛查的数量很庞大，有些时候护士的手机号码会被自动识别为诈骗电话而被进行停机处理。至于入户，对于社区卫生服务站的医护人员来说，这是一项更为艰难的工作。由于政策宣传不到位，势必会影响老年人对宣传内容的认知和理解，导致很多退休职工对社区卫生服务站的惠民服务持有怀疑态度。

三　慢性病的社区服务

慢性病的特点是需要较长的治疗与康复周期。若是纯靠阶段性住院治疗，往往花费大且达不到很好的效果，必须辅以长期的维持性医疗保健服务。在将社区内慢性病患者筛查出来，纳入慢性病患者的管理之后，社区卫生服务站就需要为其提供相应的服务。社区健康教育、社区家庭访视护理、社区医生随访监测等社区卫生服务，能够有效降低老年人的慢性病患病率。牛护士[1]又详细介绍了慢性病管理的方式。

> 一年四次面对面的随访，根据患者情况，由患者到医院或我们上门随访。他来了以后，比如说是高血压的话，我们要监测他的血压并对其用药进行监测，看患者吃的药是否有效。如果你吃药效果不理想的话，可以到医生办公室去找医生，调整药量或者采取别的

---

[1]　访谈对象：牛护士；性别：女；年龄：36 岁；身份：万里社区卫生服务站护士。访谈时间：2023 年 11 月 20 日；地点：万里社区卫生服务站。（个案编号 60）

措施。我们最终的目的就是把血压调整到比较理想的一个指标。

　　如果随访高血压发现他的血压不正常，那我们就要增加随访次数了。平时的话我们是三个月随访一次，如果你是有异常的，我们两周随访一次，连续两次都不正常我们就要给你转诊了，转到我们对应的上级医院去治疗。因为你不正常，我们还要找原因，我们要给你调药，把药调整完以后，相当于给你进行了一个干预。如果你还是不正常的话，那就证明药已经控制不了你的病情了，所以还是要去住院看一下。

　　社区卫生服务站需要对纳入慢性病管理体系的老年人进行一年四次随访，如果在随访的过程中对血压和血糖的监测出现了异常情况，需要其在社区签署的家庭医生对其进行用药监测，判断这次异常情况出现的原因，及时调整用药。两周后继续随访，如果这次随访的结果恢复到正常值，则恢复三个月一次的随访频率；如果还处于异常情况，就需要社区医生根据其实际情况进行转诊，并在两周之后跟进转诊之后的情况。图4-5为高血压患者的随访流程图。

　　三个社区卫生服务站的慢性病管理工作帮助退休职工及时发现疾病，将疾病的病程遏制在了可以控制的范围之内，极大地提高了他们的生活质量。在社区卫生服务站，笔者见到了许多和慢性疾病共存了十几年的老人，他们按照医生的嘱咐用药，严格控制自己的饮食，每天对自己的血压和血糖进行监测。尽管已经患了十几年的慢性病，但是仍然没有出现相应的并发症。并不是所有退休职工都能够对慢性疾病保持正确的认知，笔者在社区卫生服务站也见到了不少因为对疾病认知不足而拒绝按照社区卫生服务站的医生要求进行控制的老年人。万里社区卫生服务站的李护士[1]讲述了自己曾经遇到的一位老年患者的例子。

----

　　[1] 访谈对象：李护士；性别：女；年龄：47岁；身份：万里社区卫生服务站护士。访谈时间：2023年11月20日；地点：万里社区卫生服务站。(个案编号59)

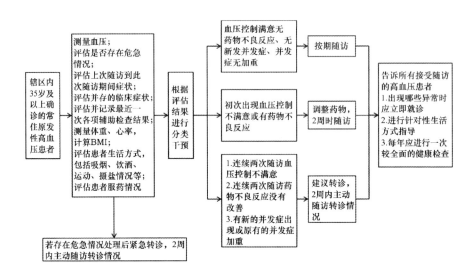

图4-5　高血压患者服务流程

资料来源：国家基本公共卫生项目服务平台。

　　以前我们这儿来了一个老人，因为他患有糖尿病足，几个脚指头都掉了，还好最后保住了半只脚。我们第一次去换药的时候你知道啥程度？本来我们是十几个人一起去的，准备给他的那个脚换药，把那个布一掀开之后，那臭得呀，因为他糖尿病足嘛，把人全部都臭跑光了，最后就剩我和另外一个小张护士，剩我们两个给他换药。刚开始换的时候，每次我们都要拿五百毫升盐水冲洗他整个腿，他那个脚上连着腿的地方全部都坏死了。我们就先把伤口里面的分泌物呀，坏死组织呀，拿五百毫升的盐水给他先冲着洗一遍。洗一遍擦干之后你才敢去换药，他整个腿从这个底下一直到脚都坏死了，整个都坏死了，坏死了以后要把那个坏死的组织清掉，清掉以后新的组织才能慢慢从里面长出来。每次我们带的纱布都不够，因为他整条都坏死了嘛，你得从整个腿上连到脚上给他拿纱布一层一层包好，包好之后再打个结。

　　我给他换药换了有一年多吧，他家里也有钱，他那个弟弟是做生意的，我们一来就给他讲清楚了，我说反正坏到啥程度不知道，能不能治好我们也说不清楚。本来人家医生是建议他截肢的，他不截，他说反正年龄那么大，也不打紧了。他有八十几了吧，根本不忌口，还喝酒、喝奶茶、吃油葵啊。就这么一大包油葵，他就在床上啪啪啪开始吃。他其实身体挺好的，年轻的时候身体素质应该是很好的，就是不控制，本来糖尿病要是控制得好的话，这些并发症是可以避免的。他说无所谓，反正我不要截肢，年龄也大了不需要。他说你给我换药就行了。大夫给他讲清楚了，有可能换了药之后往坏的方面去发展，你别看那腿就这么样了，有可能它继续坏呢。他说没事，也能接受。他是属于比较幸运的，我们一直在给他换药，一年多腿上都好了，就只坏掉了半只脚。

但这样的"幸运"并不具有普遍性，更多时候许多老人都因为对于糖尿病和高血压等慢性疾病不够重视，从而引发了严重的心脑血管疾病。在 2023 年 10 月 10 日早上来到长风社区卫生服务站的一位长风厂的退休老人就是如此，她今年 77 岁，因糖尿病引发了缺血性脑卒中造成了偏瘫。入住楼上养老院的时候，测量的空腹血糖高达 20.6mmol/L，远超 7.0mmol/L 的正常值。除了老年人本身对于慢性疾病的认知障碍，社区卫生服务站本身对于慢性疾病的管理也存在一定的缺陷。

基层医疗卫生服务机构受到客观情况的限制，对于慢性疾病管理和救治的药品配置仍存在欠缺。我国目前的分级诊疗制度对不同级别的医疗机构可以进购和售卖的药品有着严格规定，一级医疗机构能够在网上平台进购的药品种类和级别都受到了较为严格的限制，其本意是为了最大限度地避免医疗资源的浪费。但当社区卫生服务站治疗疾病所需要的药物远远超过其能够购买的药物级别时，药品的分级制度便在一定程度上阻碍了社区卫生服务站的医疗工作。万里社区卫生服务站的梁站长①讲道：

① 访谈对象：梁站长；性别：女；年龄：44 岁；身份：万里社区卫生服务站站长。访谈时间：2023 年 11 月 20 日；地点：万里社区卫生服务站。（个案编号 58）

因为我们都是从网上进药，好多药我们服务站都是没有资质进的。像我们进的抗生素，就只能是最便宜的，有些肺部感染什么的压不住，所以要申请好一点儿的治疗药物。因为我们的级别低一些，所以我们进的药的级别就低，像我们现在级别稍高一点儿的药品都是从我们医院里申请。凡是我们医院有的，我们就申请过来给老人输上。我记得有一次，我们给病人输的药，连我们院里都没有，最后院长是找的别的医院去买的，然后才给输上。当时那病人家属直接告到院长那儿去了，因为家属就觉得我把人送到你们这里，你就必须给我解决了。因为那个药我们确实没有，我当时给家属说但凡我们医院有的，我们都会给你调过来，因为我们医院都已经限制级别了，那我再没有办法了。最后院长是托的私人人情去给他买的，因为他需要那个药。

万里社区卫生服务站因为有万里医院作为支持，情况相对乐观，医院可以协助社区卫生服务站做好高血压、糖尿病等慢性病的管理与防治，还定期派驻专家来社区卫生服务站进行坐诊，提供完善的技术指导和服务，提高社区医疗诊治水平。但是长风社区卫生服务站和兰飞社区卫生服务站作为民营性质的社区卫生服务站，医疗卫生服务水平有限，在面对类似的情况时往往束手无策，影响了业务工作的顺利开展。长风社区卫生服务站的史护士①说道：

药的话，我们就没办法，因为你没有就是没有。但是像输液什么的，有些是人家病人在医院里面开好的拿过来，我们就可以给他输。我们看病的话，一般不会开我们这里没有的液，要是实在想输效果好一点儿的药的话，就让他自己去买，买来了我们可以给他输。

---

① 访谈对象：史护士；性别：女；年龄：28 岁；身份：长风社区卫生服务站护士。访谈时间：2023 年 10 月 13 日；地点：长风社区卫生服务站。（个案编号 38）

　　同时，社区服务站内慢病管理专业人才的缺乏也为社区卫生服务站的慢病管理工作增加了客观障碍。一方面，社区卫生服务站的全科医生数量较少，而管理的居民却很多。笔者调查的三个社区卫生服务站管理的慢性病人数均在千人以上，但每个卫生服务站所拥有的全科医生数量有限，最少的长风社区卫生服务站更是只有一名全科医生。在这样的重压之下，医生管理慢性病患者的精力难免不足。另一方面，社区卫生服务站进行慢性病管理的专业性相对不足。专门负责慢性病管理的护士为慢性病患者提供的指导存在相当大的局限性，很多护士的侧重点在用药指导，而对于慢性病患者生活习惯方面的指导较少。事实上，对于慢性疾病来说，不仅是平日服用的药品，日常生活中的控制也相当重要。

　　针对慢性病，只要遵医嘱并保持健康的生活习惯，老年人完全可以做到与疾病长期共存。目前，国家已经建立起了以基层社区卫生服务机构为主体的"家庭—社区—个人"的慢性病防治体系，保证对于慢性病可以做到及时筛查、有效治疗。但是在政策实施层面，从主观上看，退休职工本身的个体因素差异使其形成了不同的疾病认知，部分人对于慢性疾病的重视程度不够，从而加速了慢性疾病的发展过程，放大了慢性疾病所带来的不良后果。从客观上看，社区卫生服务站的治疗能力有限、医生数量少且专业程度有限，这也会加速慢性病病程的发展。所以，要想使慢性疾病的管理系统在最大程度上发挥其效用，就要改变老年人对疾病的错误认知，提高他们对慢性疾病的重视程度，完善我国全科医生制度，加快慢性病管理的相关人才队伍建设，从而最大限度延缓慢性病的发病病程，延长老年人生命健康的时间。

第五章　健康保障的自我管理

为应对健康风险，退休职工运用自己的智慧进行积极调整，采取一些降低医疗费用的方法来增强自身抵御疾病的能力，以一种可以称之为地方性知识的医疗保健措施化解问题，维护自身健康。科学有效的体育锻炼不仅能够提高退休职工的身体素质，而且为他们搭建了一个互相交流、共促技艺的平台。这种积极的锻炼体验具有直接促进身心健康的效果。平衡膳食是维持合理营养的最佳途径，规律作息是提高免疫功能的重要方式，二者都是他们预防疾病的有效措施。当然，健康不仅来自持之以恒的体育锻炼和良好健康的生活习惯，良好的心理素质也有益于增强体质，提高抗病能力，故培养乐观心态、扩展社会交往、寻求精神寄托等一系列方式亦成为退休职工促进身心健康、提高生活质量的重要途径。

第一节　适度锻炼身体

一　运动与健康

生命在于运动，体育锻炼对疾病防治、延缓机能衰退、增强体质、改善心理状态等健康和社会化方面的作用已得到广泛承认和证实，是老年群体进行健康管理、增进身心健康的重要手段。经济、有效、科学的体育锻炼，是改善身体健康水平、调整心理健康状态、抑制医疗费用过度支出的有效方法，也是在"未富先老"的老龄化背景下提高退休职工生存质量的途径之一。老赵①年轻时就喜欢锻炼，他认为持续的锻炼可以减少疾病的发生。

二十多年前我们锻炼就是玩玩武术什么的，后来感觉自己身体素质有点虚，间隔了三四年，人身体不管哪个器官都在不同程度衰老，你不锻炼势必就会感觉到吃力，比如上楼什么的，两条腿没有劲。人老是从腿上老，因为人懒了是从腿上开始懒。为什么摔跟头？因为腿都站不住，肯定摔跟头。锻炼的人脚底下有根，根扎得稳，你根扎实不至于左右摇晃摔倒。练武练到一定程度就是养生，练得好了不至于内分泌失调。三十多岁去大夫跟前看病要药，这是泡病假，就是要假条，就是休息。到了四十多岁病开始找人了，大夫一看你四十多岁了该休息了太累了，是这个意思。人生理上到四十岁就开始慢慢衰退走下坡路，那有些人为什么不走下坡路？说明他天天锻炼，他延缓了，其实能达到效果。

老蒋②年轻时就喜欢锻炼，他认为自己的好身体都是归功于锻炼，并以亲身经历来讲述锻炼的重要性。

不锻炼不行了，每天一般是一出太阳就出来，现在还没吃饭，待会回去吃完饭再出来待的时间就长了，待会出来待一两个小时。身体挺好的，也不怎么吃药、去医院。我从小学就开始锻炼，身体一直挺好的，在家也是我照顾老伴儿，做饭洗碗都是我，身体好，多干一点儿无所谓，老伴儿身体比我差，但是还可以，在我的督促

① 访谈对象：老赵；性别：男；年龄：62 岁；身份：退休前为万里厂锻工。访谈时间：2014 年 12 月 6 日；地点：万里厂家属院。（个案编号 17）
② 访谈对象：老蒋；性别：男；年龄：75 岁；身份：退休前为万里厂钳工。访谈时间：2014 年 12 月 7 日；地点：万里厂家属院。（个案编号 20）

下也锻炼，锻炼对身体好。前几年我回四川老家，有一次因为一直下雨，路上有青苔就给滑倒了，站都站不起来，去医院看医生，说腰可能断了，最后拍了个片子，没断。大夫说要三个月，没三个月恢复不过来，他就说给我针灸什么的，我怕疼就没弄。

后来我站桩，身体反倒不疼了，全身放松了练，产生自发功，练了20多天我就把自己的病治好了。大夫说要三个月，我20多天就把自己的病治得差不多了。好像有大夫指导一样，感觉很奇妙，对自己身体有好处。都说功到自然成，到底功什么时候到，我也不知道。现在身体好了，以前站十五分钟都站不住，现在站几个小时没有问题，全身放松站着也不累。关键大脑里面什么都不能想，刚开始会想，但这是个过程，后来就不想了。自发功出现了，身体就会不由自主地动，顺其自然就行了，动得很舒服不累，对全身很好，再加上平时锻炼注意方法，打打太极拳。都说我气色很好，气色好身体好跟我练功有很大的关系。

老陈①是老年健身操队的队长，每日清晨都和队友们一起活跃在万里厂家属楼前的空地上。作为队长，她不仅以身作则，而且严格要求队友，带动周围的同事参与到体育锻炼中。她的"身体好就是理财"的理念说出了大多数退休职工的心声，体育锻炼的确是低收入群体找到生存平衡点的重要方式。

现在不活动不行，不活动感觉有什么事没做一样，不舒服，一活动出出汗就好了。锻炼显得人年轻，锻炼身体是给自己锻炼，又不是给别人锻炼。做不到位胡乱一做，等于没锻炼一样，锻炼了做到位才能出汗。我感觉锻炼对身体特好，以前老上网，颈椎不行，腰也不太好，胳膊伸不直，做了这个以后，现在胳膊伸得直直的，

① 访谈对象：老陈；性别：女；年龄：58 岁；身份：退休前为万里厂化验员。访谈时间：2014 年 12 月 8 日；地点：万里厂家属院。（个案编号 23）

颈椎和腰也好了。以前我们这有好几个腰椎间盘突出的，做了这个操以后，都说腰很舒服，都好了。这个操也属于一个保健操，队伍里也有附近农村的骑自行车来，原来也就十几个人，冬天人少一点儿，夏天人多，有五十几个人。

我爱管闲事，他们做不好我也说，我觉得既然是来锻炼的，就应该做什么像什么，做到位，胡乱做，没有效果。那天我还说几个年龄大的老婆子，你们是来锻炼的，不是来聊什么炒土豆丝的。年龄大了，一边做操一边聊天，万一岔气了怎么办，你做不好会影响我们队的形象。市医保发的那点儿钱根本不够，自己还跟别人说身体好也算是理财，理财不仅是拿钱买这个买那个，自己拿钱不往医院里送就是理财，钱也省下了，你说是不是理财。身体好也是理财的一方面，报纸电视上经常提到理财，我就这么认为，所以得认真锻炼身体。

老年人免疫系统的功能随着年龄的增长也会发生自然退化，出现衰老，造成老年人抵抗疾病的能力下降。研究显示，"坚持一年以上有氧运动的老年组比不锻炼的老年组的细胞免疫功能明显提高。说明有氧运动的老年人其细胞免疫功能仍能保持在较高的水平，提高了抗病能力。老年人长期适度的有氧运动是一种安全而有效的健身及康复手段"[1]。老朱[2]也说到体育锻炼带给她的益处：

以前身体好得很，没去过医院，一天药也没有吃过。前年先是腰疼，走着走着就跌倒了，后来在医院住了20天，回来后到刘家堡的那个老年公寓，是个军人养老院什么的，到那按摩了一个月。按摩一个月，反倒按摩坏了，腿也不舒服了。后来我就锻炼嘛，先

① 张美江：《体育锻炼与常见病防治》，华东师范大学出版社2000年版，第66—83页。
② 访谈对象：老朱；性别：女；年龄：61岁；身份：退休前为万里小学音乐老师。访谈时间：2014年12月11日；地点：万里厂家属院。（个案编号25）

走路，一圈一圈地走，后来又打球。平常感冒，不发烧，喝点儿药就好了。我以前没有得过病，身体一直好得很，一直都是124斤，前年得病了就成103斤了，吃不成睡不着，现在锻炼打球又恢复到124斤了。像我姐比我大两岁，经常不锻炼，天天感冒，稍微不注意就感冒，打吊针什么的。

老年人退休后，需要重新适应因生理、心理、经济、社会角色等转变带来的问题，如果不适应就容易导致心理障碍。退休职工参与适度锻炼有助于消除孤独感，建立新的社会关系，增进社会交往，丰富精神生活，获得良好的感觉和健康状态。在锻炼中，大家不仅增进了交往，联络了感情，而且还可以交流一些关于养身保健的心得体会。老朱①继续说道：

> 我就在这边玩，打球的时间长了大家都很熟，过几天去唱个歌，还会去大河洗浴城洗一下澡，大家活动挺多的。轮上的就上场打球，轮不上的就聊天，也聊家常也聊养生。最近我们打球的一帮人都喝的用三七配的中药，方子是从邢总那要的。那个三七不是说治高血压，心脏病，是活血化瘀的。这个药好，我们掌柜的吃了两年了，他以前不是心脏不好嘛，现在好多了。打球的那个邢总就一直吃的这个，配的三七、党参、山楂，配好了早上空腹喝，晚上睡觉前再喝，我现在也喝。以前1公斤800块钱，现在是400块，我们那天一帮人去就买了4斤，买回来大家分。

退休职工能不断地从运动锻炼中体会到交友的乐趣，释放压抑感、获得精神慰藉，从而更加自觉地投身到体育锻炼之中，这种积极的情绪

---

① 访谈对象：老朱；性别：女；年龄：61岁；身份：退休前为万里小学音乐老师。访谈时间：2014年12月11日；地点：万里厂家属院。（个案编号25）

体验具有直接的心理健康效益。在老忻①看来，运动不仅可以提高老年人的身体素质，还能为他们搭建一个互相交流、共促技艺的平台。

> 我们这个团队好。别看我们是企业，工人多，可是人情味浓，不像对面区委的、交大的。我以前也去交大体育馆打乒乓球，那时候我们这里还没有这个乒乓球案子，去了几次我就不太想去了。有的人挺好，会给你让一下，有的人素质就不行，觉得我们外来的，打球的时候也不让，问都不问一下。你看我们这里，不光是我们厂里的，还有外面来的，我们都是一视同仁，都欢迎。只要你来，大家都很友好，都挺热情的。因为处得好，我们还经常一起去游泳、唱歌、爬山什么的。

个体参与可能会因个人或个人相关因素的影响而增加，譬如改善身体健康、增强生活质量等预期结果都可能影响老年人对体力活动参与的意愿。因为经济、科学、有效的体育锻炼可以提高身体的新陈代谢，改善身体健康水平，调整心理健康状态。于是在"锻炼等于储蓄，不病就是省钱"的理念下，退休职工通过锻炼的方式强身健体，减少家庭医疗开支，提高自我生存质量。

但是，社区却没有提供相应配套的硬件设施。职工有锻炼的诉求，但是政府或企业却提供不了基本的健身条件来满足职工的诉求。如场地有限限制了活动的人数，使得更多有意愿参加锻炼的人由于场地原因无法加入；再如场所有限限制了活动的内容，没有诸如棋牌室、乒乓球室、排练室等室内活动中心，使得体育锻炼的内容只能围绕室外展开，一些特色的项目就无法得到长远发展。太极队的老王②是这么说的：

---

① 访谈对象：老忻；性别：男；年龄：87 岁；身份：退休前为万里厂厂长助理。访谈时间：2023 年 10 月 30 日；地点：万里厂家属院。(个案编号 46)
② 访谈对象：老王；性别：女；年龄：70 岁；身份：退休前为万里厂现场技术员。访谈时间：2014 年 12 月 9 日；地点：万里厂家属院。(个案编号 24)

有活动器材，但是没有人维修，没人管，坏了就没人管就影响到安全了。健身器材不牢靠，把人摔了怎么办，管理维修不到位。还感觉健身场地不够用，没环境。你看今天下这么大的雪，我们没有室内的活动场地，只能冒着雪打太极。刚开始雪小的时候还能勉强练，你看现在，雪越下越大，地也越来越滑，好多人就不敢继续练了，怕摔倒。这么大的年龄，摔一跤，不划算。先别说医药费多贵，关键是自己受的罪大。我这会儿也不敢再练了，准备收拾东西回家。你说，如果能有室内的活动场地，我们至于早早收场嘛，这样的地这样的场合根本就不适合打太极。

喜欢打乒乓球的老杨[1]也说道：

我们社区连个乒乓球室都没有，夏天室外打球还挺好，冬天呢，就这两个破案子，还得我们自己清理，自带网子。下雪的时候还得拿个扇子时不时扫一扫案子上的雪，条件艰苦吧。再看看这么多人就围着两个案子打，轮不上的时候就只能旁边冻着。一个早上下来，看着都在外面活动，其实大部分的时间都是站旁边等着呢。

室外活动不仅受到天气的制约，就连场地也受到限制。几个人有时候就需要互相谦让，错开锻炼的时间。老陈[2]无奈地说：

我们经常为位子争论，条件差没有地方。以前有个俱乐部有场地，大家可以活动，现在没有了，没办法。你看我们练个有氧操，因为场地小，有时候还得在健身器械中穿来穿去，多不安全。我们

---

[1] 访谈对象：老杨；性别：男；年龄：73 岁；身份：退休前为万里厂车工。访谈时间：2014 年 12 月 14 日；地点：万里厂家属院。（个案编号 27）

[2] 访谈对象：老陈；性别：女；年龄：58 岁；身份：退休前为万里厂化验员。访谈时间：2014 年 12 月 8 日；地点：万里厂家属院。（个案编号 23）

现在练的这个地方还是以前人家打羽毛球的场地，我们来这个地方后，就把打羽毛球的给赶走了。以前这里还有跳舞的，我们就和人家商量我们尽量早一点儿，赶在人家来之前做完，也为这个事淘过气。还有，我们声音不敢开大，开大了旁边居民楼的人就提意见，可是声音太小，做操的又听不到，也很为难，说来说去还是场地小没环境。

从2014年的调研到2023年的调研，笔者发现社区体育健身环境依然没有得到有效改善。落后的硬件设施不仅限制了职工活动的内容，更重要的是影响了职工锻炼的热情。体育锻炼被职工们视为节约医疗支出的手段之一，不论是政府还是企业都应该为职工提供更好的健身条件以满足职工对于锻炼的诉求。对于政府而言，要把改善社区基础条件、完善社区基础设施作为一项重要任务和硬性任务，加大投入，使社区具备发挥作用的基本条件。对于企业而言，要集中投入一定数额的资金用于职工社区公共活动场所以及社区服务中心等基础设施建设，为职工生活带来便利，提高退休职工的生活质量和生活水平。

二　保持传统运动

传统养生运动因其简便易行、切实有效的特点，非常适合老年人锻炼与保健。舞剑兼具养生、健体、防病的功效，并且动作简单，体强体弱均可练习，是最适合老年人的运动之一。它对于人体各部分肌肉关节的灵活、韧带的伸长以及平衡感官、促进血液循环等都具有良好的效果。舞剑时，人们的眼睛需注视剑锋所指，头颈会随之或仰或俯，忽左忽右，对锻炼颈项部位有很大的好处，还可以锻炼人注意力的集中程度，并提高人的反应速度。

对有些年轻时就喜欢锻炼的退休职工来说，舞剑可以很好地与他们随着年纪增长而机能下降的身体相适应，不仅相对容易掌握，而且从网上可以找到大量相关学习视频，这使得一些职工在退休后通过学习成为运动团体的领导者。老姚①退休后参加的锻炼团体中，既有队长又有领队，虽然她们都不是专业的教练，但老姚认为她们教得非常好，自己膝盖的疼痛得到了很大缓解。她说：

> 我们穿着专门的练功服打起来轻松，也不是一定要穿练功服。她们打剑，我打扇子，哎呀，反正动作到位就可以了，有效果嘛。人不一样，生活也不一样。我们练拳、练剑，一直是有个队长带我们的，她是总教练，都是她教我们，我们这些人的动作都是她教的，她教得很好。

对于老年人来说，关节和肌肉不如年轻时候那么有弹性，而站桩作为一种传统的中国武术和养生方法，由于运动量较小，对于老年人来说比较安全，因此很适合退休职工练习。"太极拳桩功是保持静站姿势，进行以意领气，以气运身锻炼的一种外静内动的内功练习方法。"它涉及在静止状态下保持身体姿势，以促进内部循环和气血能量的流通。站桩对于练习的时间地点没有要求，只需要掌握技巧即可，没有基础的老年人也可以马上练习。"太极拳桩功在维持老年人现有的平衡能力方面具有重要作用，由于老年人随着年龄增长，各方面机能的减退，能保持平衡能力不消退，本身就具有很大意义，太极拳桩功的作用就在于可以维持老年人现有的平衡机能，防止平衡能力退化。"② 这种缓慢的运动不仅可以锻炼肌肉，而且可以增强神经的敏感性，同时又避免了因剧烈运动或过度疲劳而引起的伤害，达到养生防病，强身健体的效果。老马③坚持长期站桩，自我感觉锻炼成效明显。

---

① 访谈对象：老姚；性别：女；年龄：85 岁；身份：退休前为万里厂技术员。访谈时间：2023 年 11 月 13 日；地点：万里厂家属院。（个案编号 55）
② 李震、沈凤铭：《太极拳桩功练习对老年人平衡能力的影响》，《搏击·武术科学》2013 年第 6 期。
③ 访谈对象：老马；性别：男；年龄：75 岁；身份：退休前为长风厂司机。访谈时间：2023 年 10 月 13 日；地点：长风公园。（个案编号 40）

　　要选择适合自己的活动方式，像我早上起来就站桩。它属于气功，属于活动心肺的嘛，站桩可以增进人的健康，对人体有益，提高耐力。我站桩四十分钟到一个小时，然后还能骑三十公里的自行车。前面一开始我站了有半年，但是没有掌握住呼吸的技巧，效果不太明显。因为没有掌握这个呼吸，站了有半年时间以后，身体疼了，就跟电影上一样走火入魔了。人不能动的，就疼得呀，那种疼简直就是忍受不了。后来就慢慢掌握了这些规律，以后就没有问题了。现在站得时间长了，再没有那种现象。

　　八段锦是退休职工的常见运动项目之一。"八段锦属于导引养生功，其动作具有柔和缓慢、圆活连贯、松紧结合、动静相兼、神形相合、气寓其中的特点。长期练习可以平衡阴阳、疏通经络、分解黏滞、滑利关节、活血化瘀、强筋壮骨、增强体质。"[1] 这些功效可以从现代生命科学的角度进行解释，"八段锦"运动强度适中，是典型的中等强度的体育运动。"八段锦练习能明显提高中老年受试者上肢和下肢力量素质，明显改善呼吸系统机能，提高中老年人关节灵活性，平衡能力和神经系统灵活性。"[2] 但是，练习八段锦，需要根据个人体质和实际情况进行适度锻炼，避免过度运动导致身体损伤。老方[3]昔日的同事通过练习改善了腰部疼痛的问题，但老方却因练习产生了腰疼的问题。

　　很多人不是说八段锦锻炼身体的嘛，它有个动作要弯腰，我就弯腰了，出了问题。就是我自己太用劲了，我没有根据自己的情况，年纪大了你还使力了往下弯，反而就不好。所以我说，这个原因对于我来说是这样，对别人来说就不一样。当时就想少

---

　　① 翁世勋：《试论八段锦的发展与演变》，《浙江体育科学》1998 年第 1 期。
　　② 曾云贵等：《健身气功·八段锦锻炼对中老年人身体形态和生理机能影响的研究》，《北京体育大学学报》2005 年第 9 期。
　　③ 访谈对象：老方；性别：男；年龄：83 岁；身份：退休前为长风厂零件设计工程师。访谈时间：2023 年 10 月 21 日；地点：长风厂家属院。（个案编号 45）

了，说锻炼身体，没有计划好，练猛了，不科学，对不对？不该这样锻炼的。或者是过度了，动作不标准，这就是我腰椎间盘突出的原因，我自己想的。

练习太极拳也成为很多退休职工的选择。这是一种内外兼修、柔和、缓慢、轻柔、刚柔相济的中国传统拳术，不仅可以强筋健骨，而且可以修身养性。1956年国家体委组织部分专家，在传统太极拳的基础上，按由简入繁、循序渐进、易学易记的原则，去其繁难和重复动作，选取了二十四式，编成《简化太极拳》，也称"二十四式太极拳"。虽然太极拳有简化版本，但是笔者在调研中发现，愿意选择这些难度升级运动的退休老人，一般都会坚持原有的版本，而非改编版。不少追求传统运动的退休职工为自己的传统打法感到自豪，虽然他们觉得现有的改编版本很好，但是更喜欢需要仔细甄别、难度更高的传统打法。在访谈中，有的退休职工多次强调自己的打法是正统，并认为自己在学习的过程中发扬了优秀传统文化，不仅可以提高身体免疫力，而且内心获得了满足。老于①是长风厂的退休工程师，每天都会坚持到长风公园锻炼。

八十五式是37分钟，我们一般打38分钟，稍微慢些39分钟，今天打快了点儿。我们这是传统的太极八十五式。我跟你说，这个锻炼就是你练半个小时以上才够。你锻炼半个小时以上，会对身体有好处。半个小时以内呢，它就是活动，半小时以上才算运动，对身体有好处，不超过半个小时没用处。他们好多打简易的，二十四式，四十八式。我们打的传统，传统的知道吧？古时候祖宗就留下的东西，这个很厉害的。看我这个动作很简单，你看，但这个攻防意识很厉害。别人来打我，这一打，我啪地就抓住手，你看起来很简单，其实不简单，很厉害。

---

① 访谈对象：老于；性别：男；年龄：89岁；身份：退休前为长风厂工程师。访谈时间：2023年10月18日；地点：长风公园。（个案编号41）

　　老于不仅自己锻炼，还带着其他人一起练习。他每日回家后就去寻找那些传统未改编的运动方式，自己学习后再教授给队友，无偿对他人的动作进行指导。在体育运动中，退休职工一起强健体魄、收获快乐心情。他表示："现在能找到的传统运动方式我都有所了解，这非常有成就感！"以太极拳锻炼的"趣缘"关系为纽带的集体运动，不仅使得退休职工在锻炼之余可以分享和交流经验，为相互支持与鼓励等心理需求提供途径，而且扩展了老年人的社会网络关系。在访谈中老于①还展示了传统的五禽戏，并对其中一些内容加以说明：

　　　　这猴戏，你看到树上有个果子，把这树扒开，然后你脖子就往那边转，你要慢慢转。手就伸出来抓住了果子，缩回来，你看这是果子。老祖宗的东西，五禽戏。这是猴戏。缩脖子，使劲缩脖子，脚后跟提前头，放下来，转头，手要夹住。这个时候按下来，是两个手指头，这是猴提，是练心脏的。而且提腿提高，整个肩周以上部分都锻炼了。没事你也可以学那个乌龟，脖子缩回去，伸出来，这颈椎就活动了。

　　传统的运动养生法在历代养生家不断地总结和完善下，形成了一整套较为系统的理论、原则和方法，可以达到较好的健身、治病、益寿延年的功效。大量的生理生化和医学观察也证明，传统运动养生术在改善人体机能，提高健康水平方面有显著效果。气功、五禽戏、太极拳、八段锦等传统运动养生功法以其独特的文化内涵，"形神俱养""治未病"思想，加之动作柔和、运动强度低等特点，恰好适合老年人的生理状态，对于老年健康与慢病管理发挥着重要作用。传统运动可以防治疾病，促进退休职工养生观念的产生，与此同时陶冶情操，塑造良好的生活方式。

---

　　① 访谈对象：老于；性别：男；年龄：89 岁；身份：退休前为长风厂工程师。访谈时间：2023 年 10 月 18 日；地点：长风公园。（个案编号 41）

三 坚持有氧运动

因身体状况、经济因素等各类原因，部分退休职工对运动技能的掌握存在困难，相对其他运动方式，快走与散步对于这部分老年人来说无论从性价比还是身体角度均是最好的选择。原因在于它不受场地、器材限制，简便易行的同时不需要经济投入。多数退休职工通常选择小区附近的公共空间运动，方便且无经济成本。因此对于经济不是很宽裕的低收入群体来说，快走与散步确实是可行的自我锻炼手段。快步走作为一项中强度的有氧运动，以走路训练来改善人体的健康状况。保持快步走的习惯，可高效地消耗脂肪能量，加快机能转换与新陈代谢，防止动脉硬化，预防骨质疏松。老郑①说：

> 人家打工是挣钱，但打工挣的钱都给医院了，是不是？我不打工，我也不去看病，天天锻炼呢。一天两次，我都是走，一天两次，早晨一次，晚上一次，走20来圈，以前早上10圈，12圈，晚上10圈，12圈，就20来圈，那时候年轻刚退休。现在一天5圈，早上3圈，下午2圈，来回4圈6000步。就两个小时嘛，早上一个小时，下午一个小时。今天早上没出去，过来买菜了，差不多走了1500步。在这里转一转，下午继续补，一定要补到这6000步，保持5000—6000步。现在走不动啦，不像以前跑都得跑几百步，还倒着跑。

散步也是有氧运动的一种，可以加速血液循环，提高血管的张力，从而降低患心血管疾病的可能性。同时散步还是一种全身协调性的运动，长期坚持可以使周身的肌肉神经得到缓解，加速血液和淋巴循环系统代谢，增强免疫力。人们在遭受心理压力时，还可以通过散步来纾解

---

① 访谈对象：老郑；性别：男；年龄：85岁；身份：退休前为万里厂车工。访谈时间：2023年11月10日；地点：万里厂家属院。（个案编号54）

内心压力，稳定情绪。相比于快走，散步较为适合老年群体的身心状况，较为容易掌握运动量的大小，不容易出现运动损伤，感到疲惫时可停下休息，同时能够与路上的老友交流，边调节生活节奏边排解孤独感。对于那些身体抱恙的退休职工来说，选择最多的运动方式就是散步。老方①在发现锻炼方式有误后及时做出调整，每日的运动方式从打八段锦变成强度较小的散步。

> 我就选其他方式嘛，走走路，散散步，反正是有空就走呗，基本上每天都走了。我一般早晨走，早上吃完早饭就走。我住的这里，离公园近，在里面转转，活动活动，然后再回来。下午呢，就出来晒晒太阳，和以前同事一起，就是互相聊一聊，一起转一转。

即使是简单的散步，退休职工也会每天有计划地坚持着。兰州深处内陆，远离海洋，属温带半干旱气候区，气候干旱，降水量少，绝大多数年份冬无严寒，夏无酷暑。其独特的地理环境和气候条件使得锻炼者能够不受季节的限制，一年中的大多数时候都可以进行户外散步。温度的升降不会影响他们的出行计划，倒是他们的散步时间与太阳的升降时间紧密相关。退休职工选择早晨锻炼的居多，但在傍晚饭后散步的老年人也占一定比例，还有一部分退休职工进行体育锻炼的时间不固定。老邓②讲道：

> 现在我就凑合着慢慢走呗。天天就在这转着，就在这转圈，晚上我再来，晚上出来锻炼锻炼就回家了。早上也转，一天转三趟。

---

① 访谈对象：老方；性别：男；年龄：83 岁；身份：退休前为长风厂零件设计工程师。访谈时间：2023 年 10 月 21 日；地点：长风厂家属院。（个案编号 45）
② 访谈对象：老邓；性别：女；年龄：83 岁；身份：退休前为万里厂钳工。访谈时间：2023 年 11 月 6 日；地点：万里厂家属院。（个案编号 53）

你看上午一趟呐，中午现在两点不是来了吗？晚上还来一趟呢。天气冷点儿也出来，不出来走走那不行的，现在有时间啊。

老年群体的健康问题与衰老有关，具体来说基本可总结为人体机能老化、免疫系统能力降低两方面原因。延缓人体机能和免疫系统下降，又与促进健康生活方式和健身活动等行为有着密切的内在关系。退休职工进行打太极拳、跳广场舞、练气功、散步等体育锻炼可以在一定程度上改善他们的身体机能，适量的运动有利于促进血液循环、增强心肺功能、缓解身体肌肉疲劳，从而提高免疫系统的应对疾病风险能力，减少各种慢性病的不适症状，延缓不可逆健康风险的发生，并且可以健脑益智，预防老年痴呆。锻炼身体虽然不能包治百病，但是却能帮助人们预防疾病。定期参与体育锻炼是维护生命张力、降低慢病风险、对抗亚健康最有效的方法，也是对抗衰老、延长寿命、提高生存质量的重要途径。因此，在"看病难、看病贵"的现状下，体育锻炼成为保持健康、减少医疗开支的最简单易行的方式，是退休职工找到生存平衡点的重要手段。

第二节　饮食作息合理

一　养生与健康

中医传统养生文化作为中华民族认识人体生命、维护身体健康进而益寿延年的智慧结晶和文化瑰宝，对提高我国老年人整体健康水平具有重要而深远的意义。我们一般认为健康不仅是没有疾病，而且包括躯体健康、心理健康、社会适应良好和道德健康，而中医学认为还需考虑顺应自然，养生之道即是对自然法则的遵循。世界卫生组织在1992年的国际心脏健康会议上发布的《维多利亚宣言》中，提出了人类健康的四大基石：合理膳食、适当运动、戒烟限酒、心理平衡。可见"饮食有节，起居有常"的养生理念，既是中医养生的特色，又是世界卫生组织提倡的健康生活方式。

养生文化是不少退休职工关心的话题，大家都希望拥有健康的身体，都懂得健康的重要。老蔡①聊到了他的养身之道：

> 从我退休以后，基本不抽烟，酒也喝得少。上班的时候抽烟喝酒都很厉害。这三四年对这方面就注意了，主要是靠饮食，早上鸡蛋牛奶燕麦片，还有馍馍什么的，天天如此。过去天天吃牛肉面，现在很少吃，主要是饮食控制。不能暴饮暴食，肚子不能吃饱吃胀。再就是锻炼，操场的健身器械上做一做，走走步，我每天吃过晚饭之后还要走。现在主要都是以走为主，有时候打个羽毛球、乒乓球什么的。像我每天早上打牛奶来回走一走就是锻炼，吃过晚饭就是转圈。我为什么现在又去学校打工，主要是为了脱离打麻将。原来上班因为颈椎不好住过医院，退休后又爱打麻将，后来为了不打麻将，就找了个差事，这样每天来来回回地，身体也锻炼了，挺好的。

食养是中国传统养生尤为关注的部分，主要包括对饮食卫生、饮食时间和营养构成等方面的要求，需根据体质情况、顺应四时变化，提倡食医结合。中医理论认为"药补不如食补"，医食同源，在《黄帝内经》中就已明确记载了饮食调护的基本理论和具体方法，将饮食和药物治疗置于同等重要的位置。中国传统养生的食养文化在指导人们健康饮食的同时，可以起到延年益寿的作用。老年人随着年纪的增大，胃肠功能开始减弱，少食多餐可以防止因为过饥过饱而对胃肠造成更大的损害。同时，老年人因为肾虚导致牙齿不好，咀嚼能力减弱，所以选择精细绵软的食物可以使营养更好吸收。通过合理调整人体饮食规律、注意

---

① 访谈对象：老蔡；性别：男；年龄：65 岁；身份：退休前为万里厂后勤公司经理。访谈时间：2014 年 12 月 4 日；地点：兰州交通大学第八教学楼管理室。(个案编号 16)

饮食宜忌，科学的营养搭配，有助于老年人维持机体的正常生理机能。

行养主要关注日常起居，如衣着、居室、睡眠等方面，强调日常生活中应注意按照生物钟养成规律、良好的睡眠作息习惯，调息养气，遵循春、夏、秋、冬四季时令的温、热、凉寒的变化来调节生活规律，做到养生与天时气候同步。现代医学研究也证实人体内的生物钟与自然界的昼夜规律相符，按照体内生物钟的规律作息，有利于机体的健康。对于老年人而言，随着年龄的增长，各项身体机能逐渐退化，容易感到疲劳，更为明显的是免疫力、抵抗力不断下降，疾病防范能力逐渐变弱。而规律的作息可以促进身体的新陈代谢，增强老年人的免疫功能，进而降低患病风险，故起居调摄是保证老年健康不可缺少的重要方面。

中医传统养生文化作为中华民族认识人体生命、维护身体健康进而益寿延年的智慧结晶和文化瑰宝，不仅为我国传统预防医学和养生学的发展奠定了基础，而且有助于提高老年人的整体健康水平，其建立在传统养生文化视角下的健康生活方式更是防治老年疾病的关键举措。

二　合理膳食

饮食是人类获取能量的来源，科学的饮食搭配、合理的饮食方法有助于改善人体代谢，在一定程度上起到降低血糖、血压等作用。"合理营养是生命健康不可取代的物质基础，对于老年人而言，平衡膳食是维持合理营养的最佳途径，也是预防疾病和提升生活质量的有效措施。"[1]在很多退休职工看来，自己属于经济条件不好的人群，虽然日常饮食无法通过精细化管理实现对糖尿病、高血压的有效控制，但是可以有意避开重油重糖的种类，经过合理规划降低患病风险。他们会在基于原有饮食习惯偏好的情况下，选择一些有利于身体健康的食物。老李[2]从他人

---

[1]　陈凤等：《太原市老年人膳食行为现状及其影响因素》，《护理研究》2024年第3期。
[2]　访谈对象：老李；性别：男；年龄：80岁；身份：退休前为长风厂研究员。访谈时间：2023年10月13日；地点：长风公园。（个案编号37）

处了解到符合自己饮食习惯的馒头的新做法，通过变换烹饪方法和食物种类，烹制自己喜爱的食物，增加进食乐趣。

　　健康一个是饮食，一个是心情要好，饮食比心情更重要，关键是饮食。饮食，你想想嘛，有时候我们吃了垃圾食品不好，高油高盐高糖的这种都不能吃，要忌口的，多吃五谷杂粮。现在我一个人住在这儿，我老伴儿走了。我就自己做饭，全部都是自己做的。就是蒸馒头，我蒸的是啥？五种！五种东西，黑豆、黑米、黑芝麻、核桃仁、花生仁这五种东西把它粉碎了以后，然后和白面和在一起以后蒸的馒头，每天吃这个东西。用它蒸了馒头以后特别好，根本没一点儿那种碎碎，只要一蒸就特别松软。吃的时候我就把它切开一半，里边还加点儿蜂蜜。

　　实际上饮食是最重要的，晚上熬点儿小米稀饭，或者就是红薯，然后吃点儿菜。粥熬得稠稠的，吃上一碗就行了，馍馍就不吃了，就这样。晚上离你睡觉时间短得很，不用吃太多，太多了不好。我听别人说的，自己摸索摸索，就会了，不用专门学。自己做的馒头好吃啊，肯定好吃。你想就买的那馒头，里面加的东西多得很，它为了能蓬松，在面粉里面加了好多东西。我吃了自己做的馒头比较放心。然后加其他的一些换着吃，南瓜下来以后，把南瓜买来以后就切好蒸熟，和面和在一起蒸南瓜馍，也挺好吃的。这些东西都是保健品。又省钱，又保健。

早餐是一天中的第一餐，也是最为重要的一餐。很多退休职工对早餐非常重视，在他们看来，补充营养是早餐的主要功能，故不仅要吃饱，更要吃对、吃好。比起其他两餐，他们对于早餐的选择比较明确，鸡蛋、牛奶、豆浆必不可少，有时再加上一些淀粉类或其他种类的食物以增强饱腹感。这些富含营养的食物，能够为老年人补充优质的蛋白质，提高身体免疫力，增强体质。老马①的早餐有相对固定的选择。

> 我们就是牛奶，主食随便，有时候红薯，有时候南瓜，有时候山药。山药可以蒸熟了当主食吃也可以，都是淀粉嘛，再加上一点点馒头，再吃点儿鸡蛋。有时候就剩了有啥，就吃啥了，没有定的，没有什么每天吃什么的规定。但是每天这个牛奶、鸡蛋是一定要吃的，因为它也没有定量，有营养可以多吃，老年人的早餐不能马虎。

在日常饮食上，退休职工既会选择有营养的、喜欢的食物，也会忌口不健康的食物。他们有着丰富的生活经验，也了解一些食物是不利于人体健康的。随着年龄的增长，身体的衰弱，他们还会主动了解更多知识，以此来增加日常饮食的科学性。老陈②为了身心健康，减少疾病带来的痛苦，坚持守住忌口底线，努力做到饮食有节。

> 现在的生活条件好，一天吃了饭就可以通过看书学习点儿生活常识，我吃啥要注意，该吃的就吃，不该吃的就不吃了。我有痛风，山珍海味不能吃。说到这个，比糖尿病能吃的东西还少。糖尿病就是他血糖高嘛，你痛风的，山珍海味牛羊肉，都不能吃。痛风一痛起来，关节就肿起来了。走不得路，下楼梯都没法下啦。真正发病以后，四十天我都没法走。痛风特别受罪。能吃的就吃一点儿，不能吃就不能吃，特别要忌口，要是不忌口自己整自己啊，对吧？自己把自己搞啦，那就只有坐着休息了。

---

① 访谈对象：老马；性别：女；年龄：78岁；身份：退休前为万里厂铣工。访谈时间：2023年11月2日；地点：万里厂家属院。（个案编号51）
② 访谈对象：老陈；性别：男；年龄：77岁；身份：退休前为长风厂电路外线工。访谈时间：2023年10月11日；地点：长风社区卫生服务站。（个案编号36）

老年人代谢下降，各器官功能逐渐衰退，合理膳食对老年疾病的预防及促进身体健康有着重要作用。越来越多的研究资料表明，膳食营养因素与疾病的发生、发展有密切关系，甚至可作为预防治疗某些慢性疾病的重要手段。根据健康饮食金字塔可知，许多谷类、肉类、油脂类、蔬菜类饮食，各自含有对人体有益的丰富营养，即使是最便宜常见的大白菜也具有利水消肿、利肠通便的功能，合理食用则能滋补养生，健康长寿。三厂职工退休以后，有了更多空闲时间，不少人通过学习来更新观念，增长知识，采纳科学合理的饮食方法，将健康促进计划付诸行动，进一步提升了自我的生存质量。

三 作息规律

随着年龄的增长，老年人的器官功能逐渐下降，抵抗能力也会降低，因而只有在平时日常生活中保持养生的好习惯，才能让自己的抵抗力保持在一个稳定的水平。养生主要针对的是生命的保养，而非疾病的治疗。在养生之道中，非常重要的一点就是作息规律。起居有常主要是指起卧作息和日常生活的各个方面有一定的规律并合乎自然界和人体的生理常度。它要求人们起居作息、日常生活要有规律，这是强身健体、延年益寿的重要原则。老马①每天坚持运动，并有着规律的作息安排。

> 我是有高血压，每天早上六点多就起来了，起来以后，喝完水，药一喝，然后就开始站桩。站40分钟到7点，就做饭吃。我每天吃饼子、鸡蛋，喝牛奶，这么多年的饮食习惯雷打不动，天天一个鸡蛋，天天喝奶。所以说我不愿意到外面玩去，它就打乱我的节奏了。老年人最害怕是生活节奏一打乱以后，就容易得病。所以说生活习惯特别重要，你整个的一套，这一天开始到晚上休息，该干什么很重要。到了中午，我还要给孙子做饭，做了十几年了，看

---

① 访谈对象：老马；性别：男；年龄：75 岁；身份：退休前为长风厂司机。访谈时间：2023 年 10 月 13 日；地点：长风公园。(个案编号 40)

着他吃完饭，1 点钟盯着他刷完牙，盯着他睡觉。1 点 50 分把他叫起来，然后 2 点他就出门上学去。我 2 点开始睡觉，睡到 3 点 10 分我就出来了。习惯了以后，到时间就醒。到时间点你该干啥，已经习惯了。等晚上 9 点，坐在那就开始打哈欠了，这时要洗脸睡觉。多少年掌握的，多少年的习惯都是这样的。

起居作息有规律以及保持良好的生活习惯，能提高人体对环境的适应能力，从而避免发生疾病，达到延缓衰老、健康长寿的目的。想要实现中医学提出的"治未病"这一说法，就要重视养生，重视日常的生活作息。当然，这也是很多退休职工的共识。老赵①说道：

> 第二天早上醒来活动活动，喝点儿水吃点儿东西。早上这顿饭，不管吃什么，必须都得吃。你早上起来喝点儿温开水，放糖不行，这就是养生之道。喝完以后，疏通疏通你的食道，补充水分，然后你吃一个馒头或者是喝一碗稀饭。一早上过去，你感觉 11 点左右有点儿饿，就做饭，中午吃完饭就休息一会儿，晚上散散步，要是天太冷就进行室内运动。有的人早上起得特别早，不一定是好事，因为天寒了地气是寒的，一年四季跟着时间调节，这么冷的天，那么早出去干什么，等太阳出来再出去嘛。

保持一个正常的作息时间对于睡眠质量非常有好处，而睡眠又是机体进行修补、调理、复原、整合健康的重要环节，关系到人体健康，是不可忽视的生存要素。对于退休职工来说，规律作息可能是他们最容易做到的事情。老忻②通过网络等媒介掌握了更多科学作息的信息，使自

———————————

① 访谈对象：老赵；性别：男；年龄：62 岁；身份：退休前为万里厂锻工。访谈时间：2014 年 12 月 6 日；地点：万里厂家属院。（个案编号 17）

② 访谈对象：老忻；性别：男；年龄：87 岁；身份：退休前为万里厂厂长助理。访谈时间：2023 年 10 月 30 日；地点：万里厂家属院。（个案编号 46）

己的生活方式更加合理。

　　老了以后，你想要锻炼也来得及，只要你能坚持就行。我退休以后，还是保持不睡懒觉。早上按时起床，生活作息规律，按时吃饭，按时睡觉。退休以后要培养几个爱好。我一般都是 8 点半以前就把饭吃完了。晚上睡觉定时，有的人该睡觉的点，看电视还看到通夜，这就不行。睡觉时间最好的是晚上 11 点到 1 点。如果深睡眠，这几个小时就是很好的，对吧？你睡觉不能太晚，所以我一般 10 点以前必须睡觉，早上五六点就起来了，生活有规律。有些方法就是从微信上看的。

　　睡眠是人体的生理必需，也是维持生命的重要手段。可以说睡眠与生存有着同等的意义。良好的睡眠能够恢复人体活力，提高人体免疫力。随着年龄的增长，老年人的睡眠时长通常会逐渐减少，因为他们的身体机能会发生变化，如代谢率降低，免疫功能下降等，导致睡眠适宜比例下降。虽然因为年龄问题，有的退休职工出现了难以入睡、睡眠时间不足或者失眠的情况，但他们会努力寻求解决的途径，并形成自己的作息规律。老邓①因为晚睡与午睡不能兼容，为了保证晚上能够很好地入睡，她只好放弃午休，根据个人情况适时调整。

　　我现在回家基本上看看手机就过去了。我中午都不睡觉，我也不困。中午睡了，晚上睡觉睡不着啊，就躺那儿睡不着觉。现在只能睡到半夜 3 点钟，11 点睡，只能睡到 3 点钟，这年龄总是睡不着，只能睡四个小时。其他时候没事干啊，就坐着啊，等着啊，看手机这些个啊，没有办法。我看别人做饭，做这些什么那些什么

---

　　① 访谈对象：老邓；性别：女；年龄：83 岁；身份：退休前为万里厂钳工。访谈时间：2023 年 11 月 6 日；地点：万里厂家属院。（个案编号 53）

的，我看了之后想做就做上一顿。

人们的寿命的长短与能否合理安排起居作息有着密切的关系。起居有常是中国古代养生学的重要范畴，是古人强身延年的重要途径。充足的睡眠、均衡的饮食和适当的运动，也是现代社会公认的三项健康标准。随着年龄的增长，人到老年后身体机能逐渐退化，患病率增加，其中相当一部分疾病与起居失调有关，而要身体健康，就必须做到起居有常。很多退休职工根据季节的变化和自己的习惯，建立科学、合理、规律的日常生活作息制度，并养成按时作息的生活方式，努力让自己的生理功能保持在较为稳定平衡的良好状态中，这成为他们强身健体、延年益寿的重要原则。而提倡科学合理的生活方式，促进老年人身体健康是保持心理健康的重要前提。

第三节　保持良好情绪

一　培养乐观心态

人到老年，随着生理老化和社会角色变化，心理也将产生一系列变化。退休职工将健康作为晚年生活所追求的目标，而健康不仅来自持之以恒的体育锻炼和良好健康的生活习惯，而且信念、心态的好坏也会左右人体的免疫功能，良好的心理素质有益于增强体质，提高抗病能力。虽然他们不能对心理健康有深刻的见解，但是对于"好心情有益健康"的说法普遍表现出了一定程度的赞同。老纪①将自己的生活目标写在纸上，每天提醒自己要按照纸条上的目标行动。

这老年人啊，要想开一点，自己心态乐观一点儿是吧？到什么

---

① 访谈对象：老纪；性别：男；年龄：90岁；身份：退休前为万里厂基建工。访谈时间：2023年11月6日；地点：万里厂家属院。（个案编号52）

时候都给自己定个目标，生活的目标。我一般到什么时候都给自己定目标，在什么程度什么心情给自己定个目标。你看我写得不好，我给自己写了一个当前的目标我没上过学啊，我就写写，你看我给你念念啊，对此病的态度，在战略上要藐视它，在战术上要重视它，打起精气神是吧？人活着不就活个精气神嘛。相信身体会慢慢地恢复，好转。我不是做这（心脏）支架住院了嘛，住了好几次医院了。我根据个人体会总结的是：平时行动要顺其自然，慢动静养。根据身体情况量力而行，不能急于求成。这是我个人的一个体会和总结。

我的原则是不结伙不顶事，自由自在，顺其自然。为什么呢？一结伙，你觉得跟大伙儿就有限制，你不管是玩也好，出去走也好，大伙儿一约就有限制了。时间有限制，行动受限制，对不对？尤其到了我们这把年纪啊，不能受限制了。今天心情好，现在身体舒服，我就出来走一走或者走得远一点儿是吧？根据个人的情况，就不能结伙，不能顶事了。说老实话，我自打从刘家堡住院做了手术出院以后，这是第一次从西区走到东区，第一次走来的。我不说嘛，慢慢地来是吧？我买了一个电动轮椅，我脑子好用啊，我个人坐上轮椅到医院，或者到东区到这边买东西。我咋说今天头一次走过来的呢？我今天感觉可以，身体还行，我就走过来的。背着凳子，为啥背凳子啊？累了可以坐着休息休息。所以说我这个叫不结伙不顶事，自由自在，顺其自然。

随着年龄增长，人们可能会面临生活中的不同挑战，如健康问题、家庭关系变化、退休等，积极的心态能够帮助老年人更好地应对这些挑战。不仅老年人参加各种体育活动、社会活动可使生活充实、精神愉快，而且退休后忙于家务，做好"后勤"工作，这也是活动，从中可感受到自己还有用，并在体现自身价值中保持心情愉悦。老陈①说道：

> 我这人心态挺好的，我家老头子身体不好，一辈子都是我伺候的。那会儿在南京鼓楼医院住院时半年起不了床，我就睡在病床旁的四个凳子上。他说你走吧，我好不了啦，也不用离婚，你走吧。我说只要你有一口气，我都不能走，慢慢地恢复过来了。他都是我伺候着，一辈子家里的活基本上都是我干，洗衣做饭全是我一个人，他连袜子都没有洗过。一辈子都照顾过来了，因为是娃娃亲嘛，十几岁就找了，从孩童到现在。好吃的给他吃，活不让他干，不让他生气，一天到晚都在和他开玩笑。他从三十多岁到现在七十多岁连碗都没有洗过，袜子也没有洗过，什么力气活都不能干，我还能干一点儿。说话从来不刺激他，他做什么我都说好，做得不好也说好，他就高兴了，我也不较真，只要你活着就行了，什么干活不干活的，能干活能动的才是幸福。
>
> 现在什么事都放下了，儿孙的事情都放下了，唯一的目标就是把身体锻炼好，不求寿命长只求质量高，自己少受点儿痛苦，不拖累别人不给别人造成负担。我的目标就是只要我活着就要给别人服务，伺候别人是一种幸福，说明你比别人强。十几年以前，单位给了个房子，要垫地基，我去哪找筐子找车子呀，我就整整一天自己带上围裙，端上一盆进来一倒，再出去端，再倒，一天我就垫满了。楼上是个陕西人，就在楼上说："陈师傅，我看着你可怜的。"一天说了两次，说第三次时，因为她身体不好，我就说："干活不可怜，能吃能干是幸福，可怜的是不能动的。"所以我觉得心态好最重要，不要觉得自己吃亏，能干说明你比别人强。

心理健康是维持老年人生活质量的重要因素之一。每个人都会遇到

---

① 访谈对象：老陈；性别：女；年龄：72岁；身份：退休前为万里厂车工。访谈时间：2014年12月6日；地点：万里厂家属院。（个案编号19）

不如意的事，特别是步入老年之后，视、听觉敏锐度逐渐下降，运动灵活性及速度也出现明显的减退，易出现焦虑情绪，这时候保持平和的心态就显得尤为重要。笔者在调研中发现，心理健康的退休职工更容易享受生活，积极面对困难，提高抗压能力，从而更好地适应老年阶段的生活。老方①虽然对生活中的烦心事表示出些许无奈，但还是坚持认为要保持乐观情绪。

> 心态还是要放好。你要自己调整自己的情绪，你不调整，你愁又有什么用呢？你不高兴又能怎么样？自己顺心，自己调整情绪，情绪很重要。要告诉自己保持好心情。当然也有控制不住的时候，也有发脾气的时候，但是要尽你可能的，自己要调整自己的情绪，这个毕竟别人帮不了你，情绪只能你自己调整。一直保持情绪稳定不可能，一定要尽量控制，就是说有火发不出去的时候，或者是有时候不开心的时候，只能就是不想它，我是这么做的。这人嘛，当然也不可能完全不去想，反正你想到这个事情的时候，你就可以对自己说，你想也没用，那你就只能把它抛开呗。或者是说找个其他的事情，这个怎么说呢，就是找个其他的事情转移注意力，不去想它，所以说还是要自己调整的呗。

健康长寿在古今中外都是人类共同的愿望和追求的目标。世界卫生组织对健康的定义是：健康不仅是没有疾病或病痛，而且是一种躯体、精神及社会适应上的良好状态。这种状态有赖于机体内部结构与功能的协调，有赖于调节系统内外环境稳定的维持，可见，健康是一种人体良好的整体性功能状态。体育锻炼能增进人体健康不言而喻，但是人的情绪与健康也有很大关系，良好的心态是保持健康的重要秘诀。近年来，情绪与健康的关系问题引起人们的普遍重视，各科医生都在探索病人心

---

① 访谈对象：老方；性别：男；年龄：83岁；身份：退休前为长风厂零件设计工程师。访谈时间：2023年10月21日；地点：长风厂家属院。（个案编号45）

理、情绪方面的原因，可以说人体功能的协调就是身心的协调。身心协调各器官功能，稳定内环境，适应外环境，实现人体内外环境的物质能量、信息和意识的交流，这些都是人体生存的必要条件，也是健康的根本标志。

二　扩展社会交往

"老年人的社会参与既是社会经济发展的需要，也是自身安度幸福晚年的需要。"[①] 个体进入老年期后，容易产生多种负面身心问题，而通过各种形式的社会参与活动可以维持自身的生理和心理机能正常运转，从而有利于健康长寿。相较于物质生活的追求，老年人对精神世界的需求极为明显。步入老年的普遍心理特点是害怕生活单调和孤独，而以调节情感开展的休闲娱乐活动正好为退休职工提供了互动交流的机会，以满足其爱与归属的需要。

体育锻炼既是老年人主动参与正常的人体结构自适应重组的过程，也是他们改善心理状态、养成积极乐观的生活态度的过程。在锻炼社群中，退休职工分享彼此的生活经验、相互扶持和彼此关怀，从而减轻孤独感和抑郁情绪，丰富充实了他们的情感生活。老马[②]作为万里厂退休职工锻炼团队中的一员，每天早上坚持和其他人一起外出锻炼。在她看来，日常的体育锻炼除了具有强身健体的功效之外，更重要的是联络感情。

> 我们是风烛残年，没办法，能出来就算是好的了。按我们的话说，能出来就算幸福的，出不来的那就在家幸福吧。我们能出来活动活动，嘿嘿，在外边幸福。出来和这老姐妹们说说聊一聊，高高

① 杨宗传：《再论老年人口的社会参与》，《武汉大学学报》（人文社会科学版）2000年第1期。
② 访谈对象：老马；性别：女；年龄：78岁；身份：退休前为万里厂铣工。访谈时间：2023年11月2日；地点：万里厂家属院。（个案编号51）

兴兴的，这不是一两个小时就过去了。你要是在家里，哪有多少话可说的。这不就跟她们说买买菜，做做饭，做什么好吃，怎么做菜，都是交流交流这家务事。

打牌不仅是民间流行的一种娱乐形式，也是退休职工十分喜爱的娱乐活动之一。老年人经常打牌，既可以充分锻炼脑细胞，从而延缓衰老，预防老年记忆减退和老年痴呆等病症的发生，又可以通过玩牌与朋友、家人或社区中的其他人互动，促进社会交往，还可以通过玩牌增加乐趣，有助于保持积极的心态和活力。老李①退休后喜欢打牌，四个人的"双扣"扑克游戏从来不会出现凑不齐人的情况，她很开心自己有长期的牌友。

> 我现在一天生活，早上转一转，下午打牌。老头老太太坐一块儿又说又玩，多好。我们每天坚持着这样的生活，所以我就觉得我现在很幸福，后面以后怎么样，不考虑那么多，活一天算一天。肯定是有固定牌友，每天下午2点上班，5点下班，打双扣。固定生活，就这样过一天算一天。

退休职工参加休闲娱乐活动不仅能够放松身心，改善心理健康，而且能帮助实现自我价值，使生活更加充实。由访谈得知，他们参加休闲娱乐活动的动因主要包括三个方面，一是个人兴趣爱好，二是打发空闲时间，获得愉悦感，三是了解新事物，促进大脑运行，降低患老年痴呆的风险。老纪②在参与休闲娱乐活动过程中，发展了兴趣爱好，获得了身心上的愉悦。

---

① 访谈对象：老李；性别：女；年龄：75 岁；身份：退休前为长风厂铣工。访谈时间：2023 年 10 月 9 日；地点：长风社区卫生服务站。（个案编号 32）

② 访谈对象：老纪；性别：男；年龄：90 岁；身份：退休前为万里厂基建工。访谈时间：2023 年 11 月 6 日；地点：万里厂家属院。（个案编号 52）

老年人到我这把年纪了，你看我过去啊，我们在一起玩的时候，打拳也好，爬山也好，我们是早上 6 点就集合了，是有七八个人吧。早上起来，到哪去打牌、打扑克、打麻将，我都会。你看打麻将、打扑克、下象棋、军棋，还有那个牌九。牌九这边没有的，我们天津那有。我会的东西挺多的。过去爱玩，这个人啊，要保证身体好，有两个条件，第一个爱运动，第二个爱玩，各有各的爱好。这样的话身体能够好，特别是心态，心态好比什么都强是吧？遇事看得开。玩也是一样，你说我这么爱玩，大家一起玩，我不计较，输就输，赢就赢，图个高兴。我们打牌打扑克打双扣，两对家，咱俩朋友，他俩朋友是吧？你数错了，错了就错了，赢了嘛也就这样，学会包容，别计较，好吧？就心态好，不生气，要不你看有的人玩的时候，你数错了，他就喊你这出的啥牌！你看，是不是不好，不要这样玩。玩的目的是什么？就是要多动脑子，别老年痴呆。你看我没痴呆吧？你看我走路直不直？

另外，网络参与也会对老年人的心理健康产生积极影响。越来越多的退休职工通过网络学习新知识，使用社交通讯、网络购物等一系列便捷功能，拓宽了休闲娱乐的渠道。老周①利用现代网络手段收集到很多新店开业的优惠消息，并借此经常与朋友聚会。比起物质上的得失，她更在意心情是否愉悦。

你心态不好有啥用，你能干嘛，对吧？自己给自己宽心，说说笑笑就好。你别看我工资不算高，我经常领朋友出去吃饭。我在手机上看，然后就知道今天哪个店搞活动，就一起去吃，我们经常搞一些集体活动。因为我工资比他们高，所以我请客他们也高兴，我

---

① 访谈对象：老周；性别：女；年龄：80 岁；身份：退休前为长风厂工艺工。访谈时间：2023 年 10 月 9 日；地点：长风社区卫生服务站。(个案编号 33)

也挺开心。心情好，才会身体好。

参与社区活动也是老年人进行交流、学习、互动的重要方式，不仅有助于提高老年人的身心健康，还对其社会生活产生积极影响。不少退休职工积极参加社区开展的各种集体活动，像老年合唱团、舞蹈队等文艺娱乐团体都是他们热衷的选择。通过参与社区活动，退休职工可以建立社交关系、分享经验、扩展社交网络，同时还能促进身心健康和增加社会支持。老朱①就是很多人眼中"心态好、人年轻"的典型代表，喜欢参加集体活动的他每天都过得充实而愉快。在参与社区活动的过程中，他收获了积极向上的荣誉感以及与他人交往的亲近感。

> 我们社区今天不是还喊着，下午教老年人照相嘛，我就组织上几个人去。你看那么远的，他组织在刘家堡西区那里，我说你在我们这个地方组织上一个多好啊。昨天是万里西社区的活动，我就去当了志愿者。疫情的时候我还当过志愿者去发菜呢。那时候我去得可早了，喜欢跟那些年轻人一起。我就喜欢干这些，他们那个合唱团，就是重阳节合唱嘛，我这段时间还要去看他们合唱呢。

随着社会的发展和科技的进步，老年人社交互动的重要性日益凸显。社交互动对提升老年人的心理健康、幸福感、身体健康和认知能力都有积极影响。对于退休职工来说，参加各种社交活动，可以锻炼身体，促进血液循环和心肺功能，有助于预防慢性疾病、增强免疫力，延缓身体功能的衰退。而且社交互动可以提供认知刺激，促进大脑功能的保持和提升。通过参与各种社交活动，退休职工可以不断学习和探索，充实自己的生活。另外，在社交活动中，他们还可以结识更多志同道合

---

① 访谈对象：老朱；性别：男；年龄：71岁；身份：退休前为长风厂离退休干部管理部门工作人员。访谈时间：2023年10月19日；地点：长风社区卫生服务站。（个案编号42）

的朋友，并在需要时相互帮助和支持，而社会支持可以减轻孤独感、焦虑和抑郁，增加安全感和归属感。通过参与社会活动，退休职工有机会融入社会，不仅有助于他们克服因退休导致的"生存孤岛"现象，而且有利于保持身心健康，享受晚年生活。

三　寻求精神寄托

家庭是社会关系中的基础单位，在老年人的生活中，家庭是最重要的支撑和依靠，家庭成员之间的亲情支持是退休职工抵御健康风险的内生动力。在传统伦理和养老观念及模式的作用下，老年人的健康状况还与家庭成员之间的代际关系以及代际资源互动有着密切关系。

随着年龄增加，老年人日常生活活动能力下降，家庭成员帮助老人处理日常生活中的购物、做饭、清洁和个人卫生等各种事务就显得尤为必要。不少退休职工因为经济能自给，生活能自理，故这些照顾虽然可以减轻他们的负担，但是对他们来说，更重要的是"被关心和尊重"的情感需求得到了满足。老方①讲：

> 我丫头很孝顺的，我只要有个病把我们家丫头都给吓死了。现在就是心脏不好，其他的倒没啥毛病。打我老伴去世以后，我们的丫头就从北京调回来了。我不愿意到北京去，虽然身体不好，但在家我楼上楼下的全都认识，所以我们丫头就调回来了。她下面买的房子跟我离挺近的。夏天的时候，她天天上午过来给我收拾房子、做饭什么的。

尽管这些退休职工的退休金并不高，但是他们有稳定的收入来源，消费水平也较低，能够维持日常生活开支的需求，所以经济支持的作用

---

① 访谈对象：老方；性别：女；年龄：79岁；身份：退休前为万里厂技术员。访谈时间：2023年10月31日；地点：万里厂家属院。（个案编号47）

更多体现为可以带来心理上的满足。老王①每天出来活动时都穿着女儿买的衣服，在老姊妹们面前细数女儿为她做的每件事，脸上的幸福感显而易见。联结女儿与父母的纽带不是制度化的权利和义务，而是平常"过日子"中的情感互动②。在她看来，女儿提供的照护更加全面细致。

> 我腿不好，要贴膏药，但又对胶布过敏。我们姑娘那一年到泰国，就给我买了治关节疼的药，就这么一小瓶子就要五百块钱。姑娘总喜欢给我买什么保健品，买的那个什么保健枕头就花了1000块钱。我穿的衣服也是姑娘给买的，还是名牌。

随着年龄的增长，老年人可能会面临孤独感和失去亲人的痛苦。家庭的陪伴和关爱对于缓解这些负面情绪至关重要。家人的陪伴和关心可以减轻老年人的孤独感和抑郁情绪，增加他们的快乐感。与家人一同外出游玩，是不少退休职工常见的家庭活动。老方③说：

> 我前两年没事还出去走着呢。后面这山上，好多人都还没去，我就去了。我女儿把我拉到这山上玩过，她拉着我到处转，到处去玩。连云港的莲花山，南昌的龙虎山、福建的武夷山，我都去过。我玩过的地方多，青海现在又修了好多风景区，这两年都是我女儿拉着我去的，什么日月山啊，三江源啊。反正我不担心吃不饱肚子，一天没事干就去逛一逛。我从年轻就爱玩，你扣一个月两个月的工资我也要出去玩，家里人惯着我嘛。

---

① 访谈对象：老王；性别：女；年龄：81岁；身份：退休前为万里医院护士。访谈时间：2023年11月13日；地点：万里厂家属院。（个案编号57）

② 李翠玲、秦群凤：《女儿照护：作为情感互动的养老实践——基于一个桂北村落的民族志研究》，《广西民族大学学报》（哲学社会科学版）2023年第4期。

③ 访谈对象：老方；性别：女；年龄：79岁；身份：退休前为万里厂技术员。访谈时间：2023年10月31日；地点：万里厂家属院。（个案编号47）

在退休职工的精神和情感世界中，"家"扮演着关键角色，亲密融洽的代际关系依然是他们幸福感的主要来源。老纪①讲：

> 一开始我自己出去旅游，跟着旅游团去了几次。后来儿子、姑娘退休以后，就是儿子、儿媳妇、姑娘带着我出去。我们到海南、成都、上海、苏州、桂林转了一圈，回来又到了东北、天津、大连、北京、沈阳转了一圈。以前还跟着姑娘到成都住过一个多月。我到东北是探亲，那边有亲戚，我大哥在大连，我弟弟在沈阳，我孙子在北京，我老家在天津。我就是儿子姑娘陪着我旅游加探亲，挺好的生活。

除此之外，家庭成员还可以监护老年人的健康状况，确保他们按时服药、定期就医，并提供必要的医疗协助。这有助于预防和管理老年疾病，提高退休职工的生活质量。老王②说：

> 儿子不放心，又托关系找了肿瘤医院的一个主任看了看。这个大夫一看，说我肺上是有炎症，肝上的话是肝囊肿，给我开了一个星期的药。我吃了一个星期的药，儿子又带我去肿瘤医院做了个CT。他还害怕有啥事儿，自己去取的片子，没让我去。

在生命过程中，个人经历的疾病或是身体、情感的创伤，都意味着需要他人照护。对于年迈的老年人而言，更是需要成年子女的照护。子女对父母的日常生活照料与精神情感关怀实现了家之情感的持续流动。老陈③讲：

---

① 访谈对象：老纪；性别：男；年龄：90岁；身份：退休前为万里厂基建工。访谈时间：2023年11月6日；地点：万里厂家属院。（个案编号52）

② 访谈对象：老王；性别：男；年龄：75岁；身份：退休前为兰飞厂金相热处理试验工。访谈时间：2023年10月8日；地点：被访者家中。（个案编号31）

③ 访谈对象：老陈；性别：女；年龄：78岁；身份：退休前为兰飞厂成品组装工。访谈时间：2023年11月1日；地点：万里厂家属院。（个案编号50）

去黄河市场看中医，是今年五月份感冒了以后的事。那大夫就在我们儿子楼上住着，我儿子带着我，就这样子到他们家去了。他原来也是中医大夫，退休以后被返聘为坐诊大夫。我给儿子说想找个好些的中医大夫看看，他打听了一下，听别人说家里楼上有一个专家，我们就这样找上门去了。人家大夫看了后，开了个药方，儿子就照着药方去药店抓药。第一次的药喝完后，儿子又带我去过两次。要是儿子不陪着去，我都找不到。

家庭是老年人在养老过程中最基本的社会支持网络。退休职工的经济收入相近，生活工作经历相似，在身体健康程度相同的情况下，他们的主观情感体验和满意程度却有明显差异，背后的主要原因就是家庭关系的好坏。家庭关系和睦的退休职工，通常对自己的生活感觉到满意，即便遭遇了挫折，也能够比较顺利地度过。综上，家庭因素直接决定了老年人日常照护、生活的体验，通过给予老年人情感上的支持和日常生活上的照顾，家庭关系对他们的身心健康产生了直接而重要的影响。

结　　论

　　"医学人类学将健康与疾病视作其研究领域中两个相对而共存的关注点，二者不仅存在于生物医学的理解及治疗领域，同时也在基于各种地方性文化的疾患观念及医疗实践中被进行着各种诠释。"① "对医学人类学而言，整体论的意义在于将所探讨的问题放在一个多重因素的范畴加以对待，既要关注共时性问题，也关注历时性问题，既要分析生物或生理的因素，也要分析社会文化因素。"② "美国学者凯博文（Arthur Kleinman）曾指出，病痛是一种文化建构，作为一种心理—社会经验，这种建构包含复杂的心理与社会过程，这一过程反过来又会影响疾病，并在治疗疾病与病患的过程中发挥作用。"③ 每个社会群体对于疾病和治疗都有各自不同的理解与处理方式，各种本土的、地方性的关于疾病与治疗的文化系统与西方医学的生物治疗系统一起在疾病治疗中发挥着作用。我们不应该就疾病论疾病，就健康言健康，而要把其放在人们所处的文化场景中加以理解和分析。"强调生物—社会文化的交织，意味着不是厚此薄彼地强调人的生物性或社会文化的一面，而是将人的生物

---

　　① 王建新、赵璇：《疾痛叙事中的话语策略与人格维护——基于病患主位的医学人类学研究》，《西北师大学报》（社会科学版）2016 年第 4 期。

　　② 景军：《穿越成年礼的中国医学人类学》，《广西民族大学学报》（哲学社会科学版）2012 年第 2 期。

　　③ 张有春：《医学人类学的社会文化视角》，《民族研究》2009 年第 2 期。参见 Arthur Kleinman，"Concepts and A Model for the Comparison of Medical Systems as Cultural System"，*Social Science and Medicine*，Vol. 12，1978。

性和社会文化环境之间的互动作为根本的出发点。"①

人人享有基本医疗服务是保障和改善民生之需，因为民生幸福离不开有效的医疗保障，而医疗保障的根本目标是民生幸福，二者相辅相成。全球人类寿命的延长是社会发展及公共卫生的一项重大成就，然而人口老龄化带来医疗费用支出的不断增长与可筹集医疗资源有限之间的尖锐矛盾却使这项成就打了折扣。我国职工医疗保障制度自1994年开始试点施行，经过这些年的不断深入与推进，在保障职工医疗权益方面取得了一定的成效，从根本上打破了职工医疗费用完全由国家、用人单位包揽的格局，增强了国有企业退休职工抵御疾病风险的能力。随着年龄的增长，人体机能逐渐退化，他们在医疗保健方面有着更多的需求，但是因为医疗保险制度的不完善，加上医药卫生体制因素的不利影响，低收入群体仍然面临着个人账户的有限金额难以承受高额医疗费用的困顿。在"看病难、看病贵"的现状下，为了在制度缺失的前提下达到一种生存质量的平衡，一些民间的、基于文化传承的非制度安排往往在制度之外发挥着非常重要的作用，成为国家和政府制度性安排的补救渠道。

一　社会经济条件与老年健康

"从批判医学人类学（CMA）的批判立场来看，仅从人的个性、由文化决定的动机和理解力甚至地方性的生态关系去说明与健康相关的问题的解释是不充分的，因为这歪曲隐藏了社会关系的结构。"② 几乎所有社会都普遍存在健康的社会分层现象，即处于较高社会经济地位的群体其平均健康状况要好于处于较低社会经济地位的群体。随着中国人口老龄化过程的加剧，老年健康日益成为一个公共议题。

---

① 余成普：《甜蜜的苦痛：乡村慢性病人的患病经历研究》，社会科学文献出版社2022年版，第187页。
② ［美］莫瑞·辛格：《批判医学人类学的历史与理论框架》，林敏霞译，《广西民族大学学报》（哲学社会科学版）2006年第3期。

"对中国老年人口健康状况的研究证实了社会阶层地位与健康的关系，即在整个生命过程中，人们的健康状态因所处社会经济地位不同而呈现重要差异，处于较高社会经济阶层的人们会保持比较健康的状态和较低水平的失能状态，这种状况往往会维持到非常高龄时期；而处于底层社会的人们则随着年事的增高而在健康方面每况愈下。"[1] 换言之，处于较高社会经济地位的人群可以具备更好地维持健康的物质条件和基础，从而有利于健康水平的提升和改善。例如，优质的工作和生活环境可以降低健康伤害的可能性，良好的教育有利于获得保健知识和利用医疗信息技术，较高的收入可以接受更多的卫生健康维护。

改革开放以前，"河北三厂"实行的是具有计划经济时代典型特征的劳保医疗制度，职工享受着比较完善的医疗保障以及相对较高的福利待遇。20世纪90年代以后，在全国医疗保障制度改革的大潮下，三厂相继建立了医疗保障制度改革的过渡模式，基本医疗保障费用由用人单位和职工双方共同负担。过渡模式游离于省市的统一医疗保障体系之外，其医疗保障效果与企业经济效益紧密联系。但是因为三厂效益的持续下滑，提供的公共医疗服务有限，导致职工基本医疗需求并不能得到有效满足。随着全省职工医疗保障制度改革工作的持续推进，三厂陆续改制重组后，于21世纪初相继加入兰州市基本医疗保障体系之中。退休职工大部分是在20世纪90年代末到21世纪初进入老年阶段，而这个阶段也正好是中国医疗保障市场化改革的时期。这一阶段的医疗改革弱化了医疗服务的公共属性，在某种程度上强化了个体社会经济因素在健康维系中的影响作用，最终导致这一低收入群体公共医疗服务使用的减少，使之随着年龄不断累积而最终对老年健康造成了更大影响。

城镇职工医疗保险制度经过多年改革不断完善，基本实现了参保者机会的公平，退休职工参加医疗保险都可享受政策优惠，就医时还可享受统筹基金抵抗疾病风险，这对维系他们的健康起到了积极的促进作

---

① 裴晓梅、王浩伟、罗昊：《社会资本与晚年健康：老年人健康不平等的实证研究》，《广西民族大学学报》（哲学社会科学版）2014年第1期。

用。但是随着医疗服务的商业化，医疗费用不断上涨，即便是在医保覆盖范围内，个人也需要承担很大一部分费用，这无疑给退休职工的生活造成了巨大压力。问题的一方面是低水平的养老金。由于经济结构的调整和社会保险制度的滞后，退休职工在内退时工资基数低，直接影响到正式退休后拿到的养老金少，养老金少又影响到每月医保卡的注资金额少。对于这些步入老年的职工而言，这个年龄却是最需要看病吃药的时候，因为老年人各种细胞器官组织的结构与功能随着年龄的增长逐年老化，因而适应力减退，抵抗力下降，发病率增加，需要支出各种医疗费用。这些费用虽不属于基本生活费用，却是必须支付的硬性消费，特别是慢性病的医疗花费较为昂贵，易增加患者家庭的经济负担。退出工作领域的老年人收入来源较少，收入结构简单，应对风险的能力较弱，有限的注资金额远不足以保障基本的医疗支出，这样就会陷入恶性循环之中。

问题的另一方面是高额的医疗费用。随着医疗技术的进步和医疗服务的扩大，医疗服务的质量和规模不断提高，导致医疗费用的总体水平上升。而且，医生出于经济利益或医疗安全考虑可能会过度使用医疗技术，如手术、检查和药物治疗等，以期增加安全系数或者获得更高收益，这也会导致医疗费用的上涨。尽管城镇职工医疗保险可以补偿部分医疗费用，但是不断上涨的医疗费用可能会将医疗卫生服务的可及性进一步降低。退休职工医保卡上4%的注资金额有限，导致低收入群体门诊服务利用情况明显存在不足，如若住院，医疗费用中落在起付线以下封顶线以上以及超过报销比例的部分都需由患者自己负责，这对于经济条件较差的退休职工来说负担依然较重。此外，还有未被纳入医保目录的药品、诊疗项目和医疗服务设施的费用等也需要个人自费，再加上医药卫生体制因素的不利影响，医疗市场化的推行使得医院和医生之间的关系变得商业化，医生和医院通过各种手段增加医疗服务的收费，如某些医院受经济利益驱动，存在乱收费、滥检查、开大处方和开高价药的问题，以及药品生产流通环节存在的虚高定价、吃回扣等问题，进一步加重了他们的医疗费用负担。

总而言之，老年人的健康水平是多方面因素综合作用的结果，虽然社会经济地位差异会带来老年人健康的不平等，社会经济地位的弱势会对老年健康产生不利影响，但生活方式、公共服务和社会心理因素可在一定程度上弱化社会经济地位对老年健康的直接影响。生活方式是贯穿生命过程始终的影响老年人健康水平的重要因素，老年时期面临的许多健康问题可以通过早期或长期的健康行为进行提早预防或延缓发生；而豁达乐观的心理状态有利于抵御疾病带来的损伤，对于提高老年人的生活质量具有重要的促进作用。除此之外，提升医疗卫生服务体系的适老化水平，建立完善老年健康服务体系，持续扩大优质老年健康服务的覆盖面，也是提升老年人健康水平的重要途径。

二 制度安排与老年健康

解决人民"看病难、看病贵"的问题，让基本的医疗服务惠及每个公民，这既是促进经济发展的保障性措施，又是社会主义制度的内在要求和制度优越性的体现。改革开放以前，城市的劳保医疗、公费医疗以及农村的合作医疗构成了计划经济时期医疗保障的制度架构，为提高国民健康水平做出了突出贡献。改革开放以来，我国医保制度进行了从试点探索到全面建立的改革与建设，形成了以城镇职工基本医疗保险、城镇居民基本医疗保险和新型农村合作医疗为主体内容的基本医疗保险体系。在基本医疗保险制度框架确立之下，伴随着新的医药卫生体制改革的背景和机遇，我国医疗保险有了新的发展和完善，逐步确立了覆盖全民、统筹城乡的医疗保险体系和以基本医疗保险为主、各种形式补充医疗保险为辅、社会医疗救助为底线的多层次医疗保障体系，人民健康状况和基本医疗卫生服务的公平性可及性持续改善。

城镇职工基本医疗保险作为一项为城镇职工提供医疗保障的重要制度，旨在保障职工在生病时可以及时得到医疗救助，减轻其医疗费用负担，提高职工的生活质量和幸福感。现行制度规定，基本医疗保险费用由用人单位与在职职工共同承担，而退休人员参加城镇职工基本医疗保险，划入个人账户的比例明显高于在职职工，却不用承担缴费责任，同时划入个人账户的比例高于在职职工。个人不仅可以使用此账户余额在定点药店自由购买非处方药品，还可以用于支付参保人员于定点医院发生的门诊等医疗费用。退休人员的非缴费政策与个人账户的倾斜划入政策既可以增加退休职工当期可支配收入，还可以增强该群体的医疗服务购买能力；同时在住院时对参保人员年度内超过封顶线的医疗费用还给予一定比例的报销，可以降低个人和家庭的医疗费用负担。这样一来，退休职工不仅在面对疾病时能够及时获得合理的医疗服务，有助于增强其健康意识和健康水平，还能减轻其因病致贫的风险，有助于他们保持稳定的经济状况。近些年，随着医保制度不断健全，政府投入逐年增加，保障水平稳步提升，退休职工的基本医疗权益得到了有力保障，一定程度上减轻了患者及其家庭就诊过程中的财务压力，增强了他们应对疾病风险的能力，缓解了疾病支出不确定性对患者及其家庭造成的心理压力，这对于维护社会稳定、促进经济发展和社会公平起到了重要作用。

健康管理是基本医疗卫生保障不断深入发展的一个必然趋势，它能够更有效地保障个人健康、降低医疗费用。老年群体是健康管理中的重要部分，随着年龄的增加，老年人自身的免疫力不断下降，各种疾病的发病概率也随之上升。社区卫生服务机构通过健康信息监测、健康档案建立、健康风险评估、健康干预等系统工程对老年人健康进行计划、组织、指挥及控制，可以帮助老年人增强健康意识、获得健康知识和技能，从而采取健康行为，最终达到预防疾病、提高健康水平、改善生活质量的目的。长风、兰飞及万里社区卫生服务站关于老年人健康管理的服务模式与内容大同小异，包括健康体检，老年病普查，常见病多发病诊疗，慢性病健康咨询、用药指导、健康干预，特殊人群住院、转诊服务及健康档案、健康教育等。退休职工家门口的基层医疗卫生服务机构通过为他们提供全面、连续、主动的健康管理，有助于这一群体在维系健康、延缓慢性病进程、减少并发症、延长寿命、提高生活质量的同时降低医药费用。

虽然职工医疗保障制度在提高职工健康水平、促进卫生资源有效配置、提高疾病基金风险可负担性、提升健康公平性、维护社会稳定等方面发挥了积极作用，但是鉴于目前医疗保障体系的不完善，医保覆盖目录只涵盖了医疗过程中的部分医药费和检查费用，康复医疗、生活照护、辅助器材等项目产生的费用完全由老年人自付，很大程度上难以满足低收入退休职工的医疗需求；而且医疗保险注重对疾病损失的经济补偿，缺乏对老年人较为需要的预防保健、康复、长期护理等服务的补偿，这对于经济上处于弱势地位的退休职工来说支付能力有限。同理，虽然社区卫生服务和健康管理都是完善医疗服务体系、预防慢性病、降低医疗费用的有效举措，可以帮助退休职工提升自我健康管理意识和能力，但是因为这三个社区卫生服务站普遍存在医疗救护服务能力不足的问题，如缺少相应的医疗检查设备和专业技术等，使得他们对服务质量存在顾虑，影响其需求的满足。

三　民间策略与老年健康

"在国民健康维护的制度治理层面，政府政策的主导作用非常关键；而在个人自我治理层面，则需要民众在健康治理政策落实过程中充分发挥能动性。"[1] 疾病并不只是可以科学测量的生理病变，同时也是病人的体验、社会制度和文化观念等共同参与的文化建构。在多元医疗的场景中，群众对于各种医疗方式的态度和选择会基于对病种、病情、经济、交通等多种因素的考虑；同时，现代观念、传统习俗、医疗模式等各种地方性知识会构成他们疾病认知与应对策略的逻辑基础，而这种认知与应对又成为他们疾病治疗与健康保健的自治意识与能力的体现。

----

① 刘凡、周大鸣：《疾病认知与应对的调适路径探析——甘南那吾镇妇女的多元医疗实践》，《西北民族研究》2020 年第 2 期。

我们应该看到体育锻炼、合理膳食、科学作息、保持良好心态等方式在人们抵御疾病方面都是实用且行之有效的，要看到这些方式在促进老年健康方面起到的积极作用。

参与科学适度的体育锻炼，能够有效减少疾病风险的损失和不可逆的健康伤害。退休职工根据自己的体质、健康基础和兴趣，选择不同的运动方式，无论是打太极拳、跳广场舞，还是练气功、散步等，这些体育锻炼可以在一定程度上改善身体机能，有利于促进血液循环、增强心肺功能、缓解身体肌肉疲劳，从而提高免疫系统应对疾病风险的能力，减少各种慢性病的不适症状，延缓不可逆健康风险的发生。锻炼身体虽然不能包治百病，但是却能帮助人们预防疾病。而且，退休职工参与适度锻炼还有助于消除孤独感，增进社会交往，丰富精神生活。于是在"看病难、看病贵"的现状下，体育锻炼成为保持身心健康、减少医疗开支的最简单易行的方式，是低收入的退休职工找到生存平衡点的重要手段。

科学合理的膳食是极其重要的保障正常生理机能的有效措施，膳食营养因素与疾病的发生、发展有密切关系，于是合理膳食会成为退休职工预防治疗某些慢性疾病的重要手段。通过合理调整人体饮食规律、注意饮食宜忌，科学营养成分的摄取搭配，有助于他们维持机体正常生理机能。除此之外，退休职工根据季节的变化和自己的习惯，建立科学、合理、规律的日常生活作息制度，并养成按时作息的生活方式，努力让自己的生理功能保持在较为稳定平衡的良好状态中。规律的作息可以促进身体的新陈代谢，增强老年人的免疫功能，进而降低患病风险，因此起居调摄也是保证退休职工老年健康不可缺少的方面。

健康的生活方式还离不开良好心态的保持，心态的好坏也会左右人体的免疫功能，良好的心理素质有益于增强体质，提高抗病能力。退休职工不仅学习调整自身的认知方式与生活态度，注意培养健康的心态，将心理健康放在生活的重要位置，并适时对不良心理状态进行及时调节和干预，而且将适度进行体力和脑力运动作为保持心理健康的重要方式，并认为这样一方面可以丰富自己的精神生活，另一方面可以及时调整自己的行为，以便更好地适应环境。同时，他们还注意和老同事、老朋友保持联系，经常聊天或交谈，交流思想感情，这有助于这一老年群体保持自身良好的情绪体验，从而保持其健康所需的平衡心态。另外，退休职工经常活动的区域是三厂的福利区，和睦的邻里关系，深厚的工友之情，这些和谐的社区文化因素亦有利于提高他们的社会参与，改善他们的心理健康状况。

"中国人口的老龄化趋势及弱势群体的健康医疗相关问题层出不穷的社会现实，说明大多数中国人的健康医疗保障已成为国家必须加大力度去管理控制的重大问题，社会发展也要求人文社科领域学者更多关注且参与相关研究。"[1] 考虑到当前社会中人们的健康状况多与社会、心理、文化等因素密切相关，我们必须将目光放得更远、更宽，利用人类学的理论方法研究人类的一切疾病观念和医疗行为。要看到不同社会群体的医疗信仰和医疗选择，分析多元医疗选择的原因，用医学人类学的理论方法去理解疾病的发生及其对身体的作用与人们基于社会文化传承的观念及其行为之间的密切联系，以期更加全面系统地把握医疗实践的多样性和复杂性。

"在中华民族医疗文化知识的整体格局中研究地方性知识对民众疾病认知及应对策略的影响，这能切实关注人民群众维护自身健康的内在动力与基本能力。"[2] 研究非制度层面的民间智慧有助于我们深刻理解人们的就医行为以及影响人类健康的社会、文化、心理、精神等各方面的因素，探讨这些源于地方性知识的治疗实践在制度外层面发挥保障功能的作用机制，从而有针对性地提出措施并加以实施，为我国老龄健康保障体系的全面发展提供路径对策。

① 王建新、王宁：《健康、医疗与文化之人类学研究的地方经验》，《北方民族大学学报》（哲学社会科学版）2017 年第 2 期。
② 刘凡、周大鸣：《疾病认知与应对的调适路径探析——甘南那吾镇妇女的多元医疗实践》，《西北民族研究》2020 年第 2 期。

四　健康保障的制度内外结合的思考

党的十九届五中全会审议通过了《中共中央关于制定国民经济和社会发展第十四个五年规划和二〇三五年远景目标的建议》，首次明确提出实施积极应对人口老龄化国家战略①。人口老龄化是我国面临的重要议题，将提高老年群体的生活质量置于突出位置，是维护公民权益、增进社会福祉的必然要求。我们可以从"河北三厂"退休职工健康保障的实践逻辑中得到如下启示：

采取制度内与制度外的健康风险治理相结合的研究视角，有助于理解且解决针对老年健康的诸多问题。老年人的健康问题不仅涵盖国家在老年健康维护、医疗保障和健康管理等方面的制度性安排，还包括社会环境的营造及个体自我健康维护实践等非制度性安排。由此构成人们应对老年健康风险的有效方式。积极应对人口老龄化的核心在于调动全社会的积极性，共同应对人口老龄化②。由此，积极老龄化是多元主体共同管理健康的过程，其突出特征是多主体参与的合作管理及共同治理。

因此，未来老龄事业推进需注重宏观、中观和微观三个层面。宏观层面上，完善推进国家的医疗保障体系和积极建立老年护理保障制度，解决好人民群众最关心、最直接、最现实的健康问题，以确保老年人能够享受到更好的医疗服务和福利保障。中观层面上，应发挥各级各类组织的积极作用，开展老年健康的宣传教育，加强社区养老和健康服务，激发全社会各方面力量参与老龄工作的积极性，营造尊重和关心老年人的社会环境。微观层面上，老年人是健康风险应对的主体，应树立每个人都是自己健康的第一责任人的观念，养成良好的生活习惯，做好健康促进和预防保健。同时，重构家庭价值理念，促进家庭代际支持，加强

---

① 郑功成：《实施积极应对人口老龄化的国家战略》，《人民论坛学术前沿》2020 年第 22 期。

② 邬沧萍、谢楠：《关于中国人口老龄化的理论思考》，《北京社会科学》2011 年第 1 期。

对老年人的关爱和照顾，为老年人提供温馨、舒适的家庭环境。通过多元主体的交互、配合与协作，推动积极老龄化。

贯彻落实积极应对人口老龄化国家战略，需要充分发挥政策、社会、个人、家庭等多元主体的通力合作，抓住优化医疗保障制度、推进健康老龄化、重视疾病预防和健康管理、引导老年人形成有利于健康的生活方式、营造养老孝老敬老的社会环境等关键点，构筑健康中国牢固防线，满足老年人的多重健康需要，稳步提升老年人健康水平。政府、社会、家庭和个人之间需要建立有效的沟通机制，共同应对人口老龄化带来的挑战。同时，各方还需要加强信息共享和资源整合，提高应对人口老龄化的效率和质量。总之，贯彻落实积极应对人口老龄化国家战略需要政府、社会、个人和家庭等多元主体的通力合作。通过共同努力和协调配合推动老龄事业全方位发展，可以为应对人口老龄化作出贡献，向人口高质量发展支撑下的中国式现代化迈进。

参考文献

一 著作

(一) 中文著作

陈博文主编:《社区高血压病例管理 (试用)》,北京大学医学出版社
　　2008年版。

陈君石、黄建始主编:《健康管理师》,中国协和医科大学出版社2007
　　年版。

陈孝平、汪建平主编:《外科学》(第8版),人民卫生出版社2013
　　年版。

景军:《公民健康与社会理论》,社会科学文献出版社2019年版。

宋欣阳主编:《世界传统医学研究》,上海科技出版社2020年版。

吴清军:《国企改制与传统产业工人的转型》,社会科学文献出版社
　　2010年版。

席焕久主编:《医学人类学》,人民卫生出版社2004年版。

余成普:《甜蜜的苦痛:乡村慢性病人的患病经历研究》,社会科学文
　　献出版社2022年版。

张美江:《体育锻炼与常见病防治》,华东师范大学出版社2000年版。

(二) 译著

[美] 拜伦·古德:《医学、理性与经验:一个人类学的视角》,吕文
　　江、余晓燕、余成普译,北京大学出版社2010年版。

[美] 克利福德·吉尔兹:《地方性知识:事实与法律的比较透视》,王

海龙译，中央编译出版社 2000 年版。

[美] 玛格丽特·米德：《代沟》，曾胡译，光明日报出版社 1988 年版。

[美] 乔治·福斯特、安德森：《医学人类学》，陈华、黄新美译，桂冠图书股份有限公司 1992 年版。

[美] 许烺光：《驱逐捣蛋者：魔法，科学与文化》，王秡、徐隆德等译，南天书局 1997 年版。

（三）外文著作

Amoss Pamela T. & Harrell, Steven, "Introduction: An Anthropologist Perspective on Aging", in Pamelat Amoss and Stevan Harrell, et al., *Other Ways of Growing Old-Anthropological Perspectives*, Stanford: Stanford University Press, 1982.

CLeslie, *Asian Medical Systems: A Comparative Study*, Berkeley: University of California Press, 1976.

CLeslie, "The Professionalizing Ideology of Medical Revivalism", in M. B. Singer ed, *Entrepreneurship and Modernization of Occupational Structures in South Asia*, Durham: Duke University Press, 1973.

C. R. Ember & M. Ember, *Encyclopedia of Medical Anthropology*, New York: Kluwer Academic/Plenum Publishers, 2004.

Francine Saillant and Serge Genest, *Medical Concerns: Perspeceive and Shared Concerns*, Malden, Mass: Blackwell Pub, 2007.

Keimig, Rose K., *Growing Old in a New China: Transitions in Elder Care*, Ithaca, NY: Rutgers University Press, 2021.

Kleinman, *Patients and Healers in the Context of Culture: An Exploration of the Border Land between Anthropology, Medicine and Psychiatry*, Berkeley: University of California Press, 1980.

Kleinman, "Medicines Symbolic Reality: On a Central Problem in the Philosophy of Medicine", Byron Good, et al. eds., *A Reader in Medical Anthropology-Theoretical Trajectories, Emergent Realities*, Oxford: Wiley-

Blackwell，2010.

Lawrence Cohen，*No Aging in India*：*Alzheimer's*，*The Bad Family*，*and Other Modern Things*，Berkeley University of California Press，1998.

Margaret Lock，*Encounters with Aging*：*Mythologies of Menopause in Japan and North America*，Berkeley University of California Press，1994.

Maybury-Lewis David，"Age and Kinship：A Structural View"，in Davidi Kertzer & Jennie Keith et al.，*Age & Anthropological Theory*，NY：Cornell University Press，1984.

M. Lock & Vinh-Kim Nguyen，An *Anthropology of Biomedicine*，Oxford：Wiley-Blackwell，2010.

Mock & Vinh-Kim Nguyen，*An Anthropology of Biomedicine*，Oxford：Wiley Blackwell，2010.

Sarah Lamb，*Aging and the Indian Diaspora*，*Cosmopolitan Families in India and Abroad*，Bloominaton：Indiana University Press，2009.

Victor R. Fuchs，*Who Shall Live*? *Health*，*Economics And Social Choice*，World Scientific Publisher，1976.

William L. Parish and Martin King Whyte，*Village and Family in Contemporary China*，Chicago：The University of Chicago Press，1978.

二　论文

（一）期刊论文

1. 中文期刊论文

蔡敏、谢学勤、吴士勇：《我国老年人口健康状况及卫生服务利用》，《中国卫生信息管理杂志》2021 年第 1 期。

陈凤、杨龙辉、吕亚茹、邵红芳、韩世范：《太原市老年人膳食行为现状及其影响因素》，《护理研究》2024 年第 3 期。

陈起风：《基本医疗保障促进老年人口健康：医疗与保健的双路径分析》，《社会保障研究》2020 年第 5 期。

程瑜、吴昊坦：《论积极性养老中前瞻性风险管理的重要性——兼评〈养老机构护理风险防控及管理模式研究〉》，《湘南学院学报》（医学版）2023 年第 4 期。

仇雨临、张鹏飞：《从"全民医保"到"公平医保"：中国城乡居民医保制度整合的现状评估与路径分析》，《河北大学学报》（哲学社会科学版）2019 年第 2 期。

葛延风、王列军、冯文猛、张冰子、刘胜兰、柯洋华：《我国健康老龄化的挑战与策略选择》，《管理世界》2020 年第 4 期。

耿爱生：《养老模式的变革取向："医养结合"及其实现》，《贵州社会科学》2015 年第 9 期。

郭金华：《医学人类学的理论化》，《广西民族大学学报》（哲学社会科学版）2023 年第 3 期。

何文炯：《论社会保障制度的代际均衡》，《社会保障评论》2021 年第 1 期。

侯淑云：《老年人的生理特点与老年健康保健》，《社区医学杂志》2005 年第 7 期。

胡静：《医疗保险对不同收入老年群体健康和医疗服务利用的影响》，《中南民族大学学报》（人文社会科学版）2015 年第 5 期。

胡晓义：《我国基本医疗保障制度的现状与发展趋势》，《行政管理改革》2010 年第 6 期。

黄河浪、徐艳、闫骥、周璇：《中国老年病的流行特点及防控对策》，《中国老年学杂志》2015 年第 1 期。

解晔、胡晓抒、钱晓勤：《慢性非传染性疾病流行病学研究进展》，《实用医学杂志》2009 年第 10 期。

景军：《穿越成年礼的中国医学人类学》，《广西民族大学学报》（哲学社会科学版）2012 年第 2 期。

景军、高良敏：《寺院养老：人间佛教从慈善走向公益之路》，《思想战线》2018 年第 3 期。

景军、赵芮：《互助养老：来自"爱心时间银行"的启示》，《思想战线》2015 年第 4 期。

景日泽、徐婷婷、李晨阳、章湖洋、何亚盛、方海：《国际经验对我国退休人员医保缴费问题的启示》，《中国卫生经济》2016 年第 10 期。

李涛、张敏、李德鸿、邹昌淇、杜燮、牛和平：《中国职业卫生发展现状》，《工业卫生与职业病》2004 年第 2 期。

李亚青、申曙光：《退休人员不缴费政策与医保基金支付风险：来自广东省的证据》，《人口与经济》2011 年第 3 期。

李永祥：《彝族的疾病观念与传统疗法——对云南赫查莫村及其周边的个案研究》，《民族研究》2009 年第 4 期。

李震、沈凤铭：《太极拳桩功练习对老年人平衡能力的影响》，《搏击（武术科学）》2013 年第 6 期。

李芝兰、李盛、舒星宇、韩振荆、李治平、景书文：《从职业健康检查现状探讨兰州市职业卫生服务对策》，《卫生职业教育》2005 年第 16 期。

刘凡、周大鸣：《疾病认知与应对的调适路径探析——甘南那吾镇妇女的多元医疗实践》，《西北民族研究》2020 年第 2 期。

卢鑫欣、景军：《许烺光的医学人类学研究及其影响》，《中央民族大学学报》（哲学社会科学版）2023 年第 4 期。

吕国营、韩丽：《中国长期护理保险的制度选择》，《财政研究》2014 年第 8 期。

潘天舒：《医学人文语境中的老龄化与护理实践》，《上海城市管理》2015 年第 6 期。

裴晓梅、王浩伟、罗昊：《社会资本与晚年健康：老年人健康不平等的实证研究》，《广西民族大学学报》（哲学社会科学版）2014 年第 1 期。

申曙光、马颖颖：《我国老年医疗保障的制度创新：保险抑或福利?》，《社会科学战线》2014 年第 3 期。

沈燕：《"脏"与"不值钱"：养老院老年人的身体感研究》，《民间文化论坛》2020年第4期。

宋全成、孙敬华：《我国建立老年人长期照护制度可行吗?》，《经济与管理评论》2020年第5期。

孙翎：《中国社会医疗保险制度整合的研究综述》，《华东经济管理》2013年第2期。

王建新、王宁：《健康、医疗与文化之人类学研究的地方经验》，《北方民族大学学报》（哲学社会科学版）2017年第2期。

王建新、赵璇：《病痛叙事的人文特征及其利用路径探析——医患关系研究前沿报告》，《思想战线》2020年第1期。

王建新、赵璇：《疾痛叙事中的话语策略与人格维护——基于病患主位的医学人类学研究》，《西北师大学报》（社会科学版）2016年第4期。

翁世勋：《试论八段锦的发展与演变》，《浙江体育科学》1998年第1期。

邬沧萍、谢楠：《关于中国人口老龄化的理论思考》，《北京社会科学》2011年第1期。

吴心越：《关怀的限度：养老机构认知症照护的民族志研究》，《社会》2023年第3期。

徐道稳：《中国医疗保障制度历史考察与再造》，《求索》2004年第5期。

徐义强：《哈尼族治疗仪式的医学人类学解读》，《中央民族大学学报》（哲学社会科学版）2013年第2期。

许飞琼：《医改备忘录之三——职工医疗保障费用支出与控制述评》，《中国社会保险》1998年第10期。

薛新东、葛凯啸：《社会经济地位对我国老年人健康状况的影响：基于中国老年健康影响因素调查的实证分析》，《人口与发展》2017年第2期。

阳义南、梁上聪：《中国医疗保险制度"适老化"改革：国际经验与政策因应》，《西安财经大学学报》2022 年第 1 期。

杨兴海：《当代老年的心理行为问题及其应对措施》，《中国高等医学教育》2005 年第 5 期。

杨宗传：《再论老年人口的社会参与》，《武汉大学学报》（人文社会科学版）2000 年第 1 期。

余成普：《地方生物学：概念缘起与理论意涵——国外医学人类学新近发展述评》，《民族研究》2016 年第 6 期。

余成普：《多元医疗：一个侗族村寨的个案研究》，《民族研究》2019 年第 4 期。

曾云贵、周小青、王安利、杨柏龙、王松涛：《健身气功·八段锦锻炼对中老年人身体形态和生理机能影响的研究》，《北京体育大学学报》2005 年第 9 期。

张连辉：《从我国卫生保健现状看社区卫生服务的发展》，《中国康复》2006 年第 4 期。

张茅：《深化医药卫生体制改革，促进卫生事业科学发展》，《求是》2012 年第 15 期。

张实、郑艳姬：《治疗的整体性：多元医疗的再思考：基于一个彝族村落的考察》，《中央民族大学学报》（哲学社会科学版）2015 年第 4 期。

张有春：《医学人类学的社会文化视角》，《民族研究》2009 年第 2 期。

郑秉文：《"十四五"时期医疗保障可持续性改革的三项任务》，《社会保障研究》2021 年第 2 期。

郑功成：《实施积极应对人口老龄化的国家战略》，《人民论坛学术前沿》2020 年第 22 期。

郑功成：《中国式现代化与社会保障新制度文明》，《社会保障评论》2023 年第 1 期。

周石峰：《南京国民政府职业病的防治困境》，《中州学刊》2016 年第

10 期。

朱波、周卓儒：《人口老龄化与医疗保险制度：中国的经验与教训》，《保险研究》2010 年第 1 期。

2. 中文期刊译文

[美] 莫瑞·辛格：《批判医学人类学的历史与理论框架》，林敏霞译，《广西民族大学学报》（哲学社会科学版）2006 年第 3 期。

[美] 莎伦·考夫曼：《老龄社会的长寿制造：伦理情感与老年医疗支出的关联》，余成普译，《广西民族大学学报》（哲学社会科学版）2014 年第 1 期。

3. 外文期刊论文

Castro, Arachu, and Paul Farmer, "Understanding and Addressing AIDS-related stigma: from Anthropological theory to Clinical Practice in Haiti", *American Journal of Public Health*, Vol. 95, 2005.

Clark, Margaret, Barbara Gallatin Anderson, Gerard G. Brissette, Majda Theresia Thurnher and Terry C. Camacho, "Culture and Aging: an Anthropological Study of Older Americans", *American Sociological Review*, Vol. 33, No. 1511, 1968.

Chen, Xinxin et al., "The Path to Healthy Ageing in China: a Peking University-Lancet Commission", *Lancet (London, England)*, Vol. 400, No. 10367, 2022.

Fisher Cr., "Differences by Age Groups in Health Care Spending", *Health Care Financing Review*, Vol. 1, No. 4, 1980.

Holly A. Gardiol L. Domenighettl G. et al., "An Econometric Model of Health Care Utilization and Health Insurance in Switzerland", *European Economic Review*, Vol. 42, 1998.

IvanOrangsky, "Benjamin Paul", *The Lancet*, Vol. 366, No. 9481, 2005.

Kleinman, Arthur M., "Medicine's Symbolic Reality", *Inquiry: Critical Thinking Across the Disciplines*, Vol. 16, No. 2, 1973.

Kleinman，"Concepts and a Model for the Comparison of Medical Systems as Cultural System"，*Social Science and Medicine*，Vol. 12，1978.

Robert Kemper，Stanley Brandes，"George McClelland Foster Jr（1913 – 2006）"，*American Anthropolpgist*，Vol. 109，No. 2，June 2，2007.

Frankenberg，Ronald，"Gramsci，Culture，and Medical Anthropology：Kundry and Parsifal？or Rat's Tail to Sea Serpent？"*Medical Anthropology Quarterly*，Vol. 2，No. 4，1988.

Scotch，Norman A，"Medical Anthropology"，*Biennial Review of Anthropology*，Vol. 3，1963.

島添剛広，「医療保険制度の新医療制度改革」，時事通信社，2010 年版。

（二）学位论文

林楠：《新中国成立初期兰州市公共卫生事业研究》，硕士学位论文，西北师范大学，2022 年。

朱睿超：《兰州"三线"建设研究（1964—1990）》，硕士学位论文，西北民族大学，2020 年。

三 地方史志

甘肃省地方史志编纂委员会编纂：《甘肃省志·机械工业志》，甘肃人民出版社 1989 年版。

甘肃省地方史志编纂委员会编纂：《甘肃省志概述》第 1 卷，甘肃人民出版社 1989 年版。

甘肃省卫生厅：《甘肃卫生史料（解放前至 1960 年）》，甘肃省图书馆西北文献资料室藏，2013 年。

兰州市地方志编纂委员会、兰州市卫生志编纂委员会编纂：《兰州市志·第六十一卷·卫生志》，兰州大学出版社 1999 年版。

兰州市地方志编纂委员会、兰州市重工业志编纂委员会编纂，《兰州市志·第十三卷·重工业志》，兰州大学出版社 2012 年版。

兰州市地方志编纂委员会编：《兰州市志》，方志出版社2019年版。

裴元璋主编：《兰州文史资料选辑》第15辑，甘肃人民出版社1995年版。

田澍总主编，何玉红副主编，吴晓军本卷主编：《兰州通史·中华人民共和国卷》，人民出版社2021年版。

中共甘肃省委党史研究室编，史尚唐主编：《甘肃工业的基石："一五"时期甘肃重点工程建设》，甘肃文化出版社2007年版。

附录 个案汇总表

个案编号	人物	性别	年龄	身份	时间	地点
01	老孟	女	55	退休前为长风厂电工	2005.11.30	被访者家中
02	老崔	女	54	退休前为长风厂包装工	2005.12.1	被访者家中
03	老张	女	53	退休前为长风厂材料员	2005.12.1	被访者家中
04	老耿	男	58	退休前为长风厂钳工	2005.12.2	被访者家中
05	老樊	男	55	退休前为长风厂铣工	2005.12.3	被访者家中
06	老岳	女	54	退休前为长风厂车间调度员	2005.12.4	被访者家中
07	老向	女	54	退休前为长风厂车间调度员	2005.12.4	被访者家中
08	老王	男	55	退休前为长风厂高级工程师	2005.12.5	被访者家中
09	老马	女	55	退休前为长风厂车间文书	2005.12.6	被访者家中
10	老易	女	55	退休前为长风厂车间质检员	2005.12.7	被访者家中
11	老许	男	66	退休前为长风厂炊事员	2005.12.7	被访者家中
12	老李	女	52	退休前为长风厂电工	2005.12.9	被访者家中
13	老白	女	55	退休前为长风医院办公室主任	2005.12.10	长风厂家属院
14	老刘	女	58	退休前为万里厂保管员	2014.12.1	万里厂家属院
15	老张	男	59	退休前为万里厂电解工	2014.12.4	兰州交通大学第八教学楼管理室
16	老蔡	男	65	退休前为万里厂后勤公司经理	2014.12.4	兰州交通大学第八教学楼管理室

个案编号	人物	性别	年龄	身份	时间	地点
17	老赵	男	62	退休前为万里厂锻工	2014.12.6	万里厂家属院
18	老刘	男	70	退休前为万里厂车工	2014.12.6	万里厂家属院
19	老陈	女	72	退休前为万里厂车工	2014.12.6	万里厂家属院
20	老蒋	男	75	退休前为万里厂钳工	2014.12.7	万里厂家属院
21	老张	女	50	退休前为万里厂化验员	2014.12.8	万里厂家属院
22	老魏	女	56	退休前为万里厂装配工	2014.12.8	万里厂家属院
23	老陈	女	58	退休前为万里厂化验员	2014.12.8	万里厂家属院
24	老王	女	70	退休前为万里厂现场技术员	2014.12.9	万里厂家属院
25	老朱	女	61	退休前为万里小学音乐老师	2014.12.11	万里厂家属院
26	老郭	女	70	退休前为万里厂工会干事	2014.12.13	万里厂家属院
27	老杨	男	73	退休前为万里厂车工	2014.12.14	万里厂家属院
28	老田	女	65	退休前为万里小学语文老师	2014.12.20	万里医院
29	老余	女	55	退休前为万里厂电工	2014.12.21	万里医院
30	老景	男	66	退休前为万里厂钳工	2014.12.31	万里厂家属院
31	老王	男	75	退休前为兰飞厂金相热处理试验工	2023.10.8	被访者家中
32	老李	女	75	退休前为长风厂铣工	2023.10.9	长风社区卫生服务站
33	老周	女	80	退休前为长风厂工艺工	2023.10.9	长风社区卫生服务站
34	老李	女	82	退休前为长风厂装配工	2023.10.10	长风公园
35	老马	男	85	退休前为长风中学（第六十五中学）物理老师	2023.10.10	长风公园
36	老陈	男	77	退休前为长风厂电路外线工	2023.10.11	长风社区卫生服务站
37	老李	男	80	退休前为长风厂研究员	2023.10.13	长风公园
38	史护士	女	28	长风社区卫生服务站护士	2023.10.13	长风社区卫生服务站

个案编号	人物	性别	年龄	身份	时间	地点
39	老汪	女	76	退休前为长风厂装配工	2023.10.13	长风社区卫生服务站
40	老马	男	75	退休前为长风厂司机	2023.10.13	长风公园
41	老于	男	89	退休前为长风厂工程师	2023.10.18	长风公园
42	老朱	男	71	退休前为长风厂离退休干部管理部门工作人员	2023.10.19	长风社区卫生服务站
43	老李	女	80	退休前为长风厂装配工	2023.10.20	长风社区卫生服务站
44	老蔡	女	69	退休前为长风幼儿园老师	2023.10.20	长风社区卫生服务站
45	老方	男	83	退休前为长风厂零件设计工程师	2023.10.21	长风厂家属院
46	老忻	男	87	退休前为万里厂厂长助理	2023.10.30	万里厂家属院
47	老方	女	79	退休前为万里厂技术员	2023.10.31	万里厂家属院
48	老吕	女	80	退休前为万里厂零件制造工	2023.11.1	万里厂家属院
49	老康	男	64	退休前为万里厂铸造工	2023.11.1	万里厂家属院
50	老陈	女	78	退休前为兰飞厂成品组装工	2023.11.1	万里厂家属院
51	老马	女	78	退休前为万里厂铣工	2023.11.2	万里厂家属院
52	老纪	男	90	退休前为万里厂基建工	2023.11.6	万里厂家属院
53	老邓	女	83	退休前为万里厂钳工	2023.11.6	万里厂家属院
54	老郑	男	85	退休前为万里厂车工	2023.11.10	万里厂家属院
55	老姚	女	85	退休前为万里厂技术员	2023.11.13	万里厂家属院
56	老王	女	81	退休前为万里厂档案室文员	2023.11.13	万里厂家属院
57	老王	女	81	退休前为万里医院护士	2023.11.13	万里厂家属院
58	梁站长	女	44	万里社区卫生服务站站长	2023.11.20	万里社区卫生服务站
59	李护士	女	47	万里社区卫生服务站护士	2023.11.20	万里社区卫生服务站

续表

个案编号	人物	性别	年龄	身份	时间	地点
60	牛护士	女	36	万里社区卫生服务站护士	2023.11.20	万里社区卫生服务站
61	老尹	女	74	退休前为万里厂装配工	2023.11.23	万里厂家属院
62	老王	男	77	退休前为万里医院院长	2023.11.23	万里社区卫生服务站
63	张院长	女	54	万里医院院长	2023.11.23	万里医院党员活动室

后　　记

随着社会经济的发展和医疗技术的进步，人类寿命不断延长，老龄化问题日益凸显。2005 年，当时还在读研究生的我第一次踏足"河北三厂"，调查退休职工的医疗保障状况；2014 年，我在博士生导师王建新教授的指导下再次来到"河北三厂"，研究退休职工抵御疾患的民间策略；2023 年，我带领研究生第三次进入"河北三厂"，关注政府、社区、家庭、个人等多元主体如何参与退休职工的健康管理。三次调研时空跨度大，包罗内容广，信息含量多，这不仅是对退休老人日常生活和生活历程的考察，而且是自我思考生命意义与质量的绝佳机会。

在调研中，看到那些经历过风雨、经历过坎坷的退休职工，他们依然保持着对生活的热爱和对未来的期待，我深感生命的顽强和坚韧，体会到生命的意义不仅在于岁月的长短，更在于我们如何去生活和对待生活。虽然许多退休职工的生活并不富裕，但他们的脸上洋溢着满足和幸福的光芒。这是因为他们懂得如何去珍惜身边的人和事，感恩生活的点滴。他们的故事充满了智慧和力量，促使我将其整理成文，让更多的人感受到生命的韧性和无尽的可能。

回首过往，那些深夜里的笔耕不辍、晨曦中的构思谋划，以及无数次因为灵感枯竭而陷入的困境，如今都化作了这本手稿的页页墨香。每一个字句，都凝聚着无数的心血与期待；每一处修改，都见证了成长与磨砺。本书能够顺利通过精心编校并成功付梓，除了自己数年的积累与努力之外，还离不开诸多贵人的无私帮助与关心支持。

首先，我要向我的导师兰州大学历史文化学院的王建新教授表达深深的谢意。他的严谨治学、渊博知识对我影响深远，他的悉心指导和无私帮助，使我在学术道路上不断成长。从书稿的撰写到修改，再到最后的定稿，导师都给予了我无比宝贵的建议和指导。他的严谨学风和敬业精神，让我在写作过程中始终保持高度的责任心和敬业精神。

其次，我要感谢我的家人，他们的支持和鼓励是我写作的动力源泉。在我遇到困难和挫折时，他们总是给我最温暖的拥抱和最坚定的信念，让我能够继续前行。感谢父母的养育之恩，他们的辛勤付出和默默奉献，为我创造了良好的生活条件，让我能够无忧无虑地追求自己的梦想。感谢我的丈夫，他的陪伴和鼓励让我在写作道路上从未感到孤单。感谢我的两个儿子，他们的纯真与热情，如同璀璨阳光照亮我前行的道路；他们的成长与进步，更是激励我不断求索、勇往直前的强大动力。

再次，感谢我的同门益友与自己的学生，他们的支持与帮助让我在写作中受益匪浅。在我遇到困难或者迷茫的时候，祁虹师姐与关楠楠师妹总是鼓励我坚持下去，让我感受到了温暖和力量，也让我更加坚定自己的信念和目标。张宸溪师弟在我写作过程中给予了极大支持，提供了许多宝贵的建议和信息，使我能够顺利地完成写作任务。还有我的两位可爱的研究生李岩娜与甘琳，2023 年 10 月至 11 月每一次深入的调研、每一次真实的记录，都凝聚了她们的心血和汗水。

最后，我想向田野点的所有被访者表示衷心的感谢。正是因为他们的积极参与和无私分享，才使得我的研究工作得以顺利进行。在访谈过程中，我深感各位被访者给予的极大支持和配合。他们既耐心回答我提出的问题，又主动分享自己的经验和见解。三次调研经历，我不仅获得了宝贵的知识和信息，而且深刻体会到了"河北三厂"的温暖。

另外，本书得以顺利付梓，还要感谢中国社会科学出版社的耿晓明编辑。她用专业的眼光和敏锐的洞察力，对书稿提出了许多宝贵的修改建议。她不仅具备深厚的专业素养，而且有着高度的责任心，为本书的质量把控和完美呈现付出了极大的努力。

　　这些感谢的话语虽然短暂，但都是我内心最深处的情感。在未来的日子里，我将会以更加积极的态度去面对生活中的挑战与困难，因为我知道，每一场挑战都是一次成长的机会，每一个困难都是一次锻炼自己意志的契机。我会将这段难忘的宝贵回忆化作前进的动力，让那些感谢的话语成为心中最坚实的后盾，以感恩的心态去对待生活中的点滴美好。

　　无论是阳光洒在案头的温暖，还是雨后空气中弥漫的清新；无论是朋友间的一句鼓励，还是陌生人的一次援手……这些看似微不足道的瞬间，都蕴含着生活的美好与厚重。我深知，生活中的每一份美好都是珍贵的礼物，都值得我深深地珍藏与感恩。因此，我会以更加积极的态度去面对生活的点点滴滴，用感恩的心态去传递爱与快乐，让生活的美好不断延续。

刘　凡

2024 年 12 月 25 日于西北民族大学舞蹈楼